評伝
日本の経済思想

北 一輝

もう一つの「明治国家」を求めて

清水 元

日本経済評論社

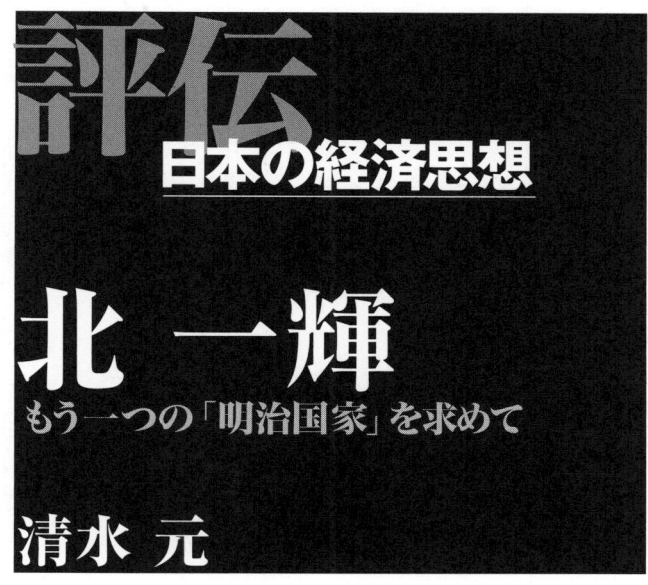

はじめに

本来、「評伝」とは、ある人物についての評価を含んだ伝記ということになろうが、その意味では、本書は「評伝」ではない。何しろ、伝記の部分がきわめて簡略にしか描かれていないからである。が、それには理由がないわけではない。北一輝に関しては、これまでにも多くの書物が書かれており、改めて屋下に屋を架したくはない、という思いが第一の理由である。「評伝」と銘打つ北一輝論だけに限っても、長年の北一輝研究者である松本健一氏の委曲を尽した、いわば完全版ともいうべき大作『評伝北一輝』全五巻（岩波書店）がすでに刊行されている。また、革命思想家としての北一輝の政治思想については、日本近代史に関する深遠な洞察とテキストの間然する所なき正確な読みに基づく、渡辺京二氏の名著『評伝北一輝』（朝日新聞社、現在はちくま学芸文庫に所収）がある。「評伝」は、もはや両著に尽きているといわなくてはならない。理由のもう一つは、北一輝という人物の複雑さにある。この一筋縄では行かない人物を真に理解し、かつ細部を掘り起こして伝記として定位させることは筆者の力量をはるかに超えている。思えば、あの大川周明でさえ、北のことを伝記などにはなりにくい人物と認め、次のようにいわなくてはならなかった。世の中に「業績」や「履歴書にテニオハをつけるだけで、ほぼ満足すべき伝記が書ける」ような人物が多いなかで、北は、「其の人のやった仕事を丹念に書き列ねるだけでは決して満足すべき伝記にならぬ人々」のひとりで、それは、彼が「無限の生命に連つて生き」、「精神のうちに、測り難い力の潜在を感じ」させる、「人間の方が常に其の仕事よりも立派」な人物にほかならぬからだと（大川周明2、二四四〜二四五頁）。

さらに、正直にいえば、私は北一輝の研究者どころか、これまでその著作も満足に読んだことのない人間である。本書の執筆にとりかかる以前に読んでいた北の著作は、半世紀も前の大学生時代に手にとった、『北一輝著作集』第一巻（みすず書房）の『国体論及び純正社会主義』唯一冊にすぎない。それもどこまで理解していたかとなると、心許ない限りである。ただ、その雄渾かつ流麗な文体にはいたく心動かされ、ある時期暇さえあれば朗読していたことはよく覚えている。そのような私が、ただでさえむずかしい北の「評伝」という無謀にあえて手を染めたのは、ただただ親しい友人の頼みを断りきれなかったというだけのことである（見知らぬ人からの依頼であれば、ほとんど絶対といってよいほど断るのが、約束に縛られたくない私の日頃の流儀なのであるが……）。

しかしながら、引き受けた以上は、責めを果たさなくてはならない。できるだけ先行書との重複を避けつつ、私になしうることは何かをしばし考えあぐねた。窮した挙げ句、本書を収めるはずのシリーズが、「評伝日本の経済思想」と銘打たれていることを奇貨として、なるべく北の経済思想らしきものに焦点を当てて叙述するほかないと思い定めた。とはいえ、むろんのことに、北は経済思想家ではない。したがって、ここで「経済」といっているのは狭義の経済を指してのことではない。そもそも、「経済」の語は、「共通する規範」という意味のギリシア語のオイコノミアに由来する英語の economy の翻訳語だが、この語が内包する意味の範囲は、狭義の経済にとどまらず、はるかに広い。ちなみに、手もとの英和辞書を繰ってみると、economy には、経済・理財・家政のほかに、組織・制度・社会、有機的統一、自然界の秩序、天の配剤、摂理などの訳語があがっている。本来、economy とは、自然法則にしたがい動く自然界の循環を含めた人間を養うシステム全体のことなのである。あえていえば、そうした economy の原義に立ち戻って、北の「経済」思想をその生涯と交錯させながら叙述しようとしたものが本書だということになろうか。

むろん本書がどこまでそれに成功しているかは保証の限りではない。ただ、北が、『国体論及び純正社会主義』において、economy の原義に近い、人類史を総括するような普遍的な社会理論の構築を目指したことは明らかであるから、渡辺京二氏が「思想家北のすべて」と評価する同著を中心に据えて、彼の社会理論、社会主義思想を読み解くことに多く意を用いたというまでのことである。本書の第1章から第5章までがその部分にあたる。それゆえ、伝記的記述は主目的にしていないが、一応、評伝としても読めるよう必要最小限の工夫はしたつもりである。第6章と第7章は、『支那革命外史』、『日本改造法案大綱』を軸に北の思想と生涯の概略を一応最後までたどれるように書かれている。また、若き日に北の文章に魅せられたこともあり、読者にはできるだけ原文に直に触れてほしいという気持ちも強く、引用が多くなったかもしれない。「北の文章は断片的に引用されるとさらにわかりにくくなるのが特徴」（渡辺1、一一〇頁）とされる渡辺氏は、引用は最小限にとどめるという抑制を課しておられるが、どうしても北自身に語らせたいとの思いもあったことをご理解いただきたい。だが、そのせいで、叙述が煩瑣でわかりにくくなっているとすれば、それはすべて筆者の責任である。

それやこれやの事情に生来の怠惰が加わり、本書の執筆は遅れに遅れ、期限を大幅に引き延ばしてしまうことになった。本シリーズの読者はもとより、日本経済思想史研究会、評伝編纂委員会、日本経済評論社など、関係各位には大変なご迷惑をおかけしたと、まことに心苦しく思っている。何卒のご寛恕をお願いする次第である。

目次

はじめに　i
第1章　『国体論及び純正社会主義』——一九世紀西欧社会思想の総括——……1
第2章　個人と社会——人間解放の社会理論をめざして——……47
第3章　倫理的制度としての国家……93
第4章　第二維新革命の論理……125
第5章　国体論批判……179

第6章　法華経行者の「革命的大帝国」…… 209
第7章　二・二六事件と北一輝の死…… 249
おわりに 297
北一輝略年譜 302
引用文献 306
人名索引 316

第1章　『国体論及び純正社会主義』――一九世紀西欧社会思想の総括――

1

昭和四五（一九七〇）年一一月二五日、憲法改正への自衛隊の蹶起を訴え、東京市ヶ谷の東部方面総監部に乱入した作家三島由紀夫は、覚悟のとおり「天皇陛下万歳」を叫んだのち割腹自決した。この三島は、いまなお昭和前期の「ファシスト」として語られることの多い北一輝について次のような一文を残している。

　私が興味をもつ昭和史の諸現象の背後にはいつも奇聳な峰のように北一輝の支那服を着た痩躯が佇んでいた。それは不吉な映像でもあるが、また一種悲劇的な日本の革命家の理想像でもあった。（三島由紀夫2、五六頁）

「不吉な映像」であり、反面「一種悲劇的な日本の革命家の理想像」という二重のイメージに象徴されるように、三島は、北一輝に愛憎の入り交じったアンビヴァレントな感情を抱いていた。この両者の関係を、文芸評論家の野口武彦は、限りなく接近しつつも決して交錯することのない、「一対の双曲線」という巧みな比喩をもって表現している（野口武彦、一九九二、一三頁）。いうまでもなく、ふたりが最も接近する地点には「天皇」がいた。そして、三島が最も強い関心を寄せた「昭和史の現象」が、北がかかわったとされる「二・二六事件」（昭和一一年二月二六日）であったことも間違いない。しかし、三島が一種敬愛の眼差しをもって、天皇を日本社会の「価値の根源」、「純粋性」の象徴とみようとしていたのに対し、北は終始、冷たい覚めた眼で天皇をみつめていたといってもよい。彼は、天皇を「玉」とみなした幕末の志士同様に、みずからの目指す社会主義革命のための必須の「技術的要件」としてのみ天皇をみていた。そして、そのことのゆえに、おのれの目指す革命とは似て非なる「二・二六事件」に巻き込まれて、処刑されねばならなかった。

北一輝が代々木の陸軍衛戍刑務所で銃殺刑に処せられたのは、昭和一二（一九三七）年八月一九日、よく晴れた暑い夏の日であった。罪状は、著書『日本改造法案大綱』（大正八年八月『国家改造案原理大綱』として執筆、大正一二年五月『日本改造法案大綱』のタイトルで改造社より出版。以下、『改造法案』とする）により、青年将校を使嗾して、叛乱罪に該当する「二・二六事件」に至らしめたというものである。北が『改造法案』で述べたことは、「新憲法でその七割方が皮肉にも実現された」（三島2、五八頁）と三島が書いているとおり、華族制の廃止や皇室財産の国家下付をはじめ、治安警察法・新聞紙条令・出版法の廃止、普通選挙、国民の自由・人権に関する規定、八時間労働制、幼年労働の禁止や婦人労働についての保護規定など、そのほとんどはGHQ占領下の戦後日本で制定された新憲法において採択された。『改造法案』が新憲法と明確に異なるのは、徴兵制の維持と開戦の積極的な権利を国家に認めた「国家の権利」および私有財産の制限を定めた「社会主義」の規定だけである。が、ほかならぬこの二つこそ、北一輝が生涯持ち続け一貫して変わらなかった思想の基本テーマであった。そして、この思想は、北が二三歳の若き日に書いた、あまりにも理想主義的な人間観に貫かれ、しかも非常にロジカルな思考によって組み立てられた書である『国体論及び純正社会主義』（以下、『純正社会主義』とする）において体系的に展開されたものである。

北の主著であるこの書は、北一輝に関する多くの評伝のうちで「最も優れた」と明言してよい渡辺京二『評伝北一輝』によって、近代日本の思想史上「五指に屈すべき著作」との評価が与えられている。『純正社会主義』は「思想家北のすべて」であり、北はこの著あるがゆえに日本の近代思想史上もっとも重要な人物の一人たりえたというのである（渡辺京二1、一〇五頁）。まったく同感というほかない。とはいうものの、『純正社会主義』は、決して読みやすく理解しやすい著作ではない。韻律に富んだ漢文読み下し調の名文であるにもかかわらず、厳格に組み立てられた論理が饒舌なまでに巧みな（ときには下世話な）比喩の中で逆説的に語られる独特の文体と、そして何よりも、きわめて独創的な思想内容とがその理由である。そのせいか、この書はしばしば誤読されることを免れなかった。小説家松本清張の『北一輝論』のような誤解と曲解に満ち、言いがかりにも似た奇怪な論が存在する理由の一斑もおそらくはその辺にあるといってよかろう。松本の同著は、すぐれた思考力の持ち主である彼にはめずらしく、『純正社会主義』の理路を十分辿りきれていない。たとえば、北が明治維新によって「国民全部が国家なり」という意味での「国家主義国民主義」の「公民国家」が法律の上で成立したと主張している点に関して、「『国家主義国民主義』とはどういう意味なのかよく分らない。国家主義と『国民主義』とは別ものではないか。『国民主義』が民主主義の意味なら国家主義をその対極に置かねばならない」（松本清張3、七三頁）などといった、いささかとぼけた類のことを同書のあちこちに書きつけているからである。おそらく松本は北に対してある種の先入見に基づく嫌悪の念を抱いており、それが正当な理解を阻んでしまったものであろうか。しかし、具眼の士である三島由紀夫は、一面で北を嫌いつつも、『純正社会主義』を、「紛糾した論旨にもかかわらず、めざましい天才の書物である」と認め、「彼の激しさ、そしてまた、青春の思考過程の中にある混乱と透徹、論理の展開の急激さと、これを支える直観の繊細さその他は、私の知る限りではオットー・ワイニンゲルの天才に比べられる」（三島2、五六頁）と評している。みずからも天才を自負し、レイモン・ラディゲなど夭逝した天才に並みはずれた関心を抱いた三島らしい評であるが、たしかに、意に反してナチスに利用されたオットー・ワイニンゲルの『性と性格』の主張には、鋭利で激しい論理の運び方だけでなく、北の天才論や女性観とも相通じあうものがある。北の著作に流れるものの中からただちに、『純正社会主義』を世に問うたときの北と同じ年齢（二三歳）で自殺したこの天才心理学者を連想したのは、さすがの炯眼といわなくてはならない。

北一輝は、人間の解放をめざす社会主義という人類史上の普遍的問題を、近代日本という場における実践的課題として、自己の頭脳により徹底的に思考した思想家である。しかも、自己の思想を語る際に、用いる概念すべてに独自な含意を込めずにはおられなかったという意味で独創的な思想家であった。普遍性と独創性に支えられたものを理論と呼ぶとすれば、彼は近代日本においてはきわめて稀有な社会理論家であったということができる。彼はしばしば、「偏局的社会主義」・「偏局的個人主義」とか、「経済的家長国」・「経済的貴族国」とかいった、普通はあまり耳目に接することのない用語によってその思想を表現したが、それ以外にはおのれの独創的な思想を十全に表す術を持たなかったからである。そのため彼の思想は、正規の教育課程のなかで育成された学者達には奇異に映り、容易には理解されがたいものであり続けたといえる。独創というにはあまりにも奇妙で、独特なその言葉づかいは、あるいは独学者によくある独断や偏見によるものとすらみなされたかもしれない。

たしかに、彼は独学者であった。――北一輝は、明治一六年（一八八三年）四月三日、佐渡島中部の湊町（現新潟県佐渡市）の造り酒屋に、父慶太郎、母リクの長男として生まれた（幼名輝次、二〇歳のとき輝次郎と改名、一輝は号)。江戸時代から代々町名主を務めた地方名望家で、初代両津町長となった父慶太郎はじめ、のちに佐渡政友会の重鎮となる叔父本間一松など、親戚縁者にはいくたの佐渡自由民権家たちがいた。文明開化にせよ、自由民権運動にせよ、これに率先して対応、主導した家格の地方支配層の家系といってよいであろう。北の学歴をみると、明治二一年通常より一年早く満五歳で佐渡の湊尋常小学校に入学している。八歳の頃プテレギームという難治の眼病のために一年あまり休学を余儀なくされたが、成績優秀により一年飛び級で同校を卒業した。その後進学した加茂高等小学校では四カ年を優等で通し、明治三〇年、創設されたばかりの佐渡中学に入学した。相変わらず成績きわめて優秀で、またもや一年生から三年生に飛び級するほどであったが、眼病の再発による休学や、「既に中学生ではなかった」(北昤吉2、二五九頁)という思想の早熟さゆえの怠業によって四年の進級試験に落第し、このことをきっかけに、明治三三年一七歳のときに同校を中退した。これが北の正規の学歴のすべてである。以後は、書籍の購入と図書館通いを専らとし、のちの憲兵隊での取り調べに対して「私は佐渡中学四年中途退学をしてから独学したのであります」(北一輝3、四二七頁)と述べているとおりである。

だが、中学を中退する頃には、彼の思想活動はすでにめざましく始動していた。明治三二年の春から夏にかけて、帝大病院で眼病の治療を受けるため上京した北は、在京中きわめて旺盛な読書活動を続けたらしい。のちに早大教授をへて代議士(戦後は自民党の長老)も務めた弟の北昤吉は、このときの在京生活から帰郷したばかりの北を回想して、「兄は病院の横臥生活時代、片眼で書物を乱読して、一六、七の年輩としては、類のないような思想の持主となつてゐた」（同、二五八頁）と書いている。治療のかいなく、北の眼疾はついに治癒せず、右眼の視力を失った。一説では、大正五年一月法華経信仰に入るにあたり「一輝」と号したのは、「独眼のため」であったと伝えられている（同、二六〇頁）。ちなみに、この「独眼竜」北一輝は、昭和二年から九年にかけて『東京日日新聞』、『大阪毎日新聞』、『読売新聞』の各紙に断続的に連載された隻眼隻手の怪剣士丹下左膳のモデルともいわれている。作者の林不忘こと長谷川海太郎は、佐渡中学で北が強い影響を受けた英語教師長谷川清（のちに、淑夫と改名し、函館新聞の社長兼主筆を務める）の長男である。晩年の北もその連載を楽しみにしていたらしく、長谷川海太郎宛の昭和一〇年の年賀状には、「謹賀新年　新年に際し丹下左膳の続画なきは寂しく存候」（北一輝3、五二五頁）の言葉がある。中学退学後、北の読書欲にはなお一層の拍車がかかったもようで、高等小学校時代の恩師が開いた書店から毎月五、六〇〇円分という信じがたい分量の新刊書を買い求め、それらを二、三カ月で読破した、というその猛烈さを伝えるエピソードすら残っている（渡辺1、三六頁）。明治三八年からは、すでに昤吉が早稲田大学予科哲学科に在学していたこともあり、同大学で「主として公法関係の講義」をもぐりで聴講した。が、多くの講義には飽き足らず、下宿を早稲田から谷中に移して、上野公園内の帝国図書館で読書研究に没入した。まさに、大英図書館に通いつめて『資本論』執筆へ向けて日夜苦闘したという、かのマルクスさながらの姿である。そして、膨大な書物から作成された二〇〇〇枚に及ぶ抜き書きをもとに、血がしたたり落ちるほどに「爪をかみつつ真剣な態度で」鋭意執筆してなったのが「文章に殺気が漲」る『純正社会主義』であった（北昤吉2、二六一頁）。

このように北は独学者であったことには間違いないが、『純正社会主義』を読めば、彼が書物を通じて得たさまざまな理論や概念をいかに正確に理解していたかは明らかである。もとより、明治の近代青年として彼は、一九世紀西欧の社会思想・科学から多くを学び、自身の思想を紡ぐさまざまな素材を借用している。その点ではむろんのこと、彼の思想は一から一〇まで「独創」というわけではない。しかし、のちに見るように、「直訳の醜」（北一輝4、二九六頁）、「愚昧なる翻訳的知識」（北一輝2、一五五頁）などといった表現を多用していることに端的に示されるように、彼が西欧社会科学の直訳を廃し、できるかぎり日本の風土に即した社会思想の創造を目指していたことは認めなくてはならない。当時の学問水準において可能なかぎり寄せ集めた素材を基に、祖述ではなく徹頭徹尾独自な解釈・手法によって首尾一貫した社会理論を編み上げたという点において北は、近代日本では稀有ともいってよい「独創的」な思想家だったのである。この青年の頭脳が並みはずれて鋭敏かつ明晰であったことは、『純正社会主義』を一読するだけで感知されるが、のちに吉野作造は北の郷里の『佐渡新聞』（大正六年七月二八日付）の求めによる人物評において、次のようなお墨付きを与えている――「北君に就て批評せよといふのですか、あの人の頭は兎に角非常に鋭いですね、説の善悪は別として鋭い事は無類に鋭いですね、其鋭さに於ては、日本人とは思はれない、外国に行っても一寸珍しいと曰ても良いですよ」（北一輝3、五五四頁）と。

この明敏な青年が何よりも卓越していたのは、さまざまな雑多な素材を寄せ集め、それらを総合し、独創的な概念に転化する能力であった。彼は、みずからがその能力を「天才」と自負しうるまでに持ち合わせていることを、次のように饒舌に語っている。

如何なる天才と雖も思想上の大建築をなすに其の材料たるべき思想を先づ社会より吸収せざれば其の建築的個性を示す能はず。而して大建築には亦前人の建築術を見るを要す。南洋の土人部落に二十層の家屋が建たず、……歴史的発達を有すと云ふも是れにして、十進数なき原人部落より今日の天文学は伝はりたるものに非らず、アリストーツルの演繹法のみにては今日の科学的研究は起るものに非ず。天才とは其の時代までの社会的遺伝の智識即ち社会精神を一たび一身に吸入し、吸入したる材料を其の変異なる構造力によりて自己個性の模型に之を構造し之を後代の社会精神として社会の上に放射す。凡ての天才が其の思想に於て時代的彩色を帯ぶと云ふはこの理由にして、哲学史が連続せる思想系によりて編まるるも是れなり。天才が社会的生物なりと云ふとは凡ての真理に非らずと雖も、天才が社会の土と肥料とによりて培養されたる花なりとは動かすべからざる事実なり。（北一輝4、三三九頁）

『純正社会主義』は、酒造りの失敗や出資先の「星野回漕店」の倒産などからすでに家産が傾きはじめていた北家にあって、母リクの手許にかろうじて残されていた一〇〇〇円の資金により、明治三九（一九〇六）年五月九日自費出版された。「東洋のルソー、明治の頼山陽出ず……」という広告文もさることながら、その反響は尋常なものではなかった。弟昤吉が、北を長詩「チャイルド・ハロルドの巡礼」の成功により一夜にして社交界の寵児となったバイロンにたとえ、「兄は一日にして雷名を馳せた」（北昤吉1、二四二頁）と書くほどの大反響であった。「河上肇は狂喜して来訪した」というし、矢野龍渓は、佐渡にまで手紙をよこして、「北輝次郎は仮の名で、幸徳（秋水）あたりの執筆ではないか」と問い合わせてきたくらいであった（同、二四〇頁）。河上はまた、発禁後読売新聞に書評を寄せて、「余輩は、今の所謂学者階級の何等為すなきに反し、無名の一学究たる本書の著者が能く此の如き大冊を自費出版して其所見を世に問へる篤学と勇気とに対し茲に敬意を表し置く者也」（北一輝3、五七一～五七二頁）と評している。最大級の讃辞を贈ったのは、当時ドイツ帰りの新進学徒であった東京高商教授福田徳三である。福田は一読後直ちに北に書簡を送り、『純正社会主義』を、「日本語は勿論の事西洋語にての著書中近来如此快著に接せしことなし。……一言を以て蔽へとならば『天才の著作』と評するの尤も妥当なるを覚へ申候」と讃え、「高著の根本思想と立論結構の博大なるに驚き、運筆の辛辣と旁証の巧妙なるに酔ふ。思ふに此書マルクスの資本論に及ばずと雖も其他の平凡者流を抜くこと一頭地のみならず、之を日本語に葬りたる聊か勿体なきを感ぜざるを得ず」（同、五八〇頁）とまで激賞した。北の得意やいかばかりであったことか。傾きかけた北家の後見人でもあった叔父本間一松に宛てて、「叔父様の御力にて小生も聊か名を挙げ可申、北家も或は恢復することを得べく候。諸名家の来簡は、批評と共に再版の巻末に附すべく候間、其節御覧被下度、一言するに世間は『驚歎』の有さまらしきは事実に候」（同、四九四頁）と誇らしげに書き送っている。しかしながら、この手紙を書いた翌々日の五月一四日には、『純正社会主義』は発売禁止命令を受けたのである。出版からわずか五日目のことであった。たまたま牛込喜久井町の寓居で病床に臥していた北のもとに、早稲田署から警官が来て発禁を告げた。郷里の『佐渡新聞』は五月一八日付で、「内務大臣より同書は社会の安寧秩序を妨害するものと認められ出版法第一九条に依り発売頒布を禁ぜられ且つ刻版並に印本を差押へられたる由」（同、五六三頁）と報じている。この発禁処分の背後には、三菱岩崎弥太郎の女婿加藤高明の経営になる『東京日日新聞』の論調の影響や、内務省当局への働きかけがあったようである。『東京日日』は、「国体論の一篇に於ける文字の使用余りに不謹慎にして、……事既に我国体に関する議論なる以上、又言の我皇室に対及せる以上、……其放言高論、筆路しばしば嘲罵に走り、其非礼殆ど読むものをして憤慨せしむ」と、主として国体・皇室に関する北の言葉使いを非礼として非難し、「かくの如き不謹慎なる言語の充満せる著者に対して、何等制裁を加ふる処なく、其公刊を許可したるは、果して詳細に其内容を調査して敢て治安に害あらずと認定せしものなるか」（同、五七四～五七五頁）と内務当局者の怠慢を責めた。病床で発禁命令を告げられた北の無念が痛哭の極みであったことは、この半年後に比較的検閲に通りやすそうな部分の分冊発行を企てた『純正社会主義の経済学』（これまた発行日前日に発禁）

の序文に、「想ふ、刑吏来りて半歳の刻苦肺血を濺ぎて得たる一千頁の大冊を抱き去れるとき、其の表革相摩して泣くの声を聞きて著者は真に愛児の圧殺さるるを傍観しつつあるの心したりき」（同、五三六頁。傍点筆者、以下同じ）とあることからもわかる。

2

『純正社会主義』には、一九世紀西欧の社会思想・社会科学の総括を目論む野心的青年の独自の社会理論が提起されている。この理論の構築に当たって北がまず手に取った方法上の武器は、一九世紀後半の世界で最先端の科学として全盛を極めていた「進化論」である。「進化論」が日本に初めて紹介されたのは、明治一〇（一八七七）年、東京大学で行なわれたエドワード・モースの特別講義だといわれている。以後、明治一〇年代には、フェノロサやジョン・トマス・ギューリックのようなお雇い外国人教師達によってダーウィンやスペンサーらの「進化」学説が広められた。英語の“evolution”に、「進歩」と「開化」の意を込めて「進化」という訳語を当てたのはスペンサー流の社会進化論者であった加藤弘之である。ダーウィンに触れつつ天賦人権論を否定した加藤の『人権新説』が出版されたのは明治一五年である。北がこの世に生を受けた翌一六年四月には、モースの講義が弟子石川千代松により『動物進化論』として翻訳出版される。この年には、法学者有賀長雄の『社会進化論』も刊行されており、以後次第に「進化論」の言葉は人々に広く受け入れられていった。

明治の後期になると、ダーウィンの「進化論」の啓蒙的概説書の出版がみられるようになるが、なかでも人々に広く読まれたのは、生物学者丘浅次郎による『進化論講話』である。この書は、北の『純正社会主義』が世に出る二年前の明治三七（一九〇四）年一月に東京開成館から出版されており、進化生物学を平易な文体でわかりやすく解説した内容によって版を重ねた。もちろん北もこれを読んで大いに影響を受けたことは、『純正社会主義』の記述からも明らかである。丘の『進化論講話』の特徴は、「きわめて素朴な自然主義、極端な科学主義」（佐倉統、二〇〇八、五九頁）にあった。そのことは、同書の結論において、丘自身が、当時の学問上の「決して疑ふべからざる」三大原理として、ラボアジエの「物質不滅の原理」、マイヤー、ヘルムホルツ等の「勢力不滅の原理」とともにダーウィンの「生物進化論」をあげ、「此等を真理と認めた以上は、之と矛盾する旧思想は誤として正さなければならぬ」と述べているところからもわかる。なかでも、生物進化論については、「進化論は人間といふ考を根抵から改め、そのため総べての思想に著しい変動を起し、社会の進歩・改良の上に大関係を有するもの」として、「人間に関する従来の誤った思想を斥け、自然に於ける人間の真の位置を明にし、総べての方面に進歩・改良を促して、社会発達の上に極めて有益な」（丘浅次郎、一九〇四、四～六頁）学説であると断定している。

この素朴な科学主義の主張は若き日の北の胸にも響いたとみえ、みずからの社会理論と社会主義思想の根底に生物進化論を据えることに躊躇はなかった。生物進化論の上に立つという、この一点のゆえに、彼自身の社会主義は「科学的社会主義」と自負しうるものとなったのである。北は、後述するように、この「科学的社会主義」を、当時世上に流布していた平民社流の社会主義や、講壇社会主義、国家社会主義などから区別するために、みずから「純正社会主義」と呼んだ。何事をも徹底的に考え尽くさねばやまなかったこの青年は、丘の進化論にも批判の矢を放たずにはおられなかったが、生物進化論を科学の精髄とみなす一点においては丘の正統的後継者であった。『純正社会主義』で北は、「科学的社会主義は何処までも科学の厳粛なる理論の上に築かれざるべからざるなり」と述べ、「実に科学哲学の一切の基礎が生物進化論に在りて、而して生物進化論の根本原理が生存競争説に在りとすれば社会主義と雖も此の外に立つ能はざるは論なきことなるべし」（北一輝4、二〇八頁）とまで言い切っている。

さて、進化論こそ科学の基礎とはいうものの、優勝劣敗による適者生存を説くダーウィンの生存競争説はすでに、この青年には「悪魔の声の如く響」いていた（同、二一〇頁）。ブルジョア的個人主義を否定するおのれの科学的社会主義が、個体間の熾烈な生存競争を根拠として築かれるはずはないと思われたからだ。それに代る根拠は進化論の新たな潮流であるクロポトキンに求められた。ダーウィンの生物進化論はクロポトキンの「相互扶助の発見」によって書き換えられ、自然界における真の生存競争とは、個体間のそれではなく、社会を単位とする生存競争であると、彼は信じたのである。

よく知られているように、クロポトキンの進化論は、一九世紀後半、東シベリア・北満州調査旅行において観察された、ユーラシア大陸北部の動物たちの相互扶助行為の生態に基づいて形成されたものである。彼の最大の発見は、種の保存や将来の進化の最も重要な要因は、動物が群れをなし、そして人間が社会をつくって、お互いに助け合い、支持し合うという、長い進化の過程で徐々に発達してきた本能に発しているということである。とりわけ人類社会にあっては、人間の本能の一部とさえなったこの「人類共同の意識」こそが、人間の社会を支えるさまざまな道徳感情や社会的正義観の発達に与っている。このことを強調し、クロポトキンは次のように述べている。

> 愛や、同情や、犠牲は、われわれの道徳感情の進歩的発達に、確かに莫大な役目をなすものである。しかし社会が人類の間によってもって立つ基礎は、愛でもなく、また同情でもない。それは人類共同の意識、よしそれがわずかに本能の域にとどまっているとしても、とにかくにこの意識の上にもとづくものである。相互扶助の実行によって得られる勢力の無意識的承認である。各人の幸福がすべての人の幸福と密接な関係にあることの無意識的承認である。また各個人をして他の個人の権利と自己の権利とを等しく尊重せしめる、正義もしくは平衡の精神の無意識的承認である。この広大なかつ必然的な基礎の上に、さらに高尚な幾多の道徳感情が発達する。（クロポトキン、二〇〇九、一七頁）

クロポトキンのこの発見を、北はアリストテレスやキケロのような古代ギリシア・ローマの哲学者が直覚と思弁的考察によって漠然と把握していた「社会的存在としての人間」の道徳的意識に明確な科学的根拠を与えたものとして評価した。

アリストーツルは人は政治的動物なりと云ひ、国家の外に在る者は神か然らざれば禽獣なりと云へり。氏の国家とは社会が常に政治的組織に於て発見せらるるの故にして、実に人は天性よりして政治的組織をなし、共同生活をなして存在する動物なり。而して国家の外に在るものは神か然らざれば禽獣なりとは、亦実に人は社会によりてのみ人たるを得と云ふ今日の科学の結論を哲学史の緒論に於て書き始めたる者なり。シセロが蜂は其の巣を作る目的の為めに群集を為すものに非らず、其の性群集に在るが故に巣を作るときに於て労力を協同するのみ、而して人の社会を組織するは全く人の天性によるものにして共同の目的の為めに労力を協同することは此の天性あるが為めなりと云ひしは、クロポトキンが生物学によりて説明せる原理をローマの遠き昔に於て一個の公理として残し置ける者なり。此の社会的利己心は社会単位の競争の最も激烈なりし古代に於ては最も多く要求せられ、等しく重要なる個人的利己心が全く圧伏せられ来りしを以て、社会単位の競争の平静なるに至るや個人的利己心が必ず伴ひて頭をもたぐ。
(北一輝4、二二〇~二二一頁)

「人は只社会によりてのみ人となる」（同、一九四頁）のである。人間が社会をつくるのは「天性」によるものであり、この天性あるがゆえに、人は共通の目的のために協同して、社会単位の生存競争を生き残るのだ。このことを北は「社会的利己心」と呼び、個人の利己心と区別しているが、人間が外敵の襲撃や飢餓等に恐れおののいた長い時代にわたって、この社会的利己心による社会単位の生存競争が熾烈を極めたことは、歴史の証明するところである。社会・国家が生き残るために、個人的利己心は抑圧され、専ら社会的利己心に奉仕することを求められる時代、それが長い歴史の大部分を占める常態であった。北が「偏局的社会主義」と呼ぶのはそのような時代のことである。自己の利益の追求を第一とする「個人的利己心」の発動が許されるのは、人類史においても例外的に平和で安全な時代・社会に限られる。右の引用で「社会単位の競争の平静なるに至るや個人的利己心が必ず伴ひて頭をもたぐ」と述べるとおり、北の眼はそこにまで届いていた。

個体間の生存競争を強調するダーウィンの生物進化論から出発し、社会間の生存競争を発見したクロポトキンの相互扶助論をへてたどり着いた北独自の社会進化論は、「人は只社会によりてのみ人となる」という至極まっとうな人間観、社会観に立ち、生物社会の全体と部分（種社会と個体）の「自己同一」的関係についても基本的には正しい認識に到達していた。北は、生物進化論と社会主義の相容れざることを主唱していたドイツの動物学者E・H・ヘッケルの「個体の階級」説を逆手にとって、一個の個体から分裂した単細胞生物は無数の個体であると同時に、もとの一個体の一部という意味で、空間を隔てて存在する大個体の構成分子でもある、という独自の生物個体観に基づき、生存競争に関する個人主義的解釈を次のように否定している。

生物界を通じて生存競争の単位は彼等個人主義を以て解釈しつつある者の如く小さき階級の個体のみに非らず。一個の生物は（人類に就きて云へば個人は）一個体として生存競争の単位となり、一種属の生物は（人類につきて云へば社会は）亦一個体として生存競争の単位となる。（同、二二八〜二二九頁）

ここに示されている北の生物個体観は、多数の個体の同時発生に「種の起源」をみる、「今西進化論」における「種と個は二にして一」（ハイエク・今西錦司、一九七九、一五五頁）という命題の先取りともいえるものであり、とりわけ重要なのは、生存競争の単位として生物には「個体の主体性」と同時に「種としての主体性」があることを主張している点である。このことは、今西が主著『生物の世界』のなかで述べている、次の一節に照らせば明らかであろう。

そもそも生物の個体というものは一つの複雑な有機的統合体である。全体は部分なくしては成立せず、部分はまた全体なくしては成立しないような全体と部分との関係を持しつつ生成発展していくところに、生きた生物があり、生物の生長が認められる。このような全体と部分との、いわば自己同一的な構造を持つものであるゆえに、生物個体の全体性はつねにその主体性となって表現せられるのである。……ところでこのような個体をその構成要素とする種社会というものは、個体に対する一つの基体とも考えられるが、もともと個体が先にあったのでも種が先にあったのでもない。すると個体と種との関係もやはり部分と全体との関係として、それは自己同一的な構造を示すものといえるであろう。したがって種の全体性にはやはり種の主体性といったようなものが考えられてもよいと思う。（今西錦司、一九七二、一二九～一三〇頁）

北においては、この今西の言とほぼ同様に、生物（種）社会と個体の関係は有機体の全体と部分の「自己同一性」の構造として実体的に把握されている。しかも両者は、「二にして一」であるから、部分としての個体は全体としての生物（種）社会に従属するものではない（社会＝個）。今西は、右のハイエクとの対談でも、西欧社会ではこれを「個か社会か」という二者択一として捉えるから、一方に転べば「全体主義」になるし、片方に偏れば「個人主義」になると、まさに北の「偏局的社会主義」と「偏局的個人主義」と同じことを語っている。生物の社会と個体に関するこの認識は、そのかぎりでは、あやまった理解とはいえない。ただその際北は、生物（種）社会と個体の「自己同一性」の構造を、人間社会に無媒介に拡大適用してしまうという短絡を犯してはいなかったか。この点が危ぶまれるところである。彼は、みずからの社会（国家）有機体説の根拠を次のように説明しているからである――「人類の如き高等生物も生殖の目的の為めに陰陽の両性に分れたる者なるを以て、是れを男子として或は女子として、又親として、子として、兄弟としてそれぞれ一個体たると共に、中間に空間を隔てたる社会と云ふ一大個体の分子なり。今日の真理に於て唱へられつつある社会有機体説、国家有機体説は此の点より生れたる者なり」（北一輝4、二一八頁）と。たしかに、生物種としての人類と個体としての個人との「自己同一性」の関係としては、右のようにいいうるかもしれない。しかし、人間の「社会」と社会における「個人」の関係についてはただちにそう言い切れはしないのではないか。人間社会を考える場合には、生物のなかでおそらくは人間においてのみ過剰といえるまでに発達してしまった「関係性に関する幻想」の領域を想定しなくてはならないからである。この幻想領域を欠く「実体的社会観」を北は終生手放さなかったが、このことこそ彼にとっての最大の躓きの石であり、後年の悲劇を呼び寄せたものとして記憶されなくてはならないであろう。ただ、ここで急いでつけ加えておくべきは、実体的社会（国家）観に立つからといって、北の社会（国家）有機体説は、天皇を国家の頭部（元首）とし、国民をその手足になぞらえるような単純素朴な比喩的国家有機体説ではなかったという一点である。そのことは、明治の天皇制国家主義の代表的イデオローグであった井上哲次郎の国家有機体説を「為にする天皇元首論」として一蹴した次の言からも明らかである

吾人は固より国家有機体説を主張する者なり。……国家とは空間を隔てて人類を分子とせる大なる個体なり。即ち個体其れ自身の目的を有して生存し進化しつつある有機体なり。今日に

> 唱へらるる真正なる国家有機体説は、『国の元首』と云ふ文字の用ひられたる時代に於ては全く発見せられざりし真理なり。即ち、彼のフランス革命頃まで唱導せられたる偏局的個人主義の帰結として国家或は社会を人為的製作物の如く全く機械視したる独断に反動して、……単に国家は機械的のものにあらずして生命あるものなりと言はんが為めに国家を一個の生物に比較し以て之を国家有機体説と名けたるに過ぎざるなり。而して此の比喩は児戯に等しきまで玩弄せられたり。……実に国家有機体説を今日の真理に於て唱へず斯る首足胴腹ある一疋の生物と云ふ比喩に執るならば、……手足の労働者階級が元首たるルイ一六世の首を刎ねし如きは、自らの手にて自らの首を抜き而も却て活発に生活する奇怪極まる生物なりと云はざる可らず。（同、三八七～三八八頁）

素朴極まる国家有機体説をこのように適切に批判しながらも北自身、人間社会も他の生物（種）社会と同一の有機的実体（生物）としてみようとする誘惑に抗しきることはできなかった。そのゆえに、社会思想としては、のちにみるような、みずからの意図を超えた重大な誤謬をはらまざるをえなかったといえる。しかしながら、われわれは、彼がそのような誘惑から逃れえなかった、「維新革命の児」としての止むをえざる事情にもう少し寛容であってよいのかもしれない。明治維新の精神過程を彩る重要な要素として、「自任」の意識と「諫諍」の態度を指摘する村上一郎は、維新草莽の志士にみられた「こういう精神の在り方の非常に尖鋭な後継者」として北を位置づけている。「自任」の意識とは、国家の命運そのものに自己が直接責任を負っているという意識であり、この意識を持つがゆえに、権力者といえども、あやまった道を踏もうとすれば、いさめ、叱責する「諫諍」の態度が生まれる。北にとって、自己と日本というネーション（国家国民）とは地続きでつながっていた。だからこそ、日本という国家は、一個の人格を持つ有機体でありえたのである。そのことを、村上はこう述べている――「己れとは日本でもあった……。日本である己れが、己れに要請する声に聴くところがあったのである。己れのなかの日本、己れである日本とは、虚妄であり幻想であったとしても、もっとも充実した或るものであった。己れのこころに日本をもつことなしに、どうして国民が国民としての自覚をもつことができたであろう。その日本を一個の人格として、後の北一輝が考えるように考えることもできたであろう。それを国の姿として、当為としての国体と考えることも可能であったろう」（村上一郎、一九七三、一九九頁）。

北の誤謬ということに関してついでにいっておくと、今日の科学的理解からすれば、北の社会理論の出発点となったダーウィンの生物進化論は、彼の依拠したもう一つの方法であるヘーゲル・マルクス的な歴史の弁証法とは相反する指向性を持っている。周知のように、ダーウィン「進化論」の特徴は、生物進化を個体の生存競争による適者生存の結果とみなす自然淘汰（選択）説にある。この説の意義は、生物進化は普遍的・統一的法則にしたがうとしたラマルクの機械論的進化論を退けて、それがある特定の状況下における「自然淘汰（選択）」の偶有的な結果にすぎないことを明らかにしたところにある。したがって、ダーウィン説では、進化の過程は、必然的でもなければ、進むべき目的地もない、単なる時間の流れなのである。しかもその時間はなにものも決定することはない。いや、今日の生物学からいえば、なにものも決定されないからこそ、つまり先がわからないからこそ、時間が流れるということになっている。時間は、確定された過去に向かっては流れない。不確定で漠とした未来にしか流れていかない。生物学者池田清彦は、「未来が現時点で厳密に決定されているならば、わざわざやってみる必要はない。やってみなければわからないから時間が進むのである。だからこの文脈では時間とは非決定性の別名である」（池田清彦、二〇〇二、二〇九頁）と述べている。時間がなにものも決定しないからであろう、現代科学はこれとは対照的に、物理学にしても、化学にしても、また経済学までもが、「不変で普遍」の「物質と法則という二つの同一性」を追究するあまり、「理論から時間を捨象する努力を傾けてきた」（同、九頁）のである。そのような現代科学の行きづまりすら指摘されている今日、ダーウィンの生物進化論を基礎に据え、時間の流れとともに変容してゆく生物をモデルとして体系的な社会理論を構築しようとした北のような試み自体はもっと顧みられてもよいのかもしれない。だが、ダーウィンの考え方を歴史に適用すれば、当然、歴史は「一回性」の事象として現れるほかはなく、また、歴史の行方に何らかの目的を想定することもできないはずである。にもかかわらず一方で北は、次にみるとおり、ヘーゲルやマルクスに学んで、歴史を目的へ向かう必然的過程と描こうとしており、発展段階と単系的（直線的）進化を前提としてすべての議論を組み立てている。おまけに筆の赴くまま、人類の進化は究極的には神類への道をたどる、という極限にまでふくらんだ幻想すら披瀝せずにはおられなかった。西欧科学への核心的理解も未だ行き届かない、二〇世紀の黎明を迎えたばかりの日本における知識青年のあまりにも性急で過激な理想主義のあらわれとはいえ、進化論を演繹して北がたどり着いた地点は、第一の蹉跌を内包する場所であった。

3

北の思想・理論の基礎となっているもう一つの方法上の源泉は、ヘーゲルの歴史の弁証法であろう。とはいうものの、彼がヘーゲルを読んでいたかどうかはわからない。『純正社会主義』にはヘーゲルの名はまったく記載されていないからである。それゆえ、渡辺京二は、ヘーゲルとは別個に北が、類似した弁証法的歴史観をまったく独自に生んだと解している。眼前に進行する日本の近代化、市民社会化への異和から、伝統的共同体を超える、より高次な共同社会の回復を求める「コンミューン主義者」としての激しい内的欲求と「東洋的な〝絶対矛盾の自己同一〟的観念弁証法」とが相まって、ヘーゲルにまごう史的観念弁証法を成立させたという解釈である。「ヘーゲルを学んだ形跡はないのに、じつは彼は自ら意識せざるヘーゲリアンであった」（渡辺京二2、一〇九頁）。あるいは、そうかもしれない。しかし、北がヘーゲルの考え方を全然知らなかったといいきってしまうことにもためらいを覚える。それほどまでに、『純正社会主義』で北がとっている歴史観は、ヘーゲルの歴史の弁証法に酷似しているからである。同書において北は、歴史を自由と平等という理念が自己開示してゆく過程と見なしており、また、みずからの目指す社会民主主義を、それまでの歴史に存在していた「社会主義」と「個人主義」とが弁証法的に止揚されたものとして構想している。北によれば、王侯貴族の支配する中世は、万能の力を揮う社会・国家のなかに個人が埋没しているという意味で、「偏局的社会主義」の時代であった。その矛盾が必然的に個人の解放を叫ぶ近代の個人主義を生み出すが、これまた、社会的動物としての人間の本性を逸脱した、個人万能・個人優先の「偏局的個人主義」にすぎなかった。両者の矛盾・対立を止揚し、より高いレベルにおいて統合するものとして、社会民主主義は歴史に姿を現すのである。そして、社会民主主義の下においてはじめて、個人の自由独立は最高度に達成され、人権は最大限に擁護される、北はこう考えている。歴史の発展に関する北のここでの論理は、「偏局的社会主義」を「正」（テーゼ）、「偏局的個人主義」をその反対命題としての「反」（アンチテーゼ）とし、両者を本質的に統合した「合」（ジンテーゼ）として「社会民主主義」を捉えようとするもので、この方法は明らかにヘーゲルが説いた歴史の弁証法にほかならない。しかも、「波状形の進動を以てする社会進化の方則」（北一輝4、二三八頁）などというイメージを歴史に描いているところからみても、たしかに『純正社会主義』にはヘーゲルへの直接の言及はないものの、北が何らかの形でヘーゲルの弁証法をある程度知っていたと疑う余地はあるようにも思われる。以下は、まったくの推測にすぎない。

日本ヘーゲル学会文献史料委員会作成の「ヘーゲル日本語文献目録」(二〇〇四/二〇〇五年)によれば、ヘーゲルの著作の日本語訳の初出は、明治二七(一八九四)年の渋沢保「歴史研究法」(『通俗教育全書』九五号、九六号)である。その後、北が『純正社会主義』の執筆に当たっていた時期の明治三八～三九年には、小田切良太郎・紀平正美「ヘーゲル氏体系(エンチュクロペディー)」一三編が『哲学雑誌』(第二〇巻、第二一巻)に掲載されているから、稀代の読書家、勉強家であった北がこれらの文献に目を通していた可能性は皆無だったとは思われない。なにより、明治末期の知識青年にとっては、ヘーゲルはすでに相当馴染み深い名前だったはずである。夏目漱石の小説『三四郎』(明治四一年九～一二月、朝日新聞連載。翌明治四二年刊行)には、次のような場面が出てくる。主人公三四郎は、たまたま借りた大学図書館の本に、「ヘーゲルに毫も哲学を売るの意なし。彼の講義は真を説くの講義にあらず、真を体する人の講義なり」等々、「ヘーゲル云々」といった書き込みがあちこちにあるのを見つけて、「余程ヘーゲルの好きな男と見える」(夏目漱石、一九六〇、一二三頁)とつぶやいているのである。

また、前記の北の社会(国家)有機体説の淵源の一つがヘーゲルにあったことも十分想像されるところである。一八世紀末～一九世紀初の生物学の発展は、発生、成長、死滅の過程をたどる一つの生命体としての生物の有機的構造に着目するようになったが、人間の社会(国家)も生物

（有機体）としての人間が生み出しているものゆえに、ある種の有機的構造を持つとヘーゲルが考えていたことはよく知られた事実である。ヘーゲルによれば、人間は本来個人的な存在ではなく、原始の時代から集団をなして生活し、存続してきた社会的存在である。この前提に立てば、まずはじめに個人が存在し、それらの個々人が生きるために相集って、その合意により意図して社会、国家を作りあげたとする、それまでのホッブスらの学説は因果の転倒以外のなにものでもない。国家も社会も有機的構造を持つ一つの全体として、その内的要因の必然性により歴史的に発展するものだとすれば、それは、それ自身生命を持つ有機体だということに等しくなる。こうしたヘーゲル流の国家（社会）有機体説を北は知らなかったのか。

ヘーゲルの著作自体は読んでいなかったとしても、もしかしたら、後藤新平の『国家衛生原理』などを通じて知った可能性もないわけではない。ドイツの公衆衛生思想の影響下に書かれた後藤のこの本は、生物学の原則から国家の編成原理を解明しようとするもので、基本的に国家（社会）有機体説に通じるものである。動物がその体の器官である牙や爪などによって生命を護るように、人間は、人間と人間のつながりによって構成される国家（社会）によって生命をまもると説く同書は、北が六歳になったばかりの明治二二（一八八九）年に忠愛社から上梓されており、その後数多くの版を重ねたロングセラーであったから、読書家の北の眼に触れた可能性は決して少なくはなかったであろう。

あるいは、北入学の半年後（明治三〇年一〇月）、佐渡中学に着任した校長八田三喜の影響もあったかもしれない。八田は帝大を卒業したばかりの二五歳の青年であった。高橋康雄によると、八田は、赴任後二、三カ月の間に、郡内の町村を一巡して、「社会共棲」という題目の講演をして回った。高橋が引いている『八田三喜先生遺稿集』（昭和三九年）によれば、その内容は、「『社会共棲』ということが人類の生活様式であり、それの政治機構が国家で、経済機構が社会なのだ。したがって両方相互に進歩発達しなければ国家は成り立ってゆかない」という趣旨の話であったという。八田は、同じテーマで、中学上級生の修身科の講義も行なったと書いており、「この考えが北一輝君の思想にいくぶんの影響があったのでないかと思う」（高橋康雄、一九七六、八三頁）とも語っている。北を感化した教師の一人で、西欧社会思想にも通暁した、前出の英語教師長谷川清を佐渡中学に呼んだのも八田だというから、ふたりの口からヘーゲルの所説が語られることがあったとしても不思議ではない。想像は尽きないが、もし渡辺のいうように、共同体回復への強い欲求が、北をして必然的に、そしてまったく独自に、ヘーゲル流の歴史観、社会観に導いたのだとすれば、彼の社会理論家としての独創性にはなおさらに驚きを禁じえないものがある。と同時に、近代日本における共同性への飢渇がいかに強烈なものであったかということに思いを馳せないわけにはいかない。

ダーウィンやクロポトキンの「進化論」、ヘーゲルの「歴史の弁証法」、「社会有機体説」とならんで、北の社会理論を形作っているもう一つの重要な柱がマルクスにあることはいうまでもない。『純正社会主義』はしばしばマルクスに言及しているが、「社会進化論を説けるマークス」という表現のようにマルクスを社会進化論者としており、その思想の先駆性と偉大さは高く評価しながらも、結局は人類進化の未だ十分ならざる時代の思想として限界は免れないとの見地に立っている。どこまでも彼は進化論者なのである。したがって、「著者の社会主義は固より『マークスの社会主義』と云ふものにあらず」（北一輝4、六七頁）。北によれば、おのれ個人は無論マルクスの天才には及ばずといえども、人類の知識の進歩からいえばマルクスより「五十歳百歳」年長の「白髯禿頭の祖父曾祖父」にあたり、マルクス以後の人類社会の進化を体現している知恵者である。進化した現代の知識からすれば、マルクスの思想は「頗る遠き以前の知識なるがため」に多くの誤りを含み、細部において「無数の非難を被るべき余地」があるというのである（同、六九七頁）。マルクスがなした偉大な貢献は、「近世機械工業の資本」を歴史的略奪の蓄積と看破した経済学的発見と「階級闘争」を歴史的な社会進化の推力とした歴史学的発見の二点のみで（同、六六〇頁）、細部にいたれば、例えば、その労働価値説も階級闘争説も全面的には依拠できるものではないという。商品の価格が需要供給によって決定されず、その生産に要する労働時間よって決定されるというような価格論は誤まっており、その「階級闘争説も心的（真の、本質的なの意——筆者注）考察にあらず」という意味で全面的に受け入れるわけにはいかない。このように今日からすれば、少々単純かつ的はずれな批判のうえに立って北は、ゆえに「マークスの偉大に心酔することは今の全世界の社会党に取りて由々しき誤謬」（同、六六〇頁）だとの警告さえ発している。おのれの社会主義の普遍性を全世界に問おうとする青年の自負の弁である。マルクス主義思想が日本に受容されはじめたばかりのこの時代に、北がどれほどマルクスの言説に触れることができたかは推測の域を出ないが、間違いなくそれはごくごく限られた範囲のものだったであろう。すれば、右にみたような過誤をあえて咎め立てするのは必ずしもフェアな態度ではあるまい。『純正社会主義』の記述からは、いかに不十分なものとはいえ、北がマルクスの思想をかなりの程度まで理解していたことが窺えるだけでなく、後述するように、マルクスに依拠せずとも、独自にマルクスとかなり近似した発想に到達していたことを知ることができる。むしろそのことの方に驚嘆しなくてはならないのではなかろうか。

日本におけるマルクス主義文献は、小崎《こざき》弘道「近世社会党の原因を論ず」(『六合雑誌』明治一四年四月号)が初出といわれるが、北誕生後の明治二〇年代後半〜三〇年代頃には徐々にその数を増やしている。とくに日露戦争前夜、主戦論に転じた「萬朝報」を辞し、非戦論を掲げて新たに平民社を起した(明治三六年一〇月)幸徳秋水、堺利彦らによって、「共産党宣言」の翻訳などマルクスの思想が、その機関紙『平民新聞』の紙面を飾るようになったことはよく知られた事実である。むろんのこと、発刊当時北はこの新聞の熱心な読者であり、「何十部となく買ひ入れて、親戚や後輩に読ませた」(北昤吉1、二三七頁)ほどである。のちには、幸徳秋水をはじめ、堺利彦、片山潜らの社会主義者との交流もあった。

そうしたさまざまな紹介や人的交流を通じて、マルクス思想の概要をつかんでいたのであろう。北は、「資本は掠奪の蓄積」(北一輝4、九七頁)とか「社会主義は階級の掃討を計る」(同、一二七頁）といったマルクス思想の核心はきちんと押さえていた。とりわけ、「資本は掠奪の蓄積なり」というマルクスの発見はニュートンの引力説にも匹敵する「不動の真理」だとして、その先駆的意義を高く評価している。ただし、前記のように、北は労働価値説を認めないわけであるから、資本が、「賃労働と資本」という資本主義的な生産関係が必然的に生み出していく「価値」だという認識には到達していない。北の資本観は、「社会」を実体とみた見方の延長線上にあって、「資本」を機械に代表される生産手段としての物質的実体とみているのである。いうまでもなく、マルクスが提起した「資本」とは、資本家と労働者という生産関係に基づく「労働の搾取」を通して実現される「剰余価値を生む価値」である。この「関係性」概念としての資本が最大の威力として君臨する社会こそ資本主義社会だったはずであるが、北はこれを資本家（「経済的貴族階級」）による機械の独占という事実に矮小化してとらえている。北のいうところに耳を傾ければ、そもそも社会的・歴史的生産物としての機械とは、「祖先の霊魂が其の中に宿りて子孫の慈愛の為めに労働するもの」であるはずなのに、現況は「資本家階級のみが祖先の偏寵を恣に」（同右）しているのが実情である。それゆえに、「今日一切社会の問題は機械より湧沸す」るのであって、「実に機械と云ふ封建城廓を貴族階級に占領せしむ可きや否やが一切社会的諸科学の根本問題」（同、九三頁）となるのである。本来、人間労働に代わり、社会から貧困を駆逐することを期待されたはずの機械は、今や「（経済的）貴族階級の城廓」となって社会を睥睨し、民衆労働者を威圧している。機械は、貧困をなくすどころか、「貧困者を絞礫し、絞礫を免れたる僥倖者をも失業の不安に脅かして運転」しているではないか。マルクスから学んだ北の眼は、明治末日本の経済社会の情況を、次のように捉えていた――「ああ機械発明に逆比例する貧民階級の拡大と失業者発生の驚くべき速力。斯る石壁と溝墟とを以て築ける城楼よりも遥かに金城鉄壁の器械を以て黄金貴族の護らるる時、何の自由競争あらんや。……今日の経済学は機械を本論とし他は凡て附録に組み替へよと云はん」（同、九二～九三頁）。

たしかに、限られた、しかもかなり粗雑なものも含まれていた当時の文献からでは、その理解が十分に行き届いたものにならなかったことは致し方ない。のちの憲兵隊調書において北自身が供述しているように、「当時の社会主義と云ふ言葉の中には、空漠とした種々の思想が入って居りまして、『マルクス』の翻訳一冊あるでなし、只貧富の間隔無く、万民悉く富み楽しむ位の程度が社会主義位のものでありました」（北一輝3、四四三頁）というのが実情であった。とはいえ、彼が、マルクス思想の核心を一応は押さえていただけでなく、「社会主義は此の資本労力の大浪費あるツラストを社会の経営に移して斯る浪費の欠陥を去れる者なりと考へらるべし」（北一輝4、一六一頁）といった文言にも窺われるように、第二インター段階の社会主義におけるトラストの意義やベルンシュタイン流の修正資本主義などを、乏しい情報源からもかなり正確に理解していたことは渡辺京二の指摘するとおりである。第二インターナショナルは、北が六歳だった一八八九年、フランス革命一〇〇周年を記念して創立されている。また、北は社会と国家とを同じもの（社会＝国家）とみなそうとしたが、その根拠の一つは、間違いなく、幸徳秋水訳の『共産党宣言』から得られたものであった。さらに、人間が「類的存在」、「社会的存在」であることの認識を自分の頭だけを頼りに切り開いていった北の問題意識は、『経済学・哲学草稿』における若きマルクスに少なからず近接してもいた。これらについては、後述する。

4

このように、『純正社会主義』は、北が咀嚼した当時の最先端の西欧社会思想を骨組みとして構築された。同書の目的は、明治維新によって成立した明治国家の本質（国体）を社会主義を体現すべき「近代公民国家」としたうえで、現状においてはいまだ顕現されていないその本質を現実のものとするために、明治維新を補完する第二の「維新革命」を必要とすることを理論的に明らかにするところにあった。だが、何しろ、北の論理はあまりに独自である上に、議論の展開の仕方も饒舌で逆説に満ちているため、松本清張でなくてもその筋道を追うことにかなり骨が折れることはたしかである。

まず『国体論及び純正社会主義』というタイトルそのものが、一瞥しただけでこの書の概要を的確に伝えてくれるものにはなっていない。この書は、明治国家が一般国民に対して鼓吹している「国体論」（日本は万世一系の天皇を中心として国民すべてが家族のように団結している、世界に類を見ない独特の国体だというような主張）を「所謂国体論の復古的革命主義」として批判し、近代日本の真の国体は北の考える社会民主主義すなわち「純正社会主義」であり、この真の国体を現実のものたらしめることこそ国民の使命だということを主張したものだからである。

では、北が真の国体と考える「純正社会主義」とは何か。この点について立ち入った議論をする前に、まず「純正」という言葉に注目しておきたい。この言葉については、またしても松本清張が、『純正社会主義』は「多くの学説の断言をならべ、絢爛に見えるがツギハギ」で、「結論では、社会主義による階級闘争の勝利を普通選挙の施行に求めるという幼稚なユートピア」を主張したものにすぎず、「その『純正』と名づけた所以のものもその種の空想的社会主義からである」（松本清張3、三二頁）などといった、いささか穏当でない言を並べている。おそらく松本は『純正社会主義』をきちんと読んでおらず、また、北に好意を持っていなかったことも間違いない。そのようなことから、彼が丹念に読んだと思われる二・二六事件の憲兵隊調書において北自身が口にした、訴追をかわすための一種の逃げ口上である、「夫れ（『純正社会主義』）は少年時代の書物であり、且つ不完全の儘で出したもので……東洋にも社会主義がある、即ち孔孟の『井田の法』が夫れであると云ふ馬鹿馬鹿しい子供らしい事が書いてある等、全く空想時代のものであります」（北一輝3、四四三頁）という供述に引き寄せられて、北の純正社会主義を「空想的社会主義」と即断してしまったとみて大きくあやまってはいまい。渡辺京二は、「『純正』というのはただ科学的ということにすぎず、実際北は本文中では、科学的社会主義という用語をもっぱら用いている」（渡辺1、一一三頁）と正しく指摘しているが、やや敷衍しておけば、わざわざ「純正」

というからには、この用語に北はもう少し積極的なニュアンスを込めたかったのかもしれない。数多ある社会主義の言説の中で自分の唱える社会主義こそが科学的根拠に裏付けられた「真の」社会主義だといいたかったのであろう。ちなみに、二・二六事件の公判廷では、「吾が国の社会主義は日本の歴史の上に樹立すべきであると論じ、他の社会主義は不純なるものとして、自分の説を純正と為したのでありました」（林茂他2、四〇九頁）と証言している。これまた遁辞のにおいのする言であるが、この供述には彼の真意も垣間見える。翻訳的社会主義か、さもなくばあやまった日本史理解のうえに構築された国家社会主義以外にない、明治日本の社会主義思想のことごとくを、北が同書の俎上にのせて舌鋒鋭く批判したのはそれゆえであった。

まず、明治初期に日本に入ってきたマルクス流の社会主義は、基本的に個人と世界を直結させるユートピア的世界主義であって、その本質は「社会主義」ではなく、「個人主義」にほかならないことが批判されている。つまり、「国家とは何か」という基礎的な考察がないことがマルクス主義の最大の欠陥であり、国家論抜きに社会主義世界の理想を描くとすれば、それは結局「国家を否定するの盲動」としての個人主義の別名たらざるをえないというのである。この批判は、とりわけ日露戦争に対する社会主義者の非戦論に一撃を加えるにあたって表明された。北は、こう述べている。社会主義者の日露開戦反対論は、トルストイのような無抵抗主義の宗教論にも似たものだ。そうした無抵抗主義はトルストイ自身がそうであったように、結果としてマルクス主義が説く階級闘争までをも否認せざるをえないことになり、究極的には社会主義そのものを排斥するに至らしめるおそれさえある。マルクス流社会主義者の主張は、一言でいえば、「原子的個人を仮定して直ちに今日の十億万人を打て一丸たらしめんとするが如き世界主義」にほかならない。だが、現実の個人の生きる場としての国家を閑却すれば、亡国の民か侵略者になる以外にはなく、それはいずれも社会民主主義が容認せざるものである。この論理は、万国社会党大会の日露非戦決議に対する批判において、次のように示されている。

而しながらこの世界統一主義は個人主義の仏国革命に擁せられたるナポレオンの夢想を承認するものにしてロシアの侵略に対して日本国の独立を放抛すると共に、支那朝鮮に対して日本国の侵略せんとする場合にナポレオンの下に兵卒たらざるべからざるに至らしむ。ユトピア的世界主義は個人主義の仮定の上に立つ。個人主義が他の国家を無視するときにナポレオンとなり、自己の国家を忘却せるときにユダヤ民族となる。――この故に吾人は断言す、国家を否定するものは仮令激語に於てすとも、(而してマークスは激語に於てしたりと雖も)、社会民主々義は一の是認すべき理由をも発見せずと。この断言は更に次ぎの断言に導く――マークスの共産党宣言の激語を先入思想とし日本社会党の個人主義者等の云為を材料として決議せる万国社会党大会の日露戦争の否認は断じて執るに足らずと。(北一輝4、六五九頁)

また日本において、こうした国家の重要性を閑却したマルクス流の社会主義が「平民主義」を掲げて、経済的にはもっぱら分配の平等に関心を向けていることについても、「誣妄も極る」の一言が投げかけられている。富裕者の富を貧困者に分け与えて分配の平等を達成し、結果として上層階級を下層階級に引き下げることが、社会主義の目的であってはならない。生産のシステムを革新して富を増大させ、あり余るほどの公共財産を国民一人ひとりが個性に応じて自由に十二分に享受することのできる「純然たる共産的社会」を創造することが社会主義の理想である。そのことを通してこそ、貧困なるがゆえに社会の底辺に沈淪している下層階級は等しく上層階級の位置にまで引き上げられるのだ。この理想は、「分配論の如きは生産の進化に伴ひて自ら解釈さるべきなり。故に吾人は社会の進化して万人平等の分配と云ふ一階級を越へて純然たる共産的社会に至るべき事を円満なる理想として有する者なり。……社会主義は貧少なる分配を平等にすべきことを主張せずして寧ろ富有なる公共財産に対して個性の相異に応ずる共産的使用によりて満足を得べきことを理想とする者なり、上層階級を下層に引き下ぐる者にあらずして下層階級が上層に進化する者なり」（同、一五九頁）と述べられている。

　現実主義的立場から社会主義へ疑問を投げかける金井延ら社会政策学派の講壇社会主義者もまた修正資本主義者として葬り去られた。北によれば、資本と労働の調和を説く彼らの社会主義とは、厳密な意味での個人主義によってはもはや資本主義（「経済的貴族国」）が維持できないという現実認識から苦し紛れに編み出された弥縫策にすぎず、「資本家主義が社会主義の国旗を濫用して其の退却の遁路を濁さんと計る国際法違反」（同、一二二頁）にほかならない。神聖な大学の講壇は「資本家階級の私曲」に汚され、その講壇から説かれる「講壇社会主義」は、ただただ「資本家の弁護に勉むる『資本家社会主義』」とでも名づけるほかないものである。彼らはときとして「国家社会主義」を名乗りはするが、その名もまた「国家に帰属すべき権利の主張」ではなく、「権力階級の政府が自家の官吏をして権力の維持を図らしむる『政府社会主義』」（同、一二三頁）と称すのが適切なものにすぎない。

そもそも、彼ら講壇社会主義者は「社会主義」がいかなる根拠に基づいて唱えられているかということをまったく理解していない、と北はいう。その代表として金井延の『社会経済学』がとりあげられ、その資本・労働調和論に根本的な批判が加えられている。金井によれば、土地、労働、資本の三要素によって生産が行なわれている今日の資本主義社会においては、労働と資本は「恰も車の両輪」であるから、「両者は応分の報酬を得て可なるもの」である。にもかかわらず、社会主義者は「資本の起原は元来労力に在るを以て生産事業より生ずる凡ての利益は悉く之を労働者に報酬すべき」ことを要求している。この主張は「大に誤まりたる説たるに過ぎず」というのが金井説である（同、一二五頁）。北の金井批判の弁を聴こう。

北にいわせればまず、「生産より生ずるすべての利益を労働者に」などということを「純正社会主義」が要求したことは一度もない。「純正社会主義」が要求しているのは一切の「階級の無化」ということなのだ。そもそも資本とは、「過去の祖先の肉体的精神的労働の蓄積」であり、社会的・歴史的所産である。もとより社会主義は、この「祖先労働の蓄積たる資本より生ずる凡ての生産物」を資本家階級が掠奪することは否認する。が同様に、そうした「過去の労働に対する壟断」が現在の労働者階級の権利だということも断じて是認しない。社会主義が主張していることは、資本家と労働者という二大階級を廃絶して、「歴史的累積の智識と社会的労働とを以て得たる生産物」の所有権者を「社会」にするということなのである――「所有権を主張し得るものは、其等個々の発明家にもあらず、その占有者たる階級の資本家にもあらず、又その運転を為しつつある他の階級たる今の労働者にも非ず、只歴史的継続を有する人類の混然たる一体の社会のみ」(同、一一一頁)。そして、「社会労働の果実たる資本に対して所有権神聖の名に於て公有を唱ふものをこそ社会主義と呼ぶのだ。したがって、社会主義が実現されて、「掠奪さるる階級、壟断する階級の消滅せるとき」に至らば、社会の成員は、「生き残れる資本家も、地主の子女も、繊弱なる婦女も、幼児も、又労働する能はさる不具廃疾も」なんら別なく、「一切の生産物を所有する社会に対して、当然の分配を要求することを得る」のである。講壇社会主義者の唱える資本・労働調和論は、「現在の資本家労働者の二大階級を永劫不滅の制度なりと認識し、其の何れかの階級が歴史と社会との生産物をより多く掠奪すべきかを争論するもの」にすぎず、社会主義に対する大いなる誤解に基づいている。「社会的生産時代の生産物は個人的労働時代の分配的眼光を以て計るべからず」。彼らが「労働者階級のみの利益を終局目的とする」と誤解している社会主義は、真の「社会主義」ではなく、「労働者主義」とでも名づければいいようなものにすぎない。「社会主義は社会が終局目的にして利益の帰属する主体なるが故に名あり。現今の階級的対立を維持して掠奪階級の地位を転換せんと考ふる如きは決して社会主義に非らず」。「社会主義は階級の掃蕩を計る」。「階級なき平等の一社会」、無階級社会こそが純正社会主義の真に目指すものなのだ、と北は主張しているのである（同、一二七〜一二八頁）。

次に批判の矛先が向けられたのは、キリスト教社会主義者である。キリスト者にして社会主義協会の会長であった安部磯雄は、著書『瑞西《スイス》』を槍玉に挙げられ、その国家観の誤りが指摘されている。安部は、スイスを「地上の理想国」と認めつつも、軍事力の存在のみが唯一遺憾な点だとしているが、この見解は、社会主義が理想とする世界主義に根本的に反するというのである。北によれば、社会主義が目指す世界主義の理想は、世界のすべての国家の権威の上に築かれる世界聯邦にあり、この理想が達成されるための大前提は、どの国もみずから自国を守りうる軍事力を持つ国家にならなくてはならないということにある。他国の軍事力によらずしては自国の独立を守りえないような権威なき国家の集合が世界連邦の理想であるはずはない。「強力に仕ふることを事として自国の国家的権威を解せざる国家の集合にてはローマ帝国はあり得べきも世界聯邦なし」（同、六六三頁）というのが北の世界主義観である。この点で、安部の主張は、「論なく誤まる」。なぜなら、「他の銃鎗の間に支へらるる独立は理想的国家にあらず。スイスの理想的なりと云はるるは一旦の暁その微少なる軍備を以て仆れて後止むの国家的権威に在りと云はん」（同、六六四頁）からだ。

このように北は当時の社会主義者のことごとくを国家を忘却した「個人主義者」として葬り去

った。が、彼の批判の矛先は、マルクス流社会主義者にとどまらず、その主義の頭上に「国家」の冠を戴く、いわゆる国家社会主義者にも向けられたことも忘れられてはならない。「彼等は其の『国家社会主義』と標傍するに係らず国家の本質及び法理につきて亦全く無智なるは只以て呆るる外なし」（同、六六五頁）というのが、その理由である。批判の第一の標的として選ばれたのは、新帰朝者にして少壮の教育学者だった樋口勘次郎である。樋口は、『国家社会主義新教育学』を著し、天皇を家長とし国民をその赤子とする日本独特の家族国家論を説いた。そのうえで、天皇の「一視同仁」の徳による四民平等に基づく国家社会主義論を展開している。そして、みずからの国家社会主義を「世間に流布せる直訳的社会主義」とは一線を画す、日本の歴史、国体に根ざす土着的社会主義だと自負したのである。この主張は、北によって次のように痛罵されねばならなかった。

樋口勘次郎氏の『国家社会主義新教育学』を見よ。曰く、「我が国には社会主義の行はれ易き歴史上の事実あり。我が国は全国挙って一家なり。恐れ多くも皇族は一家の主長にまします。天皇の前には四民平等にして天皇の皇民を見給ふは一視同仁なり。されば国土は日本と云ふ一家の所有なりとの観念は古へよりあり、今に至りてかはらず。……其の後功田荘園等の発達して封建の制をなしたりと雖も領土を与ふるは天皇なり。維新の際全国大小名の領地の所有権を抛つや天皇に奉還すと云へり。是れ外国に無き美はしき観念なり。土地財産は天皇の御物なり。

……」。ああ斯る言を聴くものの背は慚汗に沾ふ！　恥ぢよ！恥ぢよ！『国家社会主義』なるもの斯くの如くんば、国家主義にもあらず社会主義にもあらずして絶対無限の君主々義となる！（同、六五四～六五五頁）

樋口にとどまらずさらに北は、国家社会党を率いる山路愛山の国家社会主義をも斬って捨てた。『純正社会主義』が世に出る前年（明治三八年）山路が斯波貞吉らと結成した国家社会党は、古代皇室を以て社会主義の実践者とみなし、この皇室の力によって社会主義を実現することを綱領に掲げていた。だが北の眼には、その主張は、維新革命の本義である社会民主主義についての根本的無知ゆえの「生産権奉還の経済的尊王攘夷論」にすぎぬものと映っていた。生産権をブルジョア資本家の手から皇室へ返上すれば社会民主主義はなるのか。北の信奉する社会民主主義とは、ブルジョア社会の私有財産制と個人主義の十全の発展を継承して、「国家の理想的独立」と「個人の絶対的自由」を同時に可能とさせる「国家主義」であり、さらにその先には「世界主義」を見据えているものでなくてはならない。その実現のためには、「国家の全分子の自由平等の競争発展と扶助協同」による社会の進化が必要であり、これを可能とするために不可欠な歴史的前提条件こそ、「国家の全分子が私有財産権の主体となれる個人主義の社会進化の過程」にほかならない。社会の全分子が個人の権利に目覚めるという過程を踏むことなしには社会民主主義の理想は達成されるはずもないのだ。山路愛山らが古代の皇室による社会主義と見なす大化改新の土地国有論の如きがまさにこの典型であって、天智天皇という例外的に覚醒した一分子の理想がいかに高邁であっても、他の全分子が依然として眠りに耽っていた古代社会においては社会民主主義の理想は実現されるべくもなかった。こう述べて、北は、明治国家の現状を問う。現代日本は、天皇ひとりが「父」として覚醒しており、四五〇〇万人の国民は自己の意識も持たぬままに「赤子」としてこれに従うだけの国家であるのかと。もしそうであるなら、現代日本は、「朕即ち国家にして四千五百万人は国家の外なる禽獣なり」というような古代専制国家か、もしくは、「無意識なる赤子の集合」としての「原始的共産の社会」のいずれかにすぎない。しかし、これは進化の歴史の逆行である。山路みずからが「社会進化の先登に立つ」として奉戴する天皇が「社会進化と背馳して古代に退化す」るというのは明らかな論理矛盾であるからには、まさか山路の本意はそこにあるはずはあるまい。かかる逆手搦め手論法で、北は山路ら国家社会主義の「生産権奉還」の理論的根拠に最後の楔を打ちこむ。「資本家が掠奪せる蒸気と電気との機械は社会の生産を壟断せるものなりしか又天皇の労働を盗みしものなりしか」と。資本・土地を奉還すべき本当の相手は誰なのか。国家社会党が明らかに答えねばならぬことは、その唱える資本・土地の公有論とは国有論なのか、それとも君有論なのかというただ一点に尽きる。大政奉還をもこえる「生産権奉還」とは何事であるか。このような国家社会主義に対して北は、「奴隷よ！　奴隷の集合よ！　吾人はむしろ所謂『国家社会主義』と共に古代の奴隷制度に鼓腹せんよりも国家主権の名に於て資本家地主の権利救済に努力すべし」（同、六五七頁）とまで叫ばずにはおられなかった。

国家社会主義者のこうした誤謬はひとえに、「国家」・「社会」というものについての彼らの無知に基づく、社会主義、国家主義に対する誤解から生まれている。北によれば、社会・国家の構成員の全員が権利の主体として遇される社会、それが真の社会主義・国家主義社会である。「社会主義とは社会の全部分が財産権の主体たることなり。国家主義とは国家の全部分が利益の帰属する権利者たることなり」(同右)。しかるに、維新革命を経た日本社会の現状をみれば、財産権の主体たる者は未だに社会の少数部分を占めるにすぎず、その他大部分の国民は単なる使用権以外に何物も持たない「戦争と貧困との犠牲」である。維新革命がもたらしたこの経済的階級国家(北の用語でいえば、「経済的貴族国」)を国民全体が経済的利益の権利主体である「経済的公民国家」(「経済的民主国」)にすること、これこそがほかならぬ社会民主主義の目標であるはずではないか。この観点からみれば、国家社会党の主張は、経済的貴族国から経済的民主国に至らしめる進化の道どころか、「国民の身体其者を君主の経済物たりし絶対無限の家長権を法律の上に設定せんとする」「経済的君主国」へと退行する道というほかはない。おのれらの主張を正しい信じるならば、そのことを身をもって証明してみよ。証明できずば、口にしている天皇への尊崇の念とは裏腹に、国家社会党は不敬罪にもなりかねないぞと、皮肉まじりの痛撃を加えて、北は国家社会主義にとどめを刺した。

誠に更に答弁せよ。国家社会党の諸子は、勇(雄)略天皇の所有権の下に其の妻を献ぜんとするか。武烈天皇の所有権の下に其の親を献じて経済物として破壊せしむるか。――否と云ふべし。然らば是れ自家の主張の利益の為めに天皇を玩ぶ唾棄すべきの卑劣にして、亦所謂『不敬』と云ふものなるは論なし。然るに彼等は却て『不敬』なる矢を番へて社会民主々義を射ることあるに至っては、只以て土人と云ふの外なきなり。（同、六五七～六五八頁）

このように北は、国家・社会についての根本的無知を理由に、明治日本のすべての社会主義者を厳しく難詰した。となれば、北の社会主義の正当性を担保する国家・社会とは何か、彼自身の国家・社会観こそが問われねばならない。

第2章　個人と社会——人間解放の社会理論をめざして——

1

まずはじめに、個人と社会との関係を北がどのように考えていたのかをみておこう。北の社会観では、「人類社会は渾然として一個体なり。貧民と云ひ富豪と云ひ各々社会と云ふ一個体の部分なり。即ち個人とは社会のことなり」（北一輝4、二九九頁）と、社会と個人は等置されている。どうして社会と個人とは同じなのか。北によれば、個人は一個体として「利己心」ないしは「個人性」という意識を持つが、その一方で、社会を一個体として意識するとき「公共心」あるいは「社会性」とよばれる意識を同時に持つ。つまり、利己心とともに公共心を、個人性とともに社会性を持つ動物が人間である。人間という生物の進化をアメーバの分裂のような生命体の起源にまで遡って考えてみれば、もともと、個人とは「空間を隔てたる社会の分子」だという。一方、社会とは「分子たる個人の包括せられたる一個体」なのだから、「個人と社会とは同じき者」（個人＝社会）にほかならない。しかも社会は、個人を通してしか現れない。まさに、「一個体は個人たる個体としての意識を有すると共に、社会の分子として社会としての個体の意識を有す」（同、二一九頁）としかいいようがないのである。したがって、公共心、社会性とは「社会と云ふ大個体の利己心が社会の分子としての個人に意識せらるる場合のこと」であって、「分子たる個人が小個体として意識する場合の利己心も其の小個体が社会の分子たる点に於て社会の利己心」であることに変わりはない。かくて、クロポトキンの進化論が明らかにしたように、人類はこの社会的利己心をめぐる社会間の生存競争を通して進化を続けてきたのである。このように考えれば、利己心と利他心はいずれも社会的利己心の現れにすぎないのだから、両者を区別すること自体が無意味になる。この青年にいわせれば、社会的利己心を「大我」と、個人的利己心を「小我」と呼ぶ方が、むしろ適切なのである。社会的存在としての「我」（個人）は、「大我」（社会性）と「小我」（個人性）のふたつを同時に体現するものとして立っている。個人＝社会としての「我」のイメージを、北は、「吾人は母の腹中を出でてキリストの腹中に入り釈尊の腹中に入れり。否！依然として社会の腹中に在り。而してキリストも釈尊も全社会も吾人の腹中に在り」（同、三五一頁）、と表現している。

「個人とは社会のこと」というこの青年に、人間は「類的存在」であるというマルクスにも似た強い思いがあったことは疑いない。北によれば、人類はもともと、方法的個人主義に立つ西欧の社会契約説の想定とはちがって、自然状態において個々に存在していたわけではない。人類のはじめは個人としてのアダムとイブではなかったのである。生物進化論が科学的に証明しているところは、個々の人間とは「一元の人類よりアミーバの如く分裂せる一個体の部分」にすぎないということだ。したがって、今空間的に現存するすべての人類は、「個体を横に拡大したる点より見れば一大個体」である。また、時間軸を導入して、「之を縦に延長したる点より考ふれば原人よりの十万年間の歴史は一大個体の長命なる伝記」（同、二四九頁）ということになる。よって、人間は個体としての死は免れないとしても、類としては死滅しない。となれば、「物心もとより一元にして人は肉体に於ても精神に於ても不死不滅の者」（同、二五〇頁）であって不思議ではない。

北の描くこのイメージは、『経済学・哲学草稿』において次のように述べるマルクスに限りなく接近しているといってよいであろう。

> 「社会」をふたたび抽象物として個人に対立させて固定することは、なによりもまず避けるべきである。個人は社会的存在である。だから彼の生命の発現は——たとえそれが共同体的な、すなわち他人とともに同時に遂行された生命の発現という直接的形態で現れないとしても——社会的生命の発現であり、確認なのである。たとえ個人的生活の現存様式が、類的生活の多分に特殊な様式であったり多分に普遍的な様式であったりする——そしてこのことは必然的なの

であるが——としても、あるいはさらに類的生活が多分に特殊な、または多分に普遍的な個人的生活であるとしても、人間の個人的生活と類的生活とは、別個のものでない。……したがって人間は、たとえ彼がどれほど特殊な個人であるにせよ、——そしてまさに彼の特殊性が彼を個人とし、そして現実的な個体的共同存在とするとしても——同じ程度にまた彼は思惟され感受された社会そのものの総体性、観念的総体性、主観的な現存であり、同様にまた現実においても、彼は社会的現存の直観や現実的享受として、ならびに人間的な生命の発現の総体として現存するのである。……死は（特定の）個人にたいする類の冷酷な勝利のようにみえ、そして両者の統一に矛盾するようにみえる。しかし特定の個人はたんに一つの特定の類的存在であるにすぎず、そのようなものとして、死をまぬがれないものなのである。（マルクス1、一三四〜一三五頁）

マルクスによれば、人間が生物的個体として存在する原子的個人ではなく、「類的存在」であることは、人が死を恐れることのうちになによりも端的に示されている。もしアトミックな個人主義が成立するとすれば、人が死を恐れる理由はどこにもない。なぜなら、生きている者には死は現存しないし、他方、死者はもはや存在していないからである。そう考えれば、死は、生者にも死者にもまったく関わりのない事柄である。こうした「生と死は断絶している」という認識は、道元の『正法眼蔵』にも、「生より死にうつると心うるは、これあやまりなり。……生といふときには、生よりほかにものなく、滅というふとき、滅のほかにものなし。かるがゆゑに、生きたらばただこれ生に、滅きたらばこれ滅にむかひてつかふべし」（道元、一九九三、四六七頁）と記されている。この乾いた形式論理を、エピクロスのアトミズムに由来する自然哲学のうちに見出した若き日のマルクスは、「にもかかわらず人はなぜ死を恐れるのか」ということに拘泥し、この問いを発し続けることから、人間が「類的存在」以外のなにものでもないことを明察した（吉本隆明1、一二〇～一二一頁）。もし、人が単にアトミックに点在するだけの個人であるのなら、エピクロスや道元のいうとおり死を恐れる必要などまったくないはずだ。けれども、人は死を恐れる。恐ろしいものの中でも最悪のものとして死を恐れる。それは、人は生きているにもかかわらず、自己の死を他者の死のように想像することができるからにほかならない。他者のように自己を見つめるという自己意識を有するがゆえに、言い換えれば、他者との関係性において以外に自己の意識を持ちえないがゆえに、必然的に人間は「類的存在」たらざるをえない。個体は死滅しても、「類的存在」としての人間は死なない。だからこそ、まったく逆説的ではあるが、人は死が恐いのである。

マルクスの遺稿である『経済学・哲学草稿』が初めてモスクワのマルクス・エンゲルス研究所から公刊されたのは、『純正社会主義』の執筆から四半世紀余をへた一九三二（昭和七）年のことである。だからもちろん、マルクスのこの洞察を北が読み知っていたはずはない。しかし、人間が原子的個人などではなく、徹頭徹尾「類的（社会的）存在」であることを北が確信していたことは、「人は只社会によりてのみ人となる」（北一輝4、一九四頁）、「個人は決して原子的に個人として存せしことなく墳墓に入るときにも社会をなす」（北一輝4、五八六頁）のような文言のなかにも明らかに看取される。今日の人類学の知見によれば、人類が類人猿から分岐して人間としての特性を備えるようになったのは、「死者を埋葬する儀礼を持った」旧石器時代のことだという（内田樹、二〇〇四、一四六頁）。葬制・墳墓こそ社会的存在としての人間の証しである。このことを北はすでに明察していた。刑死した自身の墓標は持ちえなかったにもかかわらず……。（北一輝の遺骨は、故郷佐渡の北家の菩提寺勝広寺にある祖父六太郎の墓の一隅に眠っている。二・二六事件当時、彼自身の墓標を建てることは、「国賊」として許されなかったのである。）

　人は、みずからの内を覗き込むことを通して他者の振る舞いを了解しようとし、また一方においては他者を眺めるように自己を見つめる存在であるという意味で、社会を内面化している生物である。人間において「個人」と呼ぶに値する純粋に個性的なものといえば身体のほかにはない。解剖学者養老孟司の言によれば、身体のなかでも真に個性的といいうる器官は、非自己から自己をまもるメカニズムとしての免疫系などに限られる（養老孟司、二〇〇八、一五九頁）。また、脳科学の分野でも、人間行動で大きな役割を果たしているのは意識ではなく、実は無意識だという「受動意識仮説」が唱えられている。無意識をつかさどる脳内分野は外に開かれており、目、耳、口、肌などの感覚器官を通して外界から取り入れられるさまざまな刺激（情報）に反応して活動する。時間的に意識に先行する（神経生理学者リベットの実験によって確かめられている）この無意識の働きが人間の「知情意」、そして「意識」を決定する、という理論である。この理論によれば、われわれが自己の「意思」によって行動を主体的に決定しているというのは錯覚であり、その点で、純粋な意味での「個人」はありえず、人間は宇宙、自然、社会につながるものとしてしか存在していない（前野隆司、二〇一〇、八八〜九七頁）。このように現代科学は、個人が単独で純粋な個人として成立するはずのないことを証している。

人間は原子的個人ではなく、まごうかたなき類的（社会的）存在である、こう北は確信した。が、それはどのような意味においてなのか。北がこの問いにどう答えているかをみておく必要があろう。

クロポトキンの説くように、人間は、はじめは社会的本能によって団結し、「進みては明確なる社会意識によりて結合」を強め、それを「力の源泉」として進化してきた。そうした社会的結合は、たしかに原始時代にあっては明確な自覚に基づいたものではなく、「本能的に眠れる潜む社会性」であったかもしれない。が、その社会性は、決して個人主義理論が主張するような、「利己心の思想による契約」や、団結を強要する物理的・心理的「威力」への恐怖から来る「余儀なき結合又は服従」ではなかった。人間は、「社会的生物として、契約なくとも言語を有せし如く威力によらずとも始めより団結して存在し、団結其の事が威力なる」（北一輝4、四〇六頁）、というふうに歴史を生きのびてきた、と北はいう。その意味で、団結して存続していく人間社会そのものは一つの生命体（有機体）にも比せられる実体である、と受け止められていた。

こうした社会観――つまり、個人と社会を等置し、社会は自他の生命を一つの共同生活のうちに融合させる生命体だとする社会観にはおそらく、北が幼い頃から馴染み、大正五年以降は自覚的にその道にのめりこんでいった大乗仏教の世界観の影響もあったのではないかと、考えてみる必要があろう。北の郷里佐渡は法華経をすべての経典中最高のものと位置づけた日蓮流謫の地である。しかも、北の母リクの実家である新穂村青木の本間家の近くには、塚原問答で有名な日蓮ゆかりの塚原山根本寺がある。本間家（実家でお産をするという佐渡の習慣に従い、この家で北は生まれた）には、北が二・二六事件で刑死する直前まで肌身はなさず持っていた、日蓮またはその弟子日朗のものといわれる古い法華経が伝わっていた（藤巻一保、二〇〇五、三四頁）。そのような環境にあったせいか、母リクは、「日蓮に心酔し敬仰していた」のみならず、その事蹟についても詳しく、「母の口を通じて教えられる日蓮や順徳天皇の姿は、輝次にとって魂の揺籃であった」と松本健一は書いている（松本健一2、一七頁）。このような母親の生家に北が生まれ落ちたことを、北昤吉は、「兄が後年熱烈なる法華経信者となり『日蓮は法華経の宣伝者であり、自分こそ法華経の行者である』と自信又は盲信するに至ったのも、法縁ありといへよう」（北昤吉2、二五七頁）と回想しているほどである。また、北自身も、法華経に帰依した大正五年を遡ること一〇年の昔に書いた『純正社会主義』の緒言において、「新しき主張を建つるには当然の路として旧思想に対して排除的態度を執らざるべからず。破邪は顕正に先つ。故に本書は専ら打撃的折伏的口吻を以て今の所謂学者階級に対する征服を以て目的とす」（北一輝4、六七～六八頁）という日蓮まがいの戦闘的言辞を記している。

北が帰依したのは法華経だが、単独で存在するものは何一つないという「縁起」の思想を背景に「久遠実成」（仏陀は永遠の生命）を説く大乗教典中の王としての法華経には、当然、華厳経に代表される大乗仏教の世界・宇宙観が反映されている。法華経とほぼ同時代に成立したとみられる華厳経では、宇宙は、そのなかにある存在すべてが「縁」（関係性）によって相互に結ばれた「宝珠の網」であり、それ全体で永遠に続く一つの生命である。そして、この生命の体現者が毘盧遮那仏とされる。したがって、この「宝珠の網」のネットワークにつながれた一切の存在（個々の宝珠）は、自他の区別なくすべて、生命としての宇宙である毘盧遮那仏の顕現としての生命であり、世界はこの生命の数だけ存在する。これを「法界無尽縁起」という。このように、法華経にも流れる、「一即多」、「多即一」の生命としての宇宙を説く華厳経の教理は、個は即社会、社会は即個であり一つの生命を持った有機体だとする北の社会観に限りなく近い。前記のように、法華経世界への接触が佐渡における少年期にまで遡りうるとすれば、個は全体であり、全体は個だという思想は、北にとっては、もともとかなり親和的なものであったとしても不思議ではない。

2

華厳経の「宝珠の網」は、万物は相互に結びつけられており、網の目のように張りめぐらされたその関係性のなかで生かされていると説く点で、自然生態系の循環すらも暗示しているが、『純正社会主義』が根本的に依拠する立場は進化論であり、そこに流れる時間は「輪廻転生」のように循環する仏教的時間ではない。前記のとおりダーウィンの進化論自体に時間の流れがたどり着く先は想定されていないにせよ、その理論はハルマゲドンないしは最終的救済へと直線的に進むユダヤ・キリスト教的時間のなかで構想されたものである。したがって、進化論を受け入れた段階で、北の大乗仏教的宇宙・世界観は何らかの形でユダヤ・キリスト教的な変容を迫られざるをえなかったであろう。人類は「類神人」をへて「神類」に至るという直線的な究極的進化の道筋を北が指し示すのは、こうした変容の表れともいえる。「末法思想」を発展的に継承し、現実世界の変革による「法華一乗の世」を究極の理想とした日蓮は、仏教的時間を変容させたという点でも北の先蹤である。時空からの超脱を目指し、時間に格別の意味を見出さない多くの仏教宗派とは異なり、日蓮は、時間の流れのなかに位置づけられた、仏法による現実世界の変革を説いたからである。日蓮によれば、釈迦入滅後仏法は、「正法の世」、「像法の世」、「末法の世」と段階的に衰退の過程をたどるが、最後の段階で、法華経への帰依によって真の「正法の世」である「法華一乗の世」へと革命的旋回が起こることが予言されている。後年の北の法華経への帰依もこうした日蓮の思想とまったく無縁ではなかったことを、藤巻一保は、「この〈正法時代→像法時代→末法時代→法華一乗時代〉を、進化律によって人類がたどる道筋と重ね合わせることにより、『法華経』信仰は、矛盾なく北に受容された」（藤巻、前掲、九二頁）と述べている。

ところで、北にとって、「一種の宗教的歓喜に全身の戦慄を覚ゆ」とまでいう社会主義革命が成就した将来の理想社会は一体どのようなものとしてとらえられているのであろうか。「先ず貧困と犯罪とは去る」ことはいうまでもない。社会の全分子は「平等の物質的保護」の下におかれ、「自由の精神的開発」を享受するに至る。社会主義社会がもたらすものは、経済的充足や政治的自由にとどまらない。当然のこととして、階級の違いゆえに引き裂かれた「恋の絶望は去るべし」（北一輝4、三二一頁）。また、生活の苦悶と悪戦苦闘により余儀なく形成された下層民の「残忍なる良心と醜悪なる容貌」もこの世から消滅する。物質的文明と精神的開発が全社会に平等に普及することによって、知識・芸術はきわめて高い水準にまで発展する。さらに、これまでの社会とは異なり、生きんがためにする女性の「経済的結婚」や富者・権力者への隷従を強られる弱者の「奴隷道徳」も姿を消し、「社会の全分子は神の如き独立を持て個性の発展は殆ど絶対の自由となる」（同、三二三頁）。

このとき、自我の要求は社会の要求と齟齬・矛盾するものではなくなり、自我の要求それ自体が社会性を帯びた道徳となって社会の進化を推し進めてゆく。北は、自己の利益を求める利己的自我を「小我」（個人としての「我」）と呼ぶ。そして、社会の一分子として個人を自覚する社会性を帯びた自我を「大我」（他者および将来の人々とかかわる「我」）と表現し、この「大我」を道徳の源泉としている。

道徳とは社会性が吾人に社会の分子として社会の生存進化の為めに活動せんことを要求することなり。故に吾人が吾人自身を社会の一分子として（小我を目的としてに非らず）より高くせんと努力することが充分に道徳的行為たると共に、多くは他の分子若しくは将来の分子の為めに、即ち大我の為めに小なる我を没却して行動することをより多く道徳的行為として要求せらる。彼の大我の生存進化を無視して小我の名誉栄達を要むる行為が不道徳とせらるるのみならず、小我の利益其事を目的としての（社会の一分子としてに非らず）行為が仮令偶々社会の利益に帰することありとも一般に道徳的行為とされざるはこの故なり。（同、三二七頁）

人類すべてが「小我」を乗り越えて「大我」を無意識の道徳として内面化する社会こそ北のいう「類神人」の社会である。ここでは、「社会の全分子は天才の個性を解するの能力を開発せられ」、老若男女いずれも「天の真善美」を目指して努力する。とりわけ、若き男女は、お互いに理想とする真善美を備えた異性を獲得せんがために、みずからの真善美をますます磨き、「釈尊キリストのごとき真善美、マリア観世音の如き真善美」へと接近してゆく。北によると、「全人類の大を看客として釈尊とマリアとの恋」こそ理想の恋であり、人類が類神人から神類へと進化してゆく推進力はこの「恋の理想」に求められる。「男は男と、女は女との雌雄競争によりて各々其の真善美を進化せしめ、其の進化せる中の最も真なる善なる美なる者が最も真なる善なる美なる異性を得て其の真善美を子孫に遺伝し以て社会の理想を実現すべし」（同、三二一頁）。したがって、食物を求めての生存競争が消滅する社会主義社会においても競争はなくならない。唯一残る生存競争が理想の異性を求めて行なわれるこの雌雄競争である。「実に恋の理想は社会の理想なり。社会の理想が社会の全分子たる男女に恋せらるることによりて社会は其の理想を永き命たる所の子孫によりて実現し以て進化す」るからである（同、三一九頁）。「雌雄競争」で真善美のそれぞれに最も優れた個性が勝利をおさめることを通して、最も真、善にして美なる遺伝子が子々孫々へと伝えられ累積し、社会の理想そのものも進化してゆく。ここに実現されるのは、「天の真なる個性、天の善なる個性、天の美なる個性（が）、恋愛の中心となりて全社会の崇敬を集むる」「広き意味に於ける天才の世」であり、個人主義の理想をすべて達成した「社会主義の極致」である（同、三二二頁）。

社会主義社会における「類神人」のこうした真善美の遺伝子が累積を続けてゆく先にもたらされる社会は何か。「『類神人』が其の完全に行はるる男女の愛の競争によりて今日の理想とする神を遺伝の累積によりて実現し得るの時来らば、茲に人類は消滅して『神類』の世となるべし」（同、三二四頁）。これが宇宙の目的であり、この目的を実現せんがために生物は進化を続けているのだ。真善美が普く行なわれる「天才の世」をこえて、天の意志そのものが顕現される「神類の世」は到来する。こうした「宇宙の目的」とつながっているからこそ、「人の世」は生きるに値するのである。絶対の「天則」を信ずるこの青年の進化論の理想と必然は、当然のこととしてここまで昂進せねばやまぬはずのものであった。しかし、現代科学の相対主義はこの「天則」をやすやすと否定しないではおかない。現代科学にいわせれば、宇宙に目的などない。もちろん歴史にも目的はない。また、今日の社会システム論からいえば、社会はその構成員の相互作用のなかで不断に形成されているもので、目的もなければ、真善美のような確定的な価値すらもない。それらの価値は多くの人たちが互いに影響しながら生み出している集団現象の結果にすぎず、その結果が成員の同意を通して一定の方向に収斂することから、人間は、はじめからそうした確定的な真善美が存在していたかのような錯覚をもつにすぎないとされる。たしかに、そうであろう。だが、すべてが偶然で相対にすぎないとすれば、生は無意味なものになることを避けられない。人が生きているのは、偶々起こった相対的な事象に、何らかの意味を与えることによってである。さもなくば、虚無に落ち込むほかなく、生そのものが成り立たないはずだ。個々の人間にとってかけがえのない一回限りの生は、偶然でも相対でもない、絶対の必然以外の何物でもないからである。

現代科学の子ならぬ北が、生きるに値する生を希求する以上、神類の世に言及しないではいられなかったことは理解されるべきであろう。とはいうものの、彼の夢想はとどまるところを知らず、神類の世においては排泄作用も交接作用もなくなるとまでいう。その理由は、もはや屁理屈に近い。人間が「排泄作用をなさざる所の神若くは天女を理想に画く」のは、人類が進化的生物であり、宇宙の目的が進化にあることの何よりの証左だというのである（同、三四六～三四七頁）。ましてや、排泄作用よりもさらにはなはだしい「言ふべからざる恥辱」の念を催させる交接作用は当然消滅せざるをえない。人類の進化がここに至れば、いうまでもなく、「恋愛と肉慾とを二分して一を神の光明に置き一を動物慾として唾棄」する「二元論」も消失する（同、三四九頁）。このような世においてはもはや、「恋愛」という言葉も卑小なものとなり、一夫一婦論も恋愛神聖論も語られることさえなくなるであろう。進化の究極たる「神類の世」においては、「小我は大我となり大我は無我となる。生物進化論は大釈尊の哲学宗教に帰着せり。肉感を超越せる恋愛の要求は斯くて実現せられ、世は挙げてプラトー的の愛たるべし」（同、三五〇頁）。このときついに、「『人類』は滅亡して『神類』の世は来る」（同、三五一頁）のである。

恋愛の理想化と結びついた北の社会進化のイメージと革命への希求は、これまで、『純正社会主義』執筆に遡る六年ほど前、彼が故郷佐渡で体験した松永テルとの初恋に関連づけて解釈されることが少なくなかった。一五歳の頃、少年北は近隣の原黒村の造り酒屋のひとつ年下の娘テルと恋に落ちたといわれている。しかし、この恋は実らず、北が一七歳のとき、テルの母親の反対によってふたりの仲は引き裂かれた。北の佐渡中学退学や父慶太郎の酒造りの失敗などによる北家の経済的破綻がその理由と考えられている。が、この恋の不首尾を、後年の北の革命思想のダイナモと見なす見解も少なからず存在してきた。たとえば松本健一がそれで、北の失恋と革命思想との関係は次のように解き明かされている。

「革命は愛の満足を求めて起る」（『国体論』第三篇）とは、けだし、北輝次郎の至言であった。彼はナルシストではあったが、その恋愛の燃焼のさなかに個我意識にめざめたのは疑うべくもない。いや、ナルシストであったから、唯我意識にめざめたというべきかもしれない。それに恋愛の破局が外部の圧力だったとするなら、そこに個人の絶対的自由を侵す権力の黒い手をみたとしても何ら不思議はない。個人の絶対的自由の要求は、こうして社会革命の必然性へと導かれてゆく。(松本健一1、二九頁)

ところが、ふたりの仲を引き裂いたのは、テルの母親ではなく、北の母の方であったとの証言もある。北昤吉は、学業のため東京で下宿生活をしていた彼のもとを北が尋ねてきた明治三八年秋のことを回想して、「隣村の某家の娘と恋に落ちて結婚したいと思って母に相談したら、母は娘はよいかもしれぬが、娘の母がだらしない性質であるから、絶対反対だといふので、困って飛び出して来たといふのである」(北昤吉1、二三八頁)と語っているからである。真相は不明だが、いずれにしても北の社会民主主義とこの恋とをあまり性急に結びつけてしまうことは避けておいた方がよさそうである。

さて、このように進化の理想の赴くところ「神類の世」へと想像の翼がのびるのを止めることはできなかったにせよ、もちろん北は理想が直ちに実現されると考えていたわけではない。きわめて現実的な地点からこの理想を遠望していたにすぎないのである。このことは強調しておかなくてはならない。「必らず知るべきことは理想は漸時に実現さるべきものにして進化は踰越せずと云ふことなり。無我絶対の愛は神類の世界のことにして人類の現実にあらず」(北一輝4、三五二頁）と述べるこの青年は、社会民主主義の成就なくして「神類の世」への門戸は決して開かれないということをいいたかったのである。「曰く進化とは理想実現の聯続なりと。善の理想を実現する今後の方法は社会民主々義にあり。真の理想を実現する今後の方法は社会民主々義にあり。美の理想を実現する今後の方法も亦社会民主々義にあり」（同、三四八頁）。このような言からみると、「人類」から「類神人」そして「神類」へという進化の論法は、むしろ、おのれの社会民主主義の前に立ちはだかる論敵を退けるためのレトリックとして用いられた面もあるように思われる。人類はいまだ神類にいたっていないという現実を忘れて、「人類に向って神類の世に於てのみ来るべき無我絶対の愛を説く」（同、三五二頁）キリスト教徒や仏教徒、その他近年の新興宗教者には「吾人断じて与みせず」（同、三五四頁）。それのみならずさらに、人道主義的見地から貧困をなくすべく「社会主義評論」の健筆を『読売新聞』紙上に揮っていた河上肇もまた次のように否定されているからである。おそらく河上が明治三八年に伊藤証信の無我苑に入信したことを指しているのであろう、「彼の『社会主義評論』の筆を捨てて無我の愛と云ふを説きつつある河上肇氏の如きこの点に於て最も惜しむべしとす」（同右）と。

北によれば、社会民主主義に固有の哲学宗教は、社会民主主義そのもののうちにある。キリスト教も仏教も社会民主主義の哲学宗教たりえず、既成宗教はいずれも社会民主主義の哲学宗教としては排斥さるべきものにすぎない。

今日の人類として衣食なくしては生存する能はず――故に社会主義と云ふ。恋愛なくして不死なる能はず――故に民主々義と云ふ。実に社会民主々義は『人類』と『神類』との進化を繋ぐ唯一の大鉄橋なり。人類が排泄作用と交接作用との恥づべき現実を脱する能はさる間、種属単位の食物競争と個人単位の雌雄競争と云ふ厭ふべき現実の生存競争を脱する能はず。進化律の天則に一の誤なし。小我発展の競争なくして大我に至る能はず、無我の愛絶対の愛に至る能はず。……理想現実の途に於て社会民主々義は社会民主々義の途あり。社会民主々義の双眸は仰いで神の世を認む、而して其の足は大路闊歩して地球の上を離れず。社会民主々義の天国に昇るべき門はアーメンにあらず、極楽に到るべき途は南無阿弥陀仏にあらず、一に階級闘争にあり。個性発展にあり。伏能啓発にあり。自由恋愛にあり。科学にあり。（同、三五三頁）

こう述べたときこの青年は、宗教を「民衆の阿片」だとして、「民衆の幻想的幸福である宗教を揚棄することは、民衆の現実的幸福を要求することである。……したがって、宗教への批判は、宗教を後光とするこの涙の谷（現世）への批判の萌しをはらんでいる」（マルクス2、七二～七三頁）と「ヘーゲル法哲学批判序説」に書いた若き日のマルクスとまったく同じ地点に立っていたといってよい。そして、みずからを「『人類』と『神類』とを繋ぐ鉄橋を架設せんとして努めつつある微少なる一工夫」にたとえ、「神類の世」について筆を走らせたのは、「聊か槌の手止めて彼岸を指さし以て社会民主々義者が労働する目的を物語りたるに過ぎず。吾人は報酬なき労働、困難なる鉄橋も、この彼岸の光明を臨みては一の苦痛だもなき宗教的信念によりて歓喜に堪へざるを告白すれば足る」（北一輝4、三五四頁）と、その理由を記したのである。

3

すでに述べたように、人間は、「類的存在」であり、社会によってのみ人となる「社会的存在」であるから、生物的個体のみで自立している個人（原子的個人）などは存在しえない。ゆえに「個＝社会」であり、この社会は、各個体が死滅した後も新たな成員を迎えて存続していく、一個の自然的事実（実体）としての有機体（生命体）である。北の社会観はこのように要約することができる。北がしばしば、個人の自由を否定する全体主義者であるかのように指弾されてきたのは、こうした実体論的社会観のゆえであったといってよい。社会を擬制とみる西欧的な「近代」社会科学の「常識」からすれば、「社会を実体と見る以上、個人主義の否定は当然」（神島二郎、一九五九、四四〇頁）とされるからである。たしかに、北の頭のなかでは、「原子的個人」は適切に否定されているものの、社会的存在としての「個人」概念からはムラ世間のなかに生まれ、死んでゆく「共同体的個人」の色彩は払拭されていない。社会は、そのような個人によって構成される実体としての共同体とみなされている。

こうした実体論的社会観においては、ゲマインシャフトにせよゲゼルシャフトにせよ、個人は、そうした社会と個別、直接的にかかわっている最小単位であり、実体的社会の中に埋没せざるをえない。社会はつねに個人よりも大きい（社会＞個人）のである。だが、北は、「個人とは社会のこと」と述べ、個人と社会とを等置（社会＝個人）したかぎりで、関係性概念としてのマルクスの「類的存在」に接近していたことはすでに述べたとおりである。にもかかわらず、彼は、たとえば、「個人をして社会の為めに存する事を明確なる責任に於て自覚するに至るべき」（北一輝4、二〇〇頁）とか、「個人を社会国家の利益の為めに自由に活動すべき道徳的義務を有する責任体たらしめんとする」（同、二〇一頁）とか、あるいは「社会民主々義者は其の名の示すが如く個人の権威よりも社会の利益を尊重するの犠牲に甘ずべき時の多きことを知るべし」（同、六〇二～六〇三頁）といった物言いからもわかるように、社会は個人に優先し、個人は社会に奉仕・貢献すべきもの、という思想的傾きから逃れられなかった。ここでは社会と個人は等号関係にはなく、明らかに社会の方が個人よりも大きくみえる（社会＞個人）。それは何故か。

問題は、個人と社会の関係をどう解くかにある。この問題についてはすでに一つの明快な解が滝村隆一によって与えられている。滝村は、唯物史観の立場から、「〈個人〉のもつ〈社会〉性すなわち〈社会〉との関連規定性を追究する場合には、〈社会〉との本質的な媒介的関連性を追究する本質論的規定と、あくまで〈社会〉との形式的・実体的な直接的関連性を追究する実体論的規定とを、原理的な区別と連関において統一的に把握する必要がある」（滝村隆一、一九七三、六九頁）と述べている。この立場からすれば、「個人」とは、本質論的規定においては、自然へ働きかける「労働」を本質とする実体であり、「〈労働の対象化〉という本質的な関係性において把握」される「〈生活の生産〉において結合した人間集団」（同、五五頁）としての「社会」（Gesellschaft）に対応する「社会的存在」（gesellschaftliche Wesen）と規定される。この意味で、本質論的レベルでの「個人」は、「個人―即―社会」（社会＝個人）ということができる。これに対して、実体論的レベルでの「個人」は、「〈社会〉Gesellschaft の〈実存〉形態としての」「〈協同社会〉Gemeinschaft」のような「直接的関係性のなかの最小の個別的単位として、厳密に形式的＝実体的に把握」される「〈協同社会的存在〉gemeinschaftliche Wesen」である。したがって、実体論的なレベルでの「個人」は、社会に包摂された「社会―内―個人」（社会∨個人）である（同、六九～七一頁）。

こうした考え方に基づけば、個人と社会の関係について、本質論レベルと実体論レベルの議論を腑分けせず、混同してしまったところに、北のあやまりは求められなくてはならない。なによりも北には本質論としての関係性（幻想）の領域が想定されていないことが、その最大のあやまりということになろう。幻想の領域においては、「個人は即社会」（個人＝社会）であるばかりか、往々にして「個人は社会より大きい」（個人∨社会）ことすらありうる。この点に北の眼はまったく向けられてはいなかったように思われる。

人間は、言語、道徳、慣行、ルールなど個人に先行する社会的関係性によって束ねられている。それが社会であり、人間が社会的存在だということの意味である。しかも、具体的な個人はその社会に必ず遅れてやって来て、早めにそこから退去することを運命づけられている。こうした個人に対する社会の先行性と継続性こそ、方法的個人主義に立つ社会観を否定する根拠の一つにほかならないが、反面それは、社会を実体的有機体（場合によっては生物）とみる実体的社会観へと陥る躓きの石でもある。北の社会主義はまさしくそのようなものとしてあったといえる。北のいうとおり、あくまでも個人に先行する「社会」を方法的基礎として人間は考察されなくてはならない。だが、この「社会」から個人間の相互作用によって不断に形成され続ける関係性や幻想の視点が脱落すれば、その社会主義は、マルクスが遠望した「類的存在」としての人間の回復を目指す社会主義ではなく、「個人」主義に対立するものとしての実体的「社会」主義、つまり共同体主義とならざるをえない。

北の社会に対するこのような実体的なイメージは、生い育った佐渡の伝統的共同体の現実のなかから感得されたものだったであろう。北は、のちの「憲兵隊調書」において、少年の頃を回想して、「ほんの絶海の孤島で私は漁夫の子供等と一緒に育って来まして、何等外界の刺戟もなく、真実の自然児として生活して居りました」（北一輝3、四四三頁）と述べている。彼にとって佐渡での日々は、大地と海の自然と一体化した人々の濃密な関係のなかで、苦楽ともに生を実感できるものだったに違いない。一面で掟や因習に縛られつつも、生々しい生の手ごたえのなかで生きる共同体的人間という観点から社会を捉えれば、社会は限りなく実体に近いものにみえて不思議ではない。しかも、個々の構成員が死滅したのちも社会が存続するとなれば、それは一つの生命体にも似てくる。したがって、北が社会を生命を持つ実体としての有機体とみなしたことは、途方もなくあやまった見方だったわけではない。しかしながら、北の眼は、社会を社会たらしめているものとしての「関係性」には正確には届いていなかった。これが、彼の決定的かつ致命的なあやまりであった。

個人と社会の関係は、ソシュール派の言語学におけるラング（langue：「言語」）とパロール（parole：「言」、「発話」）の関係に等しいといってほぼ間違いではあるまい。ラングとは、共同体の成員が言語活動を行なうにあたって共有している規則や記号体系であり、歴史的に形成されてきた社会的所産である。一方、パロールは、ある特定の個人が、「あるとき」、「ある場面」で、ラングに依拠して一回ごとに行なう発話などの具体的な言語表現を指している。パロールを通さなければラングはなく、ラングがなければパロールは成立しない。両者は「二にして一」であり、それが言葉（ランガージュ、langage：「言語活動」）である。個人と社会の関係も同じで、社会的関係性に拘束されない個人は存在しえず、また社会的関係性も個人を通して以外には表出されることはない。そういうふうに見れば、両者は「二にして一」（個人＝社会）であり、それが「類的存在」としての人間の在り方だと性急にいいたくなる。しかしここで、ソシュール派言語学が明らかにしたところをもう一度確認しておけば、規則・記号体系としてのラングと個人の発話としてのパロールは両々相まって言語活動としての言葉（ランガージュ）を成立させていた。この比喩を、個人と社会の関係に当てはめるならば、肉体をもち個別具体的に存在する個人は、社会を社会たらしめている諸々のルールの体系としての社会的関係性を脳という身体器官の機能として蔵している。それらは言語や慣習法に典型を見るようにいずれも歴史的に形成されてきた社会的所産である。各個人は、このルールの体系としての社会的関係性に意識的または無意識的にしたがって行動する。複数の個人間でこのようにして行なわれている相互行為（言語・非言語的コミュニケーション〔交換〕）の総体こそが「社会」と呼ばれているものにほかならないといえよう。

しかし問題は、鋭敏なる北の眼が、社会を社会たらしめているルールの体系としての関係性に届いていないことである。わけても「財の交換」のような社会的関係性の根源ともいえるものからその眼は意識的に背けられていたかにさえみえる。前記のように、社会の正体を「複数の人間間のコミュニケーション（交換）の総体」とみるならば、コミュニケーションは決して言語によるものだけには限られない。言語的なコミュニケーションが成立するためには、その前に人間は生きていなくてはならず、自然への働きかけとしての労働による生産と、さらにはその生産物の交換という物質的な（非言語的な）コミュニケーションが不可欠である。言語的コミュニケーション以前にこうした非言語的なコミュニケーションが存在しうることは、ヘロドトスの『歴史』（紀元前五世紀）以来語り継がれてきた「沈黙交易」の歴史が証しているとおりである。すでに古典となった『沈黙交易』（J. H. Grierson, *The Silent Trade*, Edinburgh, William Green & Sons, 1903）の著者グリアソンによれば、沈黙交易とは言語を用いない交易ではなく、接触忌避を本質とする交易である。交易の当事者は同時に同じ場所にはいない。両者はお互いに共同体を異にする「異人」同士である。だから、彼らはともに、交換する相手方の財の価値を知らず、したがって、沈黙交易における財の交換は本質的に等価交換ではありえない。等価交換でないから、決済は一回ごとに完了せず、なんらかの未決済の感覚が残る。この感覚が次の交換を起動させ、両者の交換関係は継続してゆく。わが国でも、かつての商人は普通、商品を掛け売りにして晦日に前期分の代金を回収するという方法で顧客関係を永続化させようという商法をとっていた。こうした交換を通しての人間関係の継続こそが社会を成立させているものである。なぜ沈黙貿易がはじまったのか、その理由は誰も知らないが、ただ、お互いに必要とするものを交換しようとしていたのでないことだけはたしかである。異人同士である彼らが相手の必要を知っているはずはないからである。おそらく人間は、外からの食物摂取によるエネルギー代謝を継続しないかぎり生命を維持できないように、外界に開かれて、他者とモノや情報の交換をせずには生きられない存在だと想定するのが妥当な解釈であろう。人は何かを他者に与え、また、与えられずにはいられない存在であり、もしかしたら、それは究極的には人身供犠の欲望にまで昂進するのかもしれない。他者に何かを与えたいという「贈与」の本能が、沈黙交易の、そして社会の起源なのか、起源は不明だが、はっきりしていることは、人はだれもこの起源には間に合わないということである。最初の贈与はすでに行なわれており、交換ははじまっている。だから、この交換に遅れて参加したすべての人間は、最初から返礼の義務を負い、再び贈与を行なわなくてはならない存在である。おそらく、こうした贈与の繰り返しが、人間の相互関係としての社会を継続させていく根拠であろう。

4

すでに述べたように、北の眼は意識的に、「交換」という社会の本質を明かすものからは背けられていた。それは、彼が商業や流通を本来ならば経済において不必要な「浪費」とみなしていたからにほかならない。「単純なる経済論として考ふるも、無数の商店、商人、店員、仲買人、取引所、ありて無用の資本と無用の労力とを投じて相破壊し以て強大の浪費をなし、生産より直に消費に移らず交換と云ふ戦場を通過して生産物の多くを破壊せられ軍事費を負担せられて生産費に倍増せる価格として消費者の手に来ることは、人類の当然に棄却すべき愚劣なり」（北一輝4、二〇〇頁）と述べているとおりである。

彼の社会主義は、理論的には、社会的「生産」のためのシステムとして構想されていた。「社会主義の真髄は分配論に非らずして実は生産論に在るなり、即ち土地及び生産機関の公有と其の公共的経営と云ふことが社会主義の脊髄骨なるなり」（同、一五六頁）。平民主義の「上層階級を下層に引き下ぐる」富の再分配を批判したことからも明らかなように、生産を拡大し社会的富を増やすことによって「下層階級を上層に進化」させることが北の社会主義の眼目であった。しかも、再分配に重点が置かれれば、当然、その衝に当たる政府執権者の国民に対する支配力が強化されざるをえない以上、人間の解放をめざす社会主義の経済論は生産論以外にはない。生産論が社会主義の常道たる所以である。ただ、彼の生産論は狭義の生産だけに限定されており、生産物がどのようにして最終消費者である国民のもとに届けられるか、という点には及んでいない。ともかく、北の生産論を追ってみよう。

北によれば、「全社会を経済的幸福に進ましむること」が経済的公民国家としての社会主義の経済的正義である。このためには土地および生産機関を公有に移し、これを「社会の利益のためにする公共的経営」に委ねることが不可欠とされる。このことは、幸徳秋水の『社会主義神髄』（明治三六年刊）から学んだものであろう。幸徳は、アメリカのキリスト教社会主義者リチャード・T・イリー教授を祖述して、社会主義の主張を構成する第一の要件《エレメント》を、「物質的生産機関、即ち土地資本の公有」（幸徳秋水1、三二頁）とし、「要件《エレメント》の第二は、生産の公共的経営是也」（同、三三頁）と述べている。北がこれにつけ加えた第三の要件《エレメント》は、この公共的経営体を動かし、生産にあたるものとしての「徴兵的労働組織」である。国家社会の防衛のために徴兵された国民的軍隊と同様、社会主義の生産活動は徴兵的に集められた労働者組織によって行なわれるというのである。むろんのこと、資本主義社会における工場生産においても、機械が「集合的労働により て運転さるべきもの」である以上、労働者の集団秩序や規律の維持のため、「或る程度まで軍隊的労働組織」の形態はとられざるをえない。そのことを認めつつも、社会主義における軍隊的組織による生産はそれとは本質をまったく異にするものであることを、彼は次のように説明している。同じ軍隊的組織による生産といっても、社会主義におけるそれは、「全国民が国民各自の義務として又権利として」「国家の目的と利益との為め」に行なうものであって、雇傭主との事実上の「主従的契約関係」に基づいて実行される資本主義的生産とは異なる（北一輝4、一一九頁）。一言にしていえば、「社会主義の軍隊的労働組織とは徴兵の手続によりて召集せられたる壮丁より中老に至るまでの国民が、自己の天性に基く職業の撰択と、自由独立の基礎に立つ秩序的大合同の生産方法」（同、一二〇頁）である。したがって、社会主義の徴兵的労働組織における労働者は、「権力的命令的組織」に拘束・強制されることなく、「各個人の自由と独立」を保証された労働者で、公共的義務への道徳的意識と「他の多くの奨励的動機」によって働く者である。自主的な動機づけを持ち、しかも人間の本能に内在する「公共心」に基づいて行なわれる労働に期待されているのは、高い生産力である。「徒らに他人に帰属すべき利益の為めに生産」を強いられる階級社会の「今日の賃銀奴隷」であれば、労働は苦痛以外の何物でもなく、彼らが「懶惰」に走るは当然の成り行きだ。だが、「階級打破の社会主義」における「全社会悉く平等の権義により て相愛する自由民」の権利・義務として行なわれる労働は、それ自体が「神聖」であり、この「軍人の光栄に代れる労働の神聖は軍人が戦場に於て表はす如き公共心を以て生産に活動す」（同、一三五頁）る労働者を生む。自己の労働によって社会全体の幸福が増進されると明白に意識する労働者の「精神的快楽の動機は利己心の其れを圧伏して働く」（同、一三四頁）から、徴兵的労働組織による社会主義的生産は、「貨幣のみを欲望する」利己心による現今の労働に比してはるかに高い生産力をもたらす。そのことを、北は、日清戦争における日清両国の軍隊になぞらえて、「支那の傭兵よりも日本の徴兵が公共心によりて遥かに活動せるを知れるならば、今日の傭兵的労働者よりも社会主義の徴兵的労働軍が如何に熾烈なる公共心によりて経済的活動に従事し生産的効果を挙ぐるかは日清戦争の懸隔によりても想像せらるべし」（同、一三二頁）と説明している。徴兵的労働組織によって高い生産力が保障されるとすれば、当然のこととして、人々は、職務の軽重の如何を問わず同一の物質的報酬を平等に受け取ることができるはずだ。まことに結構な理想である。もとより、この先にはさらに、究極の理想である「能力に応じて働き、必要に応じてとる」という「共産的分配」が、「将来に来るべき共産的分配は無限なる発明による共産的生産の富有ありて行はれ（る）」（同、一五八頁）と想定されている。「社会主義の万人平等の分配」はこの理想へ至る前段階であるが、万人が平等の分配に与かっても、社会全体の「経済上の慾望が相衝突するの要なきまでの富有なる大生産を徴兵的労働組織によりて」確保できる（同右）、と北は考えていたのである。そのうえ、この「労働的軍隊」は、今日の公民国家における軍隊にもまさる国際主義の理想を達成するものとさえされている。つまり、近代国民国家における軍隊は外国との間で発生する利益と権利をめぐる対立・紛争の解決のために徴集訓練されているが、これに対して、「社会主義の労働的軍隊は全世界と協同扶助を共にせんがために生産に従事する」ものだからだというのである。社会主義なるものは、一国社会主義という形ではなく、究極的には国際的な社会主義としてしか成立しえないということが、北のいいたかったことである。そのことは、社会主義を批判し、市場経済と儒教道徳の調和を説いた、京都帝国大学教授田島錦治『最新経済論』の、「国内の生産業は凡て労働者の生産組合によりて行ふを得べしとするも他の諸国には機敏なる企業家尚存し労働者を使役して之に当らんには其の国は必ず不振の地位に立つ」(同、一五〇頁) という社会主義的生産の弱点の指摘に対する、「だからこそ社会主義インターナショナルの運動が必要なのだ」という、北の次の応答のなかに示されている――「国家内に於ける生産組合が労働者の適度の労働時間と高尚なる生活との為めに、他の廉価なる賃銀奴隷の酷使によりて廉価なる生産費にて足る資本家組織の産業と市場の競争に勝へざることは事実にして、是れが為めに社会主義が一局部の生産組合の方法を排し政権の上に立ち現はれて国家が凡ての産業を国家の手に吸集せんとする如く、外国に於けると同じき資本家的産業の存在は社会主義の実現されたる国家の産業に妨害たるべきが故に、茲に社会主義の万国国際大同盟の運動あるなり」と。(同、一五〇~一五一頁)

しかしながら、この「徴兵的労働組織」という「社会主義の理想に無恥も甚しき冷笑を以て臨む」現実主義的批判は跡を絶たなかった。「人は奨励の利己心なくして懶惰とならざるか」、「人は肉体的労働を忌避せざるか」、「果して職業選択の自由あるか」、「各個人の独立は如何にして保証し得るか」、「官吏専制の時代を現出せざるか」、「天性不平等の人に平等の分配は不当に非ざるか」、「生産を減退せしめて社会を挙げて甚しき貧困に陥れざるか」、紛々として限りなき疑念の数々である。これに対する北の答えは次のようなものである。――いうまでもなく、「社会主義は是等凡ての高貴なる要求を全うせんがために唱へらるる」（同、一二二頁）。だが、冷静に考えてもみよ。いまだ実現されてもいない社会主義に対してこのような疑問を提起する前に、現社会に向かって同じ問いを発してみたらどうか。おそらく答えは、すべて「否」であろう。となれば、現状の変革を望む社会主義を冷笑する現実主義者は、現社会をなんら改革することなく、そのまま認める以外に術はないということにはならないか。言い換えれば、「進化論は誤謬にして人類の歴史は経済的貴族国に止まりて地球の冷却するまで嘗て変わることなき」（同、一二二頁）ことを認めることになるのだ。進化論を科学の精髄とみなし、「進化律の天則に一つの誤りなし」（同、三五三頁）というこの青年にとっては、いかに理想主義に過ぎようとも、この徴兵的労働組織による「国民的労働軍」は、歴史の必然的進化の産物でなくてはならなかった。「国司土豪より群雄戦国となり遂に封建制度を経て公民国家の権利義務たる国民的軍隊組織に至りし」（同、一二〇〜一二一頁）政治史を見れば、経済の歴史だけがこの必然的過程を回避しうるはずはないと考えられたからである。彼は、こう述べている。「経済的土豪の発達し併呑せられて群雄戦国の興隆滅亡となり更にツラストの経済的封建制度にまで流れ来りし経済歴史の潮流が独り維新革命の断崖を廻避して経済的公民国家の国民的労働軍に至らざるの理あらんや」（同、一二二頁）と。

　このように社会的「生産」を軸に社会主義を構想していただけではなく、そのうえ、当時の日本で次第に広がりつつあった資本主義的市場における個人主義的な商取引を嫌悪をしていたことが、この青年の眼を「交換」から背けさせたもう一つの理由であった。そのことは、「個人間の売買関係を維持せんとする」個人主義として講壇社会主義を葬り去った次の論法のなかにすでに示されている。

社会主義が徴兵的軍隊組織の労働法を以て個人間の売買関係を維持せんとする講壇社会主義を排するは亦理由の一をここに有す。……純正社会主義が特に徴兵的労働組織の生産法を主張するは、経済的従属関係に於て社会と個人とを直接ならしめんとするに在り。即ち徴兵的労働に於て生産せられたる貨物を凡て一たび社会の者となし更に社会より社会の貨物に対する平等の購買力を表示する紙片として分配せらるることは、個人をして社会の為めに存する事を明確なる責任に於て自覚するに至るべきを以てなり。（同、一九九～二〇〇頁）

「生産物とは渾然たる一個不可分の社会的歴史的産物なる」（同、一五八頁）とこの青年が考えているとおり、あらゆる財は社会的生産物であり、その究極的所有権は社会にある。生産にかかわったあらゆる要素は、資本・土地にせよ、技術にせよすべて、決して単独の個人のものではなく、歴史を通じて数多の人々が孜々営々と作り上げてきた社会的所産であることは自明だからである。とくに、分業と経済的相互依存が深化した文明社会においては、あらゆる生産物は社会的労働の所産であるから、「個人的労働によりて個人の所有権が神聖なる時代は歴史に葬られたり。社会的労働の今日、社会のみの所有権が神聖なり」（同、一一〇頁）と北が述べたことは決してあやまりではない。したがって、「社会主義は社会が社会労働の果実に対して主張する所有権神聖の声」なのである。もし、蒸気機関等機械の公有を「労働説の個人主義」を根拠に否定しようとするならば、所有権を主張しうる者は「ワット以下の発明家の子孫」以外にはなく、「単に排泄作用の労働より外為せしことなき資本家は其の労働の果実たる醜怪なる物質に対してのみ神聖なる所有権を得」る他はなかろう（同、一一一頁）。いや、一つの蒸気機関を作り上げるに用いられた、古今のすべての知識、すべての労働に比すれば、ジェームス・ワットの貢献ですら「百千分の一にも過ぎず」、彼個人が所有権を要求することもはばかられるはずである。「故に個人主義は非なり」。

さきの引用によると、北は、この社会的生産物のすべてを、市場のような交換過程を通さず、「社会」のもとに一旦集中して、「社会」から再分配することを提案している。この場合問題は、この「社会」とは具体的に何を指しているのかということであろう。市場交換を拒否する北にとって、「社会」を名乗るものが市場でないとすれば、結局のところそれは、彼が否定していた権力の執行機関としての政府ということになりはしないか（もちろん、この場合の政府は「資本家階級の政府」ではないが）。北が、一体いかなる再分配の仕組みを考えていたのかは不明だが、個人が社会に直接的な経済的従属関係を有し、そのことのゆえに、個人は社会のために存在することを自覚する、という点に社会主義の価値を認めるとすれば、その場合の社会とは何かを明らかにすることが決定的に重要である。その社会は、さきに検討したように、個人と等号で結ばれるような社会でなくてはならず、決して個人より大きな社会であってはならないはずである。だが、この引用からは、北が想定していた社会は、どうしても個人よりずっと大きいという印象を拭い去ることができない。

また、注目すべきは、こうした考え方の背景に、市場取引としての商業やその担い手である商人というものに対する北の抜きがたい偏見と、武士的エートスが介在していたことである。そのことは、社会主義における生産へのインセンティブ低下の可能性を指摘した社会政策学派に対する、「少しく思考を回らさば、経済的競争の無くなると共に彼の武士が尚経済的階級あるに係らず利己心の満足を他の名誉文武の道に求め黄金を扇面に載せて触るるをだに汚らはしとせる事実を認むべきに非らずや」（同、一三八頁）という反論にも窺えるが、徴兵的労働組織に関する前引箇所に続く次の一文に最もよく示されている。

彼の武士の階級亡びて武士道滅び、卑劣なる利己心を中心とせる素町人道徳が今日に跋扈する所以の者は其の武士道なる者の貴族階級に対して奴隷的服従の卑むべき要素を含むに係らず、経済的従属関係を有する主君の為めに身を捨てて尽くす献身的道徳の高貴なるに反し、素町人道徳は自己の経済的努力によりて自己の維持さるるを以て自己中心の卑むべき道徳となり、而して今日は凡ての個人が社会国家に従属する経済的関係なく自己の経済的努力によりて自己を維持しつつありと信ぜらるるが故に素町人道徳の個人主義を継承しつつあるなり。（同、二〇

〇頁）

武士的エートスを窺わせるこうした記述もまた、幸徳秋水のそれと重なり合っている。幸徳の『社会主義神髄』の一節には、「見よ封建の時に於て武士の一階級が其品性の尤も高尚に、気力の尤も旺盛に、道義の能く維持せられたる所以の者は、実に彼等が衣食の為めに其心を労するなくして、一に名誉、道徳、真理、技能の為めに勤勉競争するの余裕機会を有せしが為めに非ずや。若し彼等にして初めより衣食のために競争せざる可らざらん乎、直ちに当時の『素町人根性』に堕落し去らんのみ、豈に所謂『日本武士道』の光業を担ふことを得んや」（幸徳1、四五頁）という文章が発見されるからである。また、北のこの性向は生い立ちともいささか関係するのかもしれぬ、と少々想像をめぐらしてみたくもなる。田中惣五郎によると、北の生家は、尾張大納言の家臣で知行三〇〇石を賜ったという北川家にはじまり、佐渡へ渡って北と改姓した郷士を祖先としている。曾祖父六郎治の代に酒造業と肥料問屋で財をなし、佐渡湊町一二の分限者として町名主も務めた。北の父慶太郎が生まれた安政元年の頃には、「四棟の庫と千両箱が八つ、山林二ヵ所、田地二町余、それにおびただしい什器、骨董類など」を持つ資産家になっていたという。慶太郎は、二代続いた家付娘（北の祖母ロク）が一家を取り仕切る女系家族の北家で初めて生まれた男子であり、親族からも大切に扱われ、のちに初代両津町長を務めた。男気の強い性格で人の面倒見もよかったため、周囲のだれも頭が上がらなかったが、その一方で、役人には滅法弱いというもう一つの性格の持ち主だったといわれる（田中、前掲、一三〜一五頁）。金山を擁する佐渡は天領で、武士の数は少なく、ごくわずかが相川の奉行所に常駐しているだけであった。が、金山ゆえに島には分不相応な身分格式の奉行、代官が来て、圧政を続けていたことは、佐渡奉行も務めた川路聖謨の日誌などでも知られている。このような環境下にあった佐渡の郷士の末裔で、人一倍役人を恐れる地方名望家がかえって武士的なエートスを持ちやすいということは想像しがたいことではない。北には、この父の影響が少なくなかったと想像される。松本健一は、幼き日の北が慶太郎から受け取ったものを、「父なるものは、己の描く幻にむかって燃えたっているものでなければならなかった」（松本健一2、二六頁）と書いている。ちなみに、慶太郎は、明治三六年五月九日、二〇歳の北に熱き想いを残して死去した。興味深いことは、北の重要な著作がいずれもこの父の命日に合わせて刊行されていることである。前記のように、『国体論及び純正社会主義』が自費出版された日は明治三九年五月九日であった。また、『日本改造法案大綱』が改造社から出版されたのは大正一二年五月九日である。この『改造法案』と同日付で、日ソ国交回復の瀬踏みに来日していたソ連の外交官ヨッフェに宛てた「ヨッフェ君に訓ふる公開状」も頒布されている。たしかに、偶然というにはあまりにもできすぎているようにも思われる。この事実を、宮本盛太郎は、「父の命日を選んで自己の著書を出版したということ、そのことが、北の心理世界に占める父の巨大な姿を暗示している」（宮本盛太郎1、二四〇頁）と解釈している。また、北が輝次から輝次郎に名を改めたのも父の死が転機だったことは、松本健一が指摘しているとおりである（松本健一2、一〇三頁）。巨大であったかどうかはわからぬが、この父の影響は決して小さくはなかったであろう。

　ましてや、この青年が生きる明治の後半期は、北自身は「武士道滅び」と書いているものの、その一方で「武士道」が国民道徳の基礎として改めて見直されようとしているときでもあった。日清戦争以降、井上哲次郎ら天皇制国家主義者たちを中心に民族的道徳としての武士道の再評価が進みつつあったことはよく知られるところである。また、在米中のキリスト教徒新渡戸稲造が、「日本人の道徳教育の基礎は何か」というアメリカ人の質問に答えるべく、*Bushido: The soul of Japan* を著したのは明治三二（一八九九）年のことであった。その前年の六月には、江戸時代の武士階級の家父長的家族制度をもとに、家督相続制度と戸主の家族統率権とを定めた旧民法が制定されていた。士農工商という身分制度の廃止（明治三年）や秩禄処分と廃刀令（ともに明治九年）によって名実ともに武士階級が廃絶された明治期になって「武士道」があらためて称揚され、武士的道徳や家制度が法の中に取り込まれていく。国民もまた婚姻をはじめ武士的な生活様式をまねるようになった。こうした時代風潮を柳田国男は『故郷七十年』に、「四民平等といふことも大きな効果をもち『もう侍と百姓とはちがひないのださうだ』といふと、みな一斉に大急ぎで侍の方の生活をしだした。日本社会の面白いところで、反感をもつてゐたとはいひながら憧憬れてゐたことが解る」（柳田国男1、三三九頁）と記している。このように、「侍という階級がなくなったときに日本人は総侍化された」といわざるをえない状況がそこにあったことも忘れてはならない。

こうした「総侍化」が進行していく時代背景からすれば、「倫理的存在としての人間は、みずからが属する共同体（国家・社会）に対して倫理的義務を負い、国家・社会はその倫理が実践される場としての倫理的存在だ」とする、山鹿素行が一七世紀に見出して以来の「士道」の中核的観念が、熱血的な父親の影響のもとに生育した、この青年の胸に強く訴えかける力を持っていたとしても不思議ではない。社会は個人に先行し、個人は社会に対して倫理的義務を負う、こう信じる青年にとっては、個人的利己心を組織原理とする市場経済とそれに支えられた、「個人的利己心の小我のみ認めて社会的利己心の大我を忘却」する西欧的市民社会は決して許容できるものではなかった。さきに見たように、「贈与」という不等価交換が人間の相互関係としての社会を起動させるものだとすれば、等価交換を本質とする市場経済においては、「交換」はつねに一回かぎりでその都度完了するものであるから、結局、人間相互間に関係を生み出すモメントとはなりえない。また、市場経済や市民社会において重要な役割を果たす契約や貨幣も、原理的には人間関係を無化する方向で働く。合理的な権利と義務の関係を定めた契約においては、だれも不合理な精神的負担を感じる必要はなく、正当に権利が行使された瞬間に契約当事者間の人間関係は終了する。貨幣を重要な手段とする市場取引においても、交換の媒介手段としての貨幣が信認されていさえすれば、売買当事者間の人間的信用関係はまったく問題にならない。両者は直接的に接触し、密接な信頼関係を築く必要などさらさらないのである。西欧的市民社会は、自由で合理的な個人間の利害対立を、契約により合理的な権利・義務に還元して調整する装置であり、その物質的基盤を貨幣による非人格的な市場交換にゆだねる仕組みである。唯一実在するのは自由で合理的な個人だという「個人主義」に、この社会は立脚している。

この個人主義こそ北が批判して止まぬものであった。だが、ヘーゲリアンとして彼は西欧的個人主義を頭から否定していたわけではない。それは、進化の歴史の必然であり、今なおその最前線に立つ、進化論者としても、ヘーゲリアンとしても、むしろ尊重せねばならぬものだったからである。とはいえ、忘れてならないことは、個人主義が真の光彩を放つのは社会主義が達成された暁においてであると、この青年が信じていたことである。「個人主義は社会主義の下に於て尊とし。個人は社会其者の幸福進化に努力する良心と行為とありて尊とし」（北一輝4、二〇〇頁）。「個人其者の自由独立」に価値あるがゆえに「個人の自由独立」は尊いのではない。それは、「社会の幸福進化の為めに」資するところあってはじめて価値を持つのだ。革命によりブルジョア資本家の支配する「経済的貴族国」が打破され、「経済的に一国家一社会となるに至」れば、「全国民全会員は其の経済的従属関係を有する国家社会に対して、献身的道徳を以て国家主義、社会主義の倫理的理想を実現」する義務を負うのである。

純正社会主義は個人の自由を個人其者の為めに要求して社会国家の幸福進化を無視せんとする個人主義の革命論に非らず。社会国家の幸福進化を無視しつつある個人主義の組織を革命して、社会が経済的源泉の本体たる経済上の事実を、国家を最高の所有権者となしつつある今日の法律の理想に於て実現し、以て個人を社会国家の利益の為めに自由に活動すべき道徳的義務を有する責任体たらしめんとする者なり。（同、二〇一頁）

このように、北の理想国家・社会では、個人が「自由に活動すべき」ことは保障されているものの、あくまでも個人は国家・社会に（自発的にではあれ）奉仕・貢献すべきものとして措定されている。ために、社会主義に真の「個人の自由」の開花という理想をどれほど読みこんでいたとしても、とどのつまり彼の思想は一種の「国家社会主義」たらざるをえない運命にあったといえるのかもしれない。後年彼が「ファシスト」と指弾される素地は、すでにここに胚胎していた。フランスの古典派経済学者デステュット・ド・トラシーがいちはやく着目し、のちに経済人類学者カール・ポランニィが明らかにした、さまざまな交換の様式が社会統合の在り方を決定するという視角は、残念ながら、北には持ちえないものであった。しかし、北と同じく人間が「類的存在」であることを洞察した、あのマルクスは『経済学・哲学草稿』の片隅に、「あらゆる人は交換（échanges）によって生活を維持し、一種の商人となるのであって、社会そのものは実際は商業を営む社会である。（つぎのようにいうデステュット・ド・トラシイをみよ。社会は相互的な交換の一系列である。社会の全本質は商業のうちに存している。）」（マルクス1、一七一頁）というアダム・スミスの言葉を周到に書き留めていたことを忘れてはならない。その点で、北の

「類的存在」としての人間観はマルクスに限りなく接近しつつも、最後の地点で一八〇度の急旋回をする可能性を秘めるものとなっていたといっていいのかもしれない。

5

ところで、北の武士的エートスは、その独特な女性観にも示されている。のちの『改造法案』を見て気づくことは、処々に特異な「フェミニズム」が顔をのぞかせていることである。たとえば、婦人の労働について北は、「男子ト共ニ自由ニシテ平等ナリ」との原則は認めつつも、「改造後ノ大方針トシテ国家ハ終ニ婦人ニ労働ヲ負荷セシメザル国是ヲ決定シテ施設スベシ」（北一輝2、三一七頁）と、女性には男性と同じような過酷な労働を課さないことを定めている。「婦人ガ男子ト等シキ牛馬ノ労働ニ服スベキ者ナラバ天ハ彼ノ心身ヲ優美繊弱ニ作ラズ」（同、三一八頁）というのがその理由である。「婦人ハ家庭ノ光ニシテ人生ノ花ナリ。婦人ガ妻タリ母タル労働ノミトナラバ、夫タル労働者ノ品性ヲ向上セシメ、次代ノ国民タル子女ヲ益々優秀ナラシメ、各家庭ノ集合タル国家ハ百花爛漫春光駘蕩タルベシ」（同、三一八頁）と良妻賢母主義を謳い、女性の天職は、なによりも母としての、妻としての役割であることを、「大多数婦人ノ使命ハ国民ノ母タルコトナリ。妻トシテ男子ヲ助クル家政労働ノ外ニ、母トシテ保姆ノ労働ヲナシ、小學教師ニ劣ラザル教育的労働ヲナシツツルアル者ハ婦人ナリ。婦人ハ已ニ男子ノ能ハザル分科的労働ヲ十二分ニ負荷シテ生レタル者。是等ノ使命的労働ヲ廃セシメテ全ク天性ニ合セサル労働ヲ課スルハ、啻ニ婦人其者ヲ残賊スルノミナラズ、直ニ其ノ夫ヲ残賊シ其子女ヲ残賊スル者ナリ」（同、三一八頁）と強調している。そのうえで、その他に女性に相応しい社会的職業としては音楽・美術・文芸・教育・學術等の広漠たる未開拓な分野が残されているとするのである。女性の天性として行なわれる「妻トシテノ労働母トシテノ労働ガ人格的尊敬ヲ以テ認識セラルル」（同、三二五頁）ことはいうまでもない。それゆえに、「婦人々権ノ擁護」の項の第一に、「其ノ夫又ハ其子ガ自己ノ労働ヲ重視シテ婦人ノ分科的労働ヲ侮蔑スル言動ハ之レヲ婦人々権ノ蹂躙ト認ム。婦人ハ之レヲ告訴シテ其ノ権利ヲ保護セラルル法律ヲ得ベシ」（同右）と書いたのである。ただ、参政権に関しては、年来の普通選挙の要求者であったにもかかわらず、「女子は参政権を有せず」（同、二九五頁）と明記している。何となれば、日本では、西欧とは異なり、武士道とともに発達した婦道の伝統があり、この伝統のうえに近代の良妻賢母主義が花開いているからだというのである。北の言を聞こう。

女子ノ参政権ヲ有セスト明示セル所以ハ日本現存ノ女子ガ覚醒ニ至ラスト云フ意味ニ非ズ。欧州ノ中世史ニ於ケル騎士ガ婦人ヲ崇拝シ其眷顧ヲ全ウスルヲ士ノ礼トセルニ反シ、日本中世史ノ武士ハ婦人ノ人格ヲ彼ト同一程度ニ尊重シツツ婦人ノ側ヨリ男子ヲ崇拝シ男子ノ眷顧ヲ全ウスルヲ婦道トスル礼ニ発達シ来レリ。コノ全然正反対ナル発達ハ社会生活ノ凡テニ於ケル分科的発達トナリテ近代史ニ連ナリ、彼ニ於テ婦人参政運動トナレル者我ニ於テ良妻賢母主義トナレリ。政治ハ人生ノ活動ニ於ケル一小部分ナリ。国民ノ母国民ノ妻タル権利ヲ擁護シ得ル制度ノ改造ヲナサバ日本ノ婦人問題ノ凡テハ解決セラル。婦人ヲ口舌ノ闘争ニ慣習セシムルハ其天性ヲ残賊スルコト之ヲ戦場ニ用ユルヨリモ甚シ。（同、二九六頁）

北のこうした女性観は、女性の社会進出や参政権の獲得を推進しようとした、他の社会主義者とは際立った対象を示しているといってよい。たとえば、「天職は家庭に在り」の理想を追う女性の覚醒を促して、「醒めよ婦人」なる一文を物した木下尚江は、北と同じく終生天皇制国家への批判者であったが、女性の政治参加に関しては、天職は家庭にあることを理想とする女性らが政治に次々と目覚めていく様を、「社会の大勢は時々刻々諸君の理想を破壊し行くを如何にせん、而して今や諸君自ら奮然躍起して、其の最も嫌悪する政治の大業に指を染むるに至れるを看よ」（木下尚江、一九六一、七三頁）と、賛美しているからである。すでにみたとおり、北の女性観には、「婦道」に女性の理想をみる武士的エートスが間違いなく介在していたといってよいであろう。『純正社会主義』において北は早くも、母たる性としての女性は生理上、「月経、妊娠、分娩、哺乳の大なる犠牲の為めにエナーヂーを消耗する事甚しく」、それゆえに「決して男子と精神的肉体的競争に於て対等に立つ能はざる者」であることを強調し、「大人と小児との異なる如く分化的進化をなせる男子と女子とが断じて同一の者に非らざる」という本質的差異を前提としたうえで、男女同権論は唱えなければならないと主張していた。男女同権とは、社会主義者の多くが要求しているような、精神的・肉体的活動において男女がまったく同等の権利の持つということではない。「男女同権論とは恋愛方面に於ける自由平等論」なのであり、「社会の進化の為めに最も生物進化に力ある雌雄競争を自由ならしめんが為めに男女に平等の撰択権を与へよとの意味に解すべし」（北一輝4、二六八頁）。しかし、「経済上の独立は凡てに通ずる独立」である以上、男女恋愛の自由平等論も女性の多くが男性に経済的に従属している現状からみれば遠い理想にすぎない。女性が経済的従属から解き放たれ、私有財産権の主体たりえることこそ、真の男女同権論の基礎である。その意味で、新しき風潮としての「女学生の堕落」をすら、北は次のように賛美せずにはおられなかった。

今の称して女学生の堕落と云ふは其の経済的独立より男子に対する奴隷的服従……を拒絶して自由平等の曙光を得たる者なり。而して往年の貴族が君主より乱臣賊子と云はれたる如く維新革命の民主々義者が貴族より亦等しく乱臣賊子と称せられたる如く、女子が男子の放縦なる恋愛と同等なる恋愛を放縦に行ふに至りしを見て男子階級より堕落なりと云はるるは恰も社会進化の跡なる歴史が進化の当然として平等観の発展拡張するを却て世の澆季なりとして慷慨すると同一なる野蛮人なり。堕落せよ、男子が堕落しつつある間何処までも平等に平行線をなして堕落せよ。女学生の堕落や実は進化にして誠に以て讃美すべしとせん、讃美すべきかな。（同、

二六九頁）

特異な「フェミニスト」としての北の婦人人権擁護の思想は、あくまでも女性の立場に立った、きわめて徹底したものだったことも注目される。話の本筋からはやや逸れるが、ついでにここで触れておこう。家庭における女性の労働に対する侮蔑的言動に科罰の可能性すら示唆している前記の「婦人々権ノ擁護」の第一項には、わざわざ「實ニ婦人ガ男子ノ労働ニ衣食スルカノ誤解アリテ、男子ノ労働ガ其實却ツテ婦人ノ分科的労働ノ助力アルガ故ニ行ハルルヲ忘却スル横暴ナル行爲ヲ禁ジ、特ニ法律ヲ以テ婦人ノ人権ヲ擁護スル者ナリ」（北一輝2、三二六頁）との、イヴァン・イリイチの「シャドウ・ワーク」論をも想起させる註が付記されている。第二項は、「有婦ノ男子ニシテ蓄妾又ハ其ノ他ノ婦人ト姦シタル者ハ婦ノ訴ニヨリテ婦人ノ姦通罪ヲ課罰ス」（同、三二五頁）である。女性にのみ姦通罪を適用していた旧刑法の改定をいっているわけだが、その理由としては、婦人人権の擁護のほかに、一夫一婦制による男女関係が国民道徳の大本であることを明らかにするためと、母親が被る苦痛と悲惨を日常的に垣間見る児童への悪い感化を排除すべく、「児童ニ対シテ大父母タル立場」にある国家が残虐な夫を所罰する権利を持つため、という二つがあげられている（同、三二六頁）。前者の理由については、とくに註において、「国民平等ノ自由ガ特権ニ非ル如ク、一夫一婦制ハ何等ノ特権ニ非ズ。自由ハ自由ノ侵害者ヲ拘束セサルベカラズ。一夫一婦制ハ妻ノ恋愛ヲ自由ナラシメンガ為メニ夫ノ濫用セントスル恋愛ノ自由ヲ拘束セントスルナリ」（同右）と述べられている。『純正社会主義』において若き日の北が、恋の理想を「釈尊とマリアの恋」といい、「実に恋の理想は社会の理想なり」（北一輝4、三一九頁）と述べていたことを思い出そう。この理想を、『改造法案』執筆時の壮年になった今もなお彼は語っているのである。それゆえに、この註の最後に北は、「コノ一夫一婦制ハ理想的自由恋愛論ノ徹底シタル境地ナリ。但シ今ハ之ヲ説クノ時期到来セズ」（北一輝2、三二七頁）と付記せずにはおられなかった。また、売春行為に対しては、「売淫婦ノ罰則ヲ廃止シ其レヲ買フ有婦ノ男子ハ之ヲ拘留シ又ハ罰金ニ処ス」（同、三二六頁）と定めており、これには売春行為そのものは国家が介入する科罰の対象ではないが、妻帯する男性にのみ軽い罰を加えるのは、自由恋愛論の理想たる一夫一婦制の根幹を守るためであり、そのことがひいては婦人人権の擁護と全家族生活の保障につながるとの註記が付されている。

第3章　倫理的制度としての国家

1

前章で北一輝の個人・社会観をみ、それがマルクスの社会観・人間観とぎりぎりのところまで切り結ぶところがありながらも、結局全体主義的な色調を帯びた「国家社会主義」と呼ばれるものに転化せざるをえなかった所以を明らかにした。では、北にとって「国家」とは何であったのか。すでにみたように彼は、同時代のすべての社会主義者を国家についての無知を理由にことごとく退けた。ならばなおさら、北自身の国家観が闡明されなくてはならない。

北が引いていた先のアリストテレスの言葉を思い出していただきたい。曰く、「人は政治的動物なり」、「国家の外に在る者は神か然らざれば禽獣なり」。人が本来政治的動物であって、神でも禽獣でもない人間の居場所が国家の内のほかにはないとなれば、「個人＝社会」と信じる北にとっては、国家は「常に政治的組織に於て発見せらるる」社会の別名にほかならなかった。人間の共同体はもともと階層をなし、上層に向けて幻想としての国家を析出するものである。このことを北は、「人は天性よりして政治的組織をなし、共同生活をなして存在する動物」（北一輝4、二二〇頁）という言葉で表現している。そうであれば、国家と社会が結局のところ同じものになって不思議ではない。このほかに、国家を定義するにあたって、北は、「現今の地理的に限定せられたる社会、即国家」（北一輝4、二二七頁）とか「一定の領土の上に政治的団結を為せる人類社会」（同、三八〇頁）などといった表現も用いている。この点からみると、彼にとって、国家とは「民族社会」とほぼ同じものを指していたといってよいであろう。この民族社会としての国家はまた、「国家とは空間を隔てて人類を分子とせる大なる個体なり。即ち個体其れ自身の目的を有して生存進化しつつある有機体なり」（同、三八七頁）の言葉どおり、生命ある一個の有機的実体だと観念されていた。だが、彼の「民族」の概念は、まさに「一定の領土の上に政治的団結を為せる」というところに重点が置かれており、のちにみるように、人種や文化の要素に必ずしも拘泥していないところに特徴がある。したがって、「民族社会」としての国家は、決して日本人種だけのものとは考えられていない。彼がしばしば、日本民族の血の混交を強調し、他人種の国籍編入や内地雑居の事例を、「所謂国体論」批判の主張を強化するレトリックの一つとして用いたのもそのゆえだと思われる。

ところで、北が負うところの多いクロポトキン、相互扶助に基づく人間の結びつきとしての

「社会」の発見者であるこの人は、近代という時代の特質を、「国家が社会を吸収した」と表現している。中世にあっては、村落共同体や都市あるいは同業組合などの小さな社会がそれぞれに成員の助け合いと役割分担において行なっていた行政、裁判、福祉などにわたるさまざまな自治的機能が、近代になるとあげて国家に一元的に統制管理されるようになったからである。クロポトキンは、「かつて人類をして相互扶助の欲望を表現せしめた諸制度は、本当に組織された国家の中では許すべからざるもの」となり、あらゆる社会的機能が国家に吸収されてしまったことの必然的結果として、「放縦なそして偏狭な個人主義の発達」が助長されたと述べている（クロポトキン、前掲、二三八〜二三九頁）。このように有機的に結びついた相互扶助的な共同社会が個々ばらばらな個人の集まりに解体され、社会と国家が分離してしまった近代世界を再び人間が生きるに値する共同社会とすること、これがクロポトキンの求めた理想である。この理想はまた、いうまでもなく、北の理想でもあった。しかし、その理想社会へと向かうベクトルは、クロポトキンと北とでは、まったく逆の方向を向いていたことに注意しなければならない。クロポトキンは、近代化を抑制して社会を国家から自立・解放させようという、いわば中世的社会への回帰をイメージしていたのに対して、北は、近代化のベクトルをさらに進めて、究極的には近代を超越して国家そのものを社会と同一のものたらしめようとしたからである。この意味で、北は、G・W・ウィルソンが適切にも命名したように、「近代化推進者《モダナイザー》」（ウィルソン、一九七一、八二頁）であったが、その近代化への衝迫は、「人類の未来を先どりせずにはおれない」（渡辺2、八一頁）

ほどに強い、焦燥にも似たものであった。彼は、社会を吸収してしまった近代国家から社会を取り戻すのではなくて、近代国家それ自体を、自主的協同に勤しむ自由な国民からなる理想的な社会としての「社会主義国家」に仕立てあげようとしたのである。北のいう「倫理的制度としての国家」とは、そのような意味合いの概念であり、その歴史的原型を北は、のちに述べるように、プラトンの理想国家や孟子の儒教国家に求めた。

しかし、このように北が社会と国家とを同じもの（社会＝国家）とせねばならなかったことが、『純正社会主義』に潜む矛盾と論理破綻の最大の原因と見なされ、「社会主義者」を自称する北は実は「国家主義者」の偽装した姿だと指弾されるもととなったといえる。戦後もっとも早く書かれた北の評伝である田中惣五郎『北一輝』以来、この種の非難は長く北につきまとうことになった。田中はこんなふうに書いている。

北は『国家』と『社会』とを混同し、部族、種族、民族のすべての集団に、あるときは国家といい、あるときは社会と名づけているのである。この混乱は、北のこのぼう大なる一巻を基本的に混乱させる重要因子であることをまず銘記する必要がある。（田中、前掲、四二頁）

また、

国家を至上的にもちあげ、しかも社会と国家を同一視する（日本の実体はまたその通りであった。社会はつねに国家の中に埋没し、あるいは、国家だけで社会はありえなかった）ために、社会主義と国家主義がかさなりあい、社会主義者と自称する北は、国家主義に甘んじて疑問をもたぬために、社会主義の行方を国家の行方と混乱させてしまうのである。（同、八六～八七頁）

北の「社会＝国家」観に対するこうした批判・論難は、その後も、多くの論者によって繰り返されている。『北一輝著作集』（みすず書房）第一巻、第二巻にそれぞれ「解説」を寄せた神島二郎と野村浩一はともに、北の「思考の中には国家と社会の分化がない」（野村浩一、一九五九、四一九頁）ことを欠陥として指摘している。野村にいわせれば、このような思考からは、国権主義以外の思想が生み出されるはずはありえない。神島もまた、「彼には、国家と社会との区別がなく、支配機構としての制度観が確立されていない」という。それがために、北には、「国家は『生命ある社会的実体』として把えられ、法的人格は認められても、社団のようなたんなる擬制ではないと観念された」。こう批判したうえで、「社会を実体と見る以上、個人主義の否定は當然で」あり、「こうした考えかたは、私見によれば、伝統的アニミズム的史観につらなるもの」だとの見当違いの断罪さえもが行なわれている（神島二郎、前掲、四四〇頁）。また、松本清張も例によって、北がプラトンの「社会とは個人の全部にして個人とは社会の部分なり」の言葉を引いて、明治維新後の日本を「国家の全分子を以て国家なりと云ふ所の社会民主主義の世」と呼んでいることを咎め立てして、「プラトーは『社会』のことをいっているのに、北はそれを『国家』に直す。社会と国家のこの混同は果して北の筆の都合によるものか」（松本清張3、七四頁）と揶揄の言葉を投げかけている。

たしかに、今日の社会科学の「常識」からすれば、社会とは人間の結合や共同生活一般を指し、国家とはそうした社会の上に聳え立つ擬制的な権力機構だとするのが妥当な解釈かもしれない。この解釈に立てば、社会と国家の間には等号は成立せず、社会には本質的にみずからの共同生活を抑圧する権力機構としての国家に異議申し立てをせざるをえない衝動が秘められることになる。したがって、この両者を同一視するのは無知か、さもなくば社会を国家の下に従属させようとする底意のいずれかだということになろう。従来、北の国家と社会との同一視は、田中惣五郎が前引において括弧書きしているような、「社会がつねに国家の中に埋没している」戦前期の「国家主義国家」日本の国家観に北が搦め捕られたことの結果だとみなされてきた。そして、そのことは、北が結局のところ日本の「伝統的アニミズム史観」に立つ土着的国家社会主義者だということの根拠にすらされてきたのである。しかし、北はのちにみるように、明治天皇制国家の徹底的批判者であり、究極的にはこれを否定しようとした男である。その彼をそのように規定するのは、『純正社会主義』を正しく読むかぎり、まったくの的はずれとしかいいようがない。

北は、西欧的市民社会における国家観では、国家が擬制的な権力機構として把握され、自由な個人によって構成される社会への「必要悪」と見なされていることを知らなかったわけではない。よく知っていた。だが、そのような個人主義的な見方に立つ社会・国家観そのものを彼は拒否したのである。そのことは、すでにみたように、現実主義的な立場から社会主義に対して疑問を投げかけた社会政策学派などの「講壇社会主義或は国家社会主義者」を修正資本主義者として退けた次の論法のなかにも顕著に認められたものである。北にすれば、政府に代表されるような擬制的な権力機構を国家とするなどもってのほかであった。「国家は政府のことにあらず」だからだ。

　是一は講壇社会主義或は国家社会主義なる者の真相を暴露して彼等の欺瞞より社会主義を保護せざるべからざる必要あればなり。実に純正社会主義は必ず斯る欺瞞によりて汚辱さるべからず。彼等は其の大学の講壇より唱へらるるが故に講壇社会主義と呼ばれ、政府によりて取られたるが故に国家社会主義と称せらると雖も、斯るものは実に社会主義的傾向だも無きものなり。国家は政府のことにあらず、講壇の神聖は資本家階級の私曲に蹂躙さるべからざるは論なし、而も何れの政府も其の権力階級の便宜は之を国家の名に於てし、資本家階級が事実に於て智識階級を使役するを以て神聖なるべき大学の講壇と倫理的制度たる国家とは、今や却て真理を讒誣し国家の権利を無視する所の彼等欺瞞者に剽窃せられたり。否、彼等は少しも社会主義にあらず、只、現今の経済的貴族国が厳粛なる個人主義によりては却て、維持さるべきに非ざるを知れるが故に、資本家主義が社会主義の国旗を濫用して其の退却の遁路を濁さんと計る国際法違反に過ぎず。……実に講壇社会主義なる者は神聖なる大学の講壇より説かるべきものに非らずして汚されたる講壇が資本家の弁護に勉むる『資本家社会主義』と名くべく、国家社会主義の名も亦国家に帰属すべき権利の主張にあらずして権力階級の政府が自家の官吏をして権力の維持を図らしむる『政府社会主義』と称すべし。純正社会主義は斯る狐狸と同行する者にあらず。（北一輝4、一二二一～一二二三頁）

国家は社会とは別の権力機構としての政府ではない。それは国民全部としての社会そのものであり、すべての国民が有機的に結びついた共同社会の別名でなくてはならない。これが北の強い思いであった。彼の国家観では、権力装置としての国家（state）と国民の生活体としての国家（nation）は区別されており、前者が国家の「表皮」、後者が「骨格」に例えられている。したがって、表皮としての国家権力が打倒されたとしても、それだけでは骨格である国民社会としての国家は崩壊しない——「個人主義の仏国革命を以て国家を分解せしと云ふも国家は依然として社会的団結に於て存し破壊せられたるは表皮の腐朽せる者にして国家の骨格は嘗て傷れざりしを見よ」（北一輝1、一二三八～一二三九頁）と述べているとおりである。北のいう「国家の骨格」を、東洋的な「社稷」概念に結びつけてとらえたのは、村上一郎である。この歌人によれば、「社稷とは、たとえ諸侯の国家の境界がどう変化しようが、消滅しようが、厳として存在して動かない人間の団結であり、またその営みである。国はどうあろうとも、天下社稷は動かないのであり、したがって社稷なくして、どんな国家形態も国家装置も考うべくもない」（村上一郎、一九七三、二〇三頁）。「現実の階級装置たる国家（を）止揚」（同、二〇四頁）して、おのれの「心のうちなる日本」をこの社稷の上に立てること、これが北の「国家」だったと、村上は解している。

北にとっては、国家は社会と等号で結ばれてはじめて真の国家たりうる、と観念されていた。彼の社会は、前章でみたとおり、一個の自然的事実としての生命体であったから、社会と等置された国家もまた一個の生命体となる。のちの二・二六事件公判廷で法務官から、「国体論及純正社会主義の観察は、今猶同様か」と問われた北は、この点に触れて、「生命単位を国家と為したことは一大発見を為した様に感じました」と述べ、この考えの「根本方針には変りありません」と答えている（林茂他2、四〇九頁）。むろん彼がいおうとしていることは、現実として社会が即国家と同じだということではない。当為としてそうあらねばならぬといっているのである。一般的に、国際社会においてある民族社会は外部の民族社会に対しては国家として立ち現れている。このとき、社会は即国家の外見を呈しているが、北が求めた当為としての「社会＝国家」は、ある前提の下にしか成り立たないものであった。その前提こそ、ほかならぬ「階級の無化」なのである。社会からあらゆる階級が一掃されて、国民すべてが平等な立場で結びつくとき、支配階級の権力機構としての国家は消滅する。「心のうちなる日本」に促されて、多分に人間の共同性への過剰な思いを込めてではあるとしても、マルクスが描いたこの同じ理想を、北も語っていたにすぎない。いうまでもなくこの考え方は、国家の骨格にある「社稷」概念を補強するものとして、マルクス、エンゲルスから学んだものであろう。幸徳秋水と堺利彦のふたりが、明治三七（一九〇四）年一一月、平民新聞の創刊一周年を記念して翻訳・公刊した『共産党宣言』の次の一節を、北が読んでいたことは間違いないところだからである。

　斯くの如くして漸次に発展し、階級の差別が遂に消失し、一切の生産が全国民大協同の手に集中せらるるに至れば、当時の公的権力は其政治的性質を失ふ、元来政権とは、只一階級が他の階級を圧制せんが為めに組織したる権力の謂なるのみ、平民が紳士閥と戦ふの間は、事情に迫られて止むなく階級を組織すと雖も、又平民が革命に依りて権力階級と為り、其力を以て旧生産法を一掃する事ありと雖も、それと同時に階級争闘の状態、及び諸階級も皆亦一掃せられ、従って平民階級自身の権勢も亦排除せらるべし。要するに、吾人は階級と階級争闘とより成れる旧紳士社会を廃し、之に代ふるに、各人自由に発達すれば萬人亦従って自由に発達するが如き、協同社会を以てせんと欲するなり。（幸徳秋水2、四四二～四四三頁）

国民の共同性としての「社会」の表現であるような「国家」（公民国家）が確立されること、これぞまさしく北にとっては「維新革命の本義」にほかならなかった。維新革命が本来目指していたものが顕現されさえすれば、社会は国家と同じものになるのである。ここで思い返してみれば、北にあっては、個人と社会の間にまず等号が成立していたはずである。したがって今、社会と国家の間が等号で結ばれるとなれば、「個人＝社会＝国家」となり、個人もまた国家と等しいものとなる。このような国家においては、個人の目的・理想は国家によって追求・実現され、同時に国家の目的・理想は個人のそれそのものだから、両者の間には齟齬・矛盾はない。これぞ理想国家というものであろう。

　理論上はまことにそのとおりである。だが、この理想国家は、個人主義に立脚しているという理由で北が否定した『社会契約論』におけるルソーにあまりにも近づきすぎてはいないであろうか。北とちがってルソーは、他者に影響されない自由な個人が各々原子のように独立して存在しうることを理想とした。その純粋な自律的個人像からは、家族という最も始原的な共同体すら排除されている。ルソーはいう。

> あらゆる社会の中でもっとも古く、またただ一つ自然なものは家族という社会である。ところが、子供たちが父親に結びつけられているのは、自分たちを保存するのに父を必要とする間だけである。この必要がなくなるやいなや、この自然の結びつきは解ける。子供たちは父親に服従する義務をまぬがれ、父親は子供たちの世話をする義務をまぬがれて、両者ひとしく、ふたたび独立するようになる。もし、彼らが相変らず結合しているとしても、それはもはや自然ではなく、意志にもとづいてである。だから、家族そのものも約束によってのみ維持されている。両者に共通のこの自由は、人間の本性の結果である。人間の最初のおきては、自己保存を

はかることであり、その第一の配慮は自分自身にたいする配慮である、そして、人間は、理性の年令に達するやいなや、彼のみが自己保存に適当ないろいろな手段の判定者となるから、そのことによって自分自身の主人となる。（ルソー、一九五四、一六頁）

ルソーによれば、理想の社会（国家）は、このように孤立した自由な自律的個人が相互に影響されることなく各々自主的に下した判断によって結ばれた契約の結果であり、したがってそれは、各個人の自主的判断の総和としての「一般意志」に基づいている。つまり、自由と平等を希求する人民の「一般意志」がつくる理想社会（国家）では、構成員個々の欲するものは社会（国家）それ自体の欲求にほかならない。さすれば、この理想社会（国家）では、「われわれの各々は、身体とすべての力を共同のものとして一般意志の最高の指導のもとに置く。そしてわれわれは各構成員を、全体の不可分の一部として、ひとまとめとして受け取るのだ」（同、三一頁）。これが『社会契約論』の要諦である。このルソーの理想は、社会（国家）が構成員に対して完全に「開かれて」おり、ときとして構成員が社会（国家）を拒否する権利が認められているという条件下においてのみ実現可能性をもつものである。しかしながら、その後の歴史が明らかにしてきたことは、この「理想社会（国家）」では、人民の「一般意志」に基づく人民主権の「最高指導」の名のもとに絶対的権力を揮うことのできる、「人民の代表」を名乗る党や中央政府が国家を僭称するという事実であった。場合によっては、社会（国家）の構成員としての個々人は、自己の「身体」と財産とを社会（国家）に「共同のものとして」差し出して、各人が機械の歯車のように「全体の不可分の一部」となるような社会（国家）すら現出した。このような社会（国家）をこそ、人は全体主義社会（国家）と呼んだのではなかったのか。ルソー同様人間の自由と解放を求めて、「社会主義」という逆の地点から出発した北の理想国家もまた、ルソーと同じ全体主義への傾きを多分に含むものにならざるをえなかった。その意味で北は、フランス革命においてルソー思想の最も純粋な継承者といわれたロベスピエールの恐怖政治をも連想させる存在である。私有財産の否定ではなく制限を主張したという点でも、また「徳の共和国」の理想を希求したという点でも、ジャコバン左派のロベスピエールは北によく似ている。このような見方に立てば、フランス革命におけるロベスピエールになぞらえて、北を維新革命におけるブルジョアデモクラットの最左翼として位置づけることもまた可能であろう。

もとより北は、みずからの社会民主主義を、社会・国家が万能であった中世の「偏局的社会主義」と個人万能の近代における「偏局的個人主義」とを弁証法的に止揚するものとして構想し、「実に、国家主義と個人主義は社会主義によりて其の完き理想の実現を得べき者なり」（北一輝4、二四一頁）と述べた男である。それゆえ、いかなる意味でも個人が社会・国家に隷従することを容認してはいない。個人の自由独立あってこその社会主義であり、社会主義の目的も人間を「物格」から解放して自由独立の「人格」たらしめることにあった。だからこそ彼は、「実に社会主義は個人主義なくして高貴なる能はず。感謝すべきは個人主義なり」（同、二四〇頁）と述べずにはおられなかったのである。

みずからの理想と仰ぐ社会主義国家においてはじめて、個人の尊厳は守られ、自由で独立した個人の人間性は全面的に開花する。こうかたく信じる彼が、個人には何人といえども侵犯することを許さない私的領域があることに無自覚だったはずはない。とりわけ、個人の主観的内面に宿る思想・良心の自由は国家からさえも断固まもられねばならぬものであった。みずからが心血を注いで書き進めていた『純正社会主義』の発禁すら予感していた北にとって、このことは決してないがしろにされてはならない喫緊の最重要事でもあったはずではないか（佐渡中学の後輩で、七歳下の文芸評論家青野季吉は在学中に『純正社会主義』のゲラ刷りを読んだと回想している。東京の北が、「本になれば必ず発禁になるから、その前にゲラ刷りで読んでおくように」［北一輝3、五五七頁］と後輩たちに送ってきたものだったという）。国家が立ち入ることができるのはあくまでも「国民の外部的生活」に限られるのだ。そのことを北は、「吾人を以て国家万能主義なりと誤解すべからず。国家万能主義とは国家が国民の思想信仰の内部的生活にまで立ち入ることを許容せられたる時代を指す。国家が国民の外部的生活を規定するだけの範囲内に於て完全なる自由を有する主権体なることを主張する点に於て社会主義の法理学は国家主義なりと云ふのみ」（北一輝4、四一二～四一三頁）と述べている。この言は、戦前期日本の「超国家主義」を断罪し、北をその代表的なファシストの一人として糾弾した（丸山真男、一九六四、三四頁）政治学者丸山真男の次の主張そのものだといっても、誰も異は唱えまい。

ヨーロッパ近代国家はカール・シュミットがいうように、中性国家たることに一つの大きな特色がある。換言すれば、それは真理とか道徳とかの内容的価値に関して中立的立場をとり、そうした価値の選択と判断はもっぱら他の社会的集団（例えば教会）乃至は個人の良心に委ね、国家主権の基礎をば、かかる内容的価値から捨象された純粋に形式的な法機構の上に置いているのである。（同、一一三頁）

西欧の近代国家においてはこのように、思想・信仰・道徳などの問題に関しては、いずれも個人の私的領域に属するものとして「その主観的内面性」が保証され、国家権力がなしうることは、外面に現れた社会事象を「技術的性格を持った法体系」に基づいて裁断することだけに限られる。周知のように、こうした国家主権の「技術的・中立的性格」を指摘して丸山は、教育勅語に象徴されるような戦前期日本国家の国民に対する内面支配を告発した。戦前期日本においては、あらゆる価値が、「道徳の泉源体であるところの天皇」（同、一二六頁）に発しており、「日本の国家主義は内容的価値の実体たることにどこまでも自己の支配根拠を置こうとした」（同、一一三～一四頁）という理由からである。しかし実は、丸山に「ファシスト」と名指しされた北もまた、この政治学者よりもはるかに先駆けて、まったく同じことをいっていたことを忘るべきではない。

教育勅語に就きては前きに屡々説明したり。土人部落に於ては些少なる信仰に対する背反も直ちに虐殺せらると云ふ如く蛮神の土偶は思想界の上にも絶対無限権を有すべし、而しながら外部的生活の規定たる国家に於て天皇の可能なる行動は外部的規定の上に出づる能はず。蛮神の土偶は土人部落の原始的宗教と原始的道徳とを鬼神蛇鳥の域に於て土人に強制するの権あるべし、而しながら近代国家の原則として国家の部分たる個人の思想信仰を国家の大部分若しくは上層の部分が蹂躙すべからずとさるる今日に於て、天皇は仮令仏教の信仰を有するも又キリスト教の道徳を有するも之を国家の他の大部分に強制する能はず。天皇が医学上の学説を命令し、天文学上の原理を強制する能はざる如く、一派の倫理学派を励行し一派の歴史哲学を制定する能はざる如く、――良心の内部的生活に立ち入る能はざる国家、従て其の一機関たる天皇は道徳を強制すること能はざるものなり。（北一輝4、五七四頁）

国家が侵すことのできない個人の内面性の尊厳についてこれほどに深い理解を示しながらも、北が、個人より国家を上位に置く「超国家主義者」、「日本ファシズムの教祖」（丸山、前掲、三四頁）と、しばしば糾弾されなくてはならなかったのは何故なのであろうか。たしかに、北の思想には、前述のところからも明らかなように、全体主義に道を開きかねないルソーの理想社会や、「社会とは個人の全部にして個人とは社会の部分なり」というプラトンの理想国家に強く牽引されるところがあった。しかも、その主張には、「社会民主主義は……国民の全部が国家なり」（同、六二八頁）、とか「国家主義とは国家の全部分が利益の帰属する権利者たることなり」（北一輝4、六五七頁）というふうに、「全部」、「全分子」、「凡ての分子」ということを常に強調せずにはおられないという表現上の特徴もあった。思想的にはまったく正当な表現ではあるものの、十分に北の論理の筋道をたどりきれない松本清張のような人たちには、それが、全体主義への著しい傾きをもつものと誤解されることもあったかもしれない。だがおそらく、その理由の一斑は、北が国家、それも明治日本が手に入れたばかりの「主権国家」としての近代国民国家にかなり過剰な思い入れをしていたところに求めてもいいように思われる。

2

そもそも、近代国民国家とは、国境によって明確に画された領土を持ち、そこに居住する民族で構成される国家がこの領土内においては排他的・絶対的な支配権を持つ「主権国家」である。このような国家概念は、西欧近代に生まれた人類史上きわめて新奇な考えであることはいうまでもない。土地を媒介とした人間関係を社会の基本的な構成原理とする、中世封建制という特異な歴史段階を経過した西欧社会は、土地の重要性ゆえに「領土」という明確な観念を育み、その領土を保全し、その中に暮らす民族の固有の文化を護るために、外部の他者の介入を許さない「主権」を持つ国家という考えを生んだ。しかしその一方で、キリスト教文化という文化的同質性を共有するヨーロッパは、中世から近代への過渡期における国家間の紛争の過程で、個々の国家の領土主権を相互に認め合い、それらの国家が共存して行けるようなシステムを模索した。国民国家共存のシステム、これが近代ヨーロッパだといえる。よく知られているように、三〇年戦争に決着をつけた一六四八年のウェストファリア条約こそ、そうした国民国家間の共存システムの起点である。

これ以後、領土、民族、主権を三位一体とする国民国家概念が生まれる。このようにヨーロッパの歴史的特殊条件から生み出された、この国民国家という考え方を、西欧諸国は近代に入って、世界の各地に持ち込んだ。ヨーロッパと歴史的条件を異にする非西欧諸国といえども、植民地になることなく、国際社会で生きのびていくためには、いやおうなくこうした国民国家体制を採用せざるをえなかった。それが「帝国主義」という国際秩序の支配した時代の現実である。

明治日本もその例外ではなかった。一八五五年の日露通好条約において、現在の北方四島北端の択捉島《エトロフ》と千島列島の南端にあるウルップ島の間に近代日本最初の国境である日露国境が定められたのを手始めに、領土の画定が図られていった。外務省の設置により対外的統治権が確立された明治二（一八六九）年には、蝦夷地を北海道と改称して領土に組み入れ、明治八年には、ロシアとの間に樺太・千島交換条約を締結して千島列島を領土化し、明治一二年にはいわゆる琉球処分によって沖縄県を創設するなど、次々に国境が確定されていったのである。こうした措置は、日本が近代国民国家として歩を踏み出し、主権を対外的に主張するためのやむをえざる、しかし必須の手続きであった。

まかり間違えば西欧列強の植民地にされかねない、帝国主義時代の只中に国を開いた明治の日本人にとっては、西欧列強を中心とする国際社会の怒濤の中で屹立する「自主独立の主権国家」のイメージこそ、まさに等しく仰ぎみる「坂の上の雲」であった。その意味で北は、アジアではじめて生まれた近代国民国家としての日本に大いなる誇りと愛着を抱くナショナリストであり、まごうかたなき「明治の児」だったといってよい。この点に関しては、北の祖父六太郎が、新潟開港場の補助港であった佐渡の夷港へアメリカの黒船が寄港したとき、「真先に浜へ出ばって、人を指揮するという気質の男」（田中、前掲、一四頁）だったことや、「燃えたつ一瞬がそのすべて」（松本健一2、二六頁）という父慶太郎、「佐渡の河野広中といはれた」（北昤吉1、一四〇頁）叔父本間一松はじめ多くの自由民権家を輩出した家族・縁戚関係など、想像を掻き立てられることも少なくないが、今は深追いはしないでおこう。ただ、北が、「明治十五年以後生まれの青年」（関川夏央、二〇〇九、二五頁）であったことにだけは触れずにすますわけにいかない。

夏目漱石は、さきにも触れた『三四郎』のなかで、登場人物の一人である大学同級生の與次郎に、「小川君、君は明治何年生れかな」と、三四郎の歳を尋ねさせている。三四郎がさりげなく、「僕は二十三だ」と答えると、與次郎は、「そんなものだらう。――先生僕は、丸行燈だの、雁首だのって云ふものが、どうも嫌ひですがね。明治十五年以後に生れた所為かも知れないが、何だか旧式で厭な心持がする」といって、「僕は別段嫌ひでもない」と返す三四郎に、「尤も君は九州の田舎から出た許りだから、明治元年位の頭と同じなんだらう」と決めつけている（夏目、前掲、一四一頁）。漱石はここで明治一五年という年に、伝統的社会から決別した日本の近代化への長い道のりの起点という、特別な意義を付与している。つまり、「明治十五年以後生れ」とは、旧来の日本社会とは異なる西欧的近代化への道を歩みはじめた、新しい国家社会に生きる青年世代の代名詞なのである。たしかに、明治一五年は、日本が近代国家を目指してスタートを切った年といってよい。参議伊藤博文らに憲法調査のための欧州出張を命ずる勅書が下ったのは、この年の三月である。すでに前年の一〇月には、自由民権派が長年要求してきた国会開設の詔勅が発せられており、近代国家必須の前提条件である憲法制定・国会開設のための準備が行なわれつつあった。

前記のとおり、北の誕生はこの翌年の明治一六年である。彼は、佐渡自由民権家の家系のなかで、父親はじめ親類縁者たちが精魂を傾けた自由民権運動の歴史的役割がほぼ終わろうとしているときに、その生涯を始めた明治の新青年であった。もちろん当時の日本人にとっては近代主権国家は一種の発見にも似た新しい体験であったが、北のような新世代の青年たちにはことさらに誇らしい思いの対象であったことは疑いない。彼らの生育過程は、日本が近代国家として成長していくのと歩を共にしていた。そして、日本が一応近代国家としての体裁を整え、日清・日露戦争に勝利して世界の「一等国」の仲間入りをしたと自負するようになる頃に、彼らは青年期に達したのである。主権ということについて北は『純正社会主義』で、「『主権』と云ふ文字は実に中世の出現にして多くの君主統治者の存在せし中世に於て何人が『君主の上の君主』『統治者の上の統治者』なるか表白せんが為めに実に『最高権』と云ふことを意味す」（北一輝4、五三七頁）と述べ、「一国一統治権の現代」においては、「最高権」という語すらもはや無意義であり、国家の主権は一定の地理的範囲において生活する（生活してきた、また生活するであろう）国民のすべてによって構成される国家そのものにあると断言している。

しかし、日露戦後の日本は、経済・財政上の困難にあえぎ、「一等国」の自負とは裏腹に、心底では自国の実力に対する強い懐疑と不安とにさいなまれていたこともまた事実である。北が『純正社会主義』を世に問うた明治末から大正初の時代は、日本人にとっては、懐疑と自信喪失の時代でもあった。そのことは、この頃に書かれた多くの文学作品にも示されている。たびたび登場して恐縮だが、『三四郎』もその一つで、漱石は、上京する列車中の三四郎の隣席に坐った広田先生に、「西洋人は美しい」、「御互は憐れだなぁ……こんな顔して、こんなに弱ってゐては、いくら日露戦争に勝って、一等国になっても駄目ですね」と言わせ、このまま行けば、日本は「亡びるね」といった悲観論を展開させている（夏目、前掲、一〇五頁）。また、流行歌の分析によるユニークな社会心理史である見田宗介『近代日本の心情の歴史』によれば、「涙」が日本流行歌におけるキー・シンボルになったのは明治末期から大正期にかけてのことであり（見田宗介、一九七八、四七頁）、「うらみ」と「やけ」がこの時代の流行歌をおおう心情であったことが明らかにされている（同、二三頁）。日本の将来に対する漠然とした不安と懐疑、そして自信喪失は、日露戦後の日本人が多かれ少なかれ共有していた「時代心理」であった。一方、この頃には国家の社会機構も次第に整備され、それとともに、国家は誇らしさの対象というばかりではなく、それが押しつけてくる重圧も次第に実感されるものになりつつあった。日露戦争で一一万に及ぶ戦死者を出したうえに、戦後経営の負担は重く国民の肩にのしかかっていた。困窮に追い込まれた細民は生芋の薄切りしか口にすることができない。このような惨状を、漱石は知人宛ての手紙で、「芋の薄切りは猿と択ぶ所なし。残忍なる世の中なり」と書き送っている（小西豊治、一九八七、九頁）。石川啄木が「時代閉塞の現状」と国家を告発した時代がまさに始まろうとしていた。よくもあしくも国家は、当時の日本人の多くにとって、片時も念頭を離れることのない対象だったのである。間違いなく北は、そのような時代を生きる代表的青年の一人であった。

　中学中退直後、佐渡新聞に健筆を揮っていた時期の北は、「所謂国体論」批判の先駆けともいうべき「国民対皇室の歴史的観察」のなかで、「迷妄虚偽を極めたる国体論」にあえて危険をおかして挑む動機を、すでに次のように語っていた。「学問の独立を犯し、信仰の自由を縛し、国民教育を其の根源に於て腐敗毒しつつある」「国体論といふ妄想」を打破することは、それ自体急務であることはいうまでもないが、それなしには、アジアはじめての近代主権国家の面目が保てないからだというのである――「吾人が茲に無謀を知って而も其れが打破を敢てする所以の者、只、三千年の歴史に対して黄人種を代表して世界に立てる国家の面目と前途とに対して、実に慚愧恐惧に堪へざればなり」(北一輝3、三七頁)、これがその動機を語る北自身の言葉である。このような点を考慮に入れれば、北がいかに国家への偏執を募らせたとしても、それだけで彼を責めることはできない。少なくとも、欧米帝国主義のアジア進出の怒濤の中で、日本の主権国家としての独立は決して無条件で保証されていたわけでないことだけは忘れるべきではあるまい。

以上のような時代背景からして、新たに船出した近代国家としての大日本帝国は北にとって、能う限り理想的な国家でなければならなかったのは当然である。北が求めた理想的国家像の原型は、プラトンの「理想国家《レパブリック》」であり、孟子の理想的「儒教国家」であった。

ここでまず、北が理想の原像としたプラトンの「理想国家《レパブリック》」について一言しておく必要にせまられる。プラトンが生きたギリシアのポリスは、古代オリエントの専制体制の傍らに花開いた自由人の共同体として知られる。その特徴は、非人格的な法に自発的に服す自由人の結合によって統制と規律が実現されたところにある。プラトンの「理想国家」は、そうした伝統的ポリス観を継承しつつも、一方でそれを批判的に再構成することによって作り上げられた。それは、自由人の共同体としての側面は一応維持しつつも、「善」や「正義」、「魂への配慮」を実現する場として市民の個人的欲望・自由を厳しく抑制するものであった。ポリスは公共善のために存在する公的世界そのものであり、市民にはその存続と繁栄に最大の力を尽くすことが要請され、個々人の日常的生活への埋没、とりわけみずからの経済的利益の追求に耽溺するような生活は市民に相応しからざるものとして退けられた。ポリスの前提は、政治が経済を何らかの形でコントロールすることにあり、その政治に市民が参加するためには十分な経済力が保証されなくてはならない。経済生活は政治のためにこそ重要なのであって、それ自身を自己目的にするものではないと考えられた。したがって、ポリスは単なる共同体ではなく、公益と公共善の実現を目的とし、「よりよき魂」のために存在する最高の倫理的政治共同体であらねばならなかった（佐々木毅、一九八九、二四〇～二四六頁）。この国家では、個々人の私益への盲進は戒められ、公益への献身のためとあらば、私有財産制や家族制すら否定される。それゆえに、北が早稲田大学で好感を持って聴講した教授の一人といわれる浮田和民はその講義録に、「プレトーの理想は一種の社会主義なりき」（浮田和民、一九〇六、二一一頁）と明記した。さきに引用した北の「純正社会主義」国家のイメージは、このプラトンの理想になんと似ていることであろうか。プラトンの理想国家を実現する社会主義、これが北の社会主義の理想的祖型であることは、北自身もまた、「欧州に於てプラトーのレパブリックが理想の国家として後世の社会主義の源泉たりし」（北一輝4、六三四頁）と書いているところからも明らかである。北にとって、社会主義はマルクスらが近代になって発見したものなどでは断じてなかった。「社会民主主義とは十九世紀の発明にあらず人類の文明に入りてより以来哲学史の源泉よりして流れ来たれる大思想なり。プラトーの『理想国家論』是れなり」（同、六六〇頁）と述べているとおりである。

このように、プラトンの理想国家はヨーロッパにおける社会主義の源泉であったが、社会主義の源泉は、ヨーロッパのみならず、中国、日本においても太い水脈を保っていた、と北はいう。

彼によれば、古代に現れた儒教の理想国家論、とくに孟子のそれこそがプラトンのレパブリックにも匹敵すべき社会主義の源泉であり、わが国最初の公民国家を目指した大化改新の理想を導いたものにほかならなかった（同、六三四頁）。

「東洋のプラトーたる孟子」に北が最も注目する点は、「人類を経済的誘惑より取り去ること」に、孟子が「政治学と倫理学の根拠」を置き（北一輝4、六三五頁）、その実現を「当時の社会主義に取りて公有にすべき一切の経済的源泉」であった土地の国有論（井田法）に求めたことである。北は、「黎民（庶民）餓へず寒《こ》えず然り而して王たらざるもの未だ之れあらざるなり」、「生を養ひ死を喪して憾みなきは王道の始めなり」などの孟子の言葉を引き、それらの主張は倫理的活動に先立つ経済的要求の満足を主張する今日の科学とまったく軌を一にするばかりか、「明確に科学的社会主義の倫理的基礎を言ひ表はしたるもの」との高い評価を下している（同、六三六頁）。

G・W・ウィルソンは、北の思想に徳川時代の儒学思想の影響が色濃いことを認めている（ウィルソン、前掲、一八三頁）。たしかに北は、このように孟子を引いて、その理想国家を社会主義の原型とした。儒学が北にどの程度の影響を与えていたかについては断定的なことはいえないが、佐渡時代の彼が一時期儒者の塾で学び、孟子を好んでいたことは事実である。彼は、高等小学校時代に二年ほど、父慶太郎の勧めで夷町の漢学者若林玄益の塾で漢籍を学んだ。北昤吉は、「兄の後年の文才は此の期間の漢学塾教育に負ふところが多い」（北昤吉2、二五七頁）と書いてはいるが、北の思想への儒学の影響については何も語ってはいない。ただ、彼が政治と倫理（道義）を一つのものとみなし、西郷隆盛の道義的国家に強い共感を寄せていたことを考えれば、その国家観は、尭舜の世を理想に、聖賢の道を現世に実現しようとした、西郷はじめ吉田松陰や横井小楠ら幕末の理想主義的儒学者の系譜に連なる面がたしかにあるとはいえよう。また、『純正社会主義』で北が引用している次の一節、孟子が斉査王に王道を説いた有名な言葉は、明らかに、後年の『改造法案』における私有財産規定に影を落とすものである。

恒産なくして恒心あるものは只士のみ能くすとなす。民の如きは恒産なきときは恒心無し。苟も恒心なきものは放僻邪侈為さざるなきのみ。罪に陥るに及で然る後に従て之を刑す、之れ民を網するなり。焉ぞ仁人位に在て民を網するをなすべき。是の故に明君の民の産を制するには、必ず仰ひでは（上は）以て父母に仕ふるに足り、俯しては（下は）以て妻子を養ふに足り、楽歳には終身飽き、凶年には死亡を免かれしむ。然る後に駆て善に行かしむ、故に民の之に従ふや軽し。今や民の産を制するに仰ひでは以て父母に仕ふるに足らず、俯しては以て妻子を養ふに足らず、楽歳には終生苦しみ凶歳には死亡を免かれず。これ唯に死を救ふて足らざるを恐る、焉ぞ礼儀を治むるに暇あらんや。正之を行はんと欲すれば何ぞその本に反へらざる……。

（北一輝4、六二五〜六二六頁）

『改造法案』では、北の社会主義国家で国民に所有・自由処分が許される私有財産の限度額は一〇〇万円とされている。そのうち土地については、時価一〇万円までの私有が認められる。さらに、私有財産とは別に、資本金一〇〇〇万円までの「私人生産業」の経営も自由である。これらの限度額を超える財産、土地、資本を没収し、国有国営に移すというのが彼の社会主義であった。私有財産一〇〇万円は、今日でいえば数億円をこえる金額に相当し、当時資本金一〇〇〇万円以上の企業といえば三井、三菱などごく限られたものしかなかった。ちなみに、伊藤忠商事や鴻池銀行などがほぼ資本金一〇〇〇万円の企業だったという。私産や資本の制限がこれほどにゆるやかだったことが、これまで北を、社会主義ならぬ国家独占資本主義を目指す、非社会主義者とみなす大きな論拠にさえされてきた。たしかに、この限度が社会主義としては並みはずれた額だったことは、『改造法案』に影響を受けて安田善次郎を刺殺したといわれる朝日平吾でさえ、「大正維新」の要求する私有財産限度を、北の主張の一〇分の一に圧縮せざるをえなかった事実からもよくわかる。朝日の遺書ともいうべき声明書「死の叫び声」には、「十万円以上の富を有する者は一切没収する事」とわざわざ明記されている。しかし、限度額がいかに大きくても、『改造法案』では限度を超えるすべての私有財産、資本は国有化されるのだから、社会主義の原則は一応は貫かれているといわねばならない。北の意図は、大富豪の私産および大資本の制限であって、のちの警視庁聴取書で「中産者以下には一点の動揺も与へないのを眼目として居ります」（北一輝3、四六二頁）と述べているとおりである。その理由は、「共産国の如く国民に一銭の私有をも許さぬと云ふ如きは、国民の自由が国家に依つて保護さるべきものなりと云ふ、自由の根本原理を無視したもの」（同右）たらざるをえないからだという。「民の産を制する」ことを戒める孟子の先の言葉は、こうした北の社会主義の特質を端的に示すものにほかならなかったのである。北自身、この私有財産限度に次のような註を加えている。

此ノ日本改造法案ヲ一貫スル原理ハ、国民ノ財産所有権ヲ否定スル者ニ非ズシテ、全国民ニ其所有権ヲ保障シ享楽セシメントスルニ在リ。熱心ナル音楽家ガ借用ノ楽器ニテ満足セザル如ク、勤勉ナル農夫ハ借用地ヲ耕シテ其勤勉ヲ持続シ得ル者ニ非ズ。人類ヲ公共的動物トノミ考フル革命論ノ偏局セルコトハ、私利的欲望ヲ経済生活ノ動機ナリト立論スル旧派経済学ト同ジ。共ニ両極ノ誤謬ナリ。（北一輝2、三〇四頁）

そして、私有財産限度一〇〇万円、私企業の資本限度一〇〇〇万円という金額については、それが古代ギリシアの自由なポリス民同様、利己心を超越して公共善に献身するに十分な額であることを、「私人一百萬円ノ私的財産ヲ有スルニ至ラバ、一切ノ私利的欲求ヲ断チテ只社会国家ノ為メニ尽クスベキ欲望ニ生活セシムベシ。私人一千萬円ノ私的産業ニ至ラバ其ノ事業ノ基礎及ビ範囲ニ於テ直接且ツ密接シテ国家社会ノ便益福利以外一点ノ私的動機ヲ混在セシムベキ者ニ非ラズ」（同、三〇九頁）と述べている。

　このように、北は、孟子の言葉を借りて、「社稷」の上に立つ自己の社会主義の理想を語ろうとしたが、ただ、その儒教国家論をそのまま今日の社会民主主義の理想とすることにはかなり抑制的たらざるをえなかった。「孟子の言を以て凡て今日の社会民主々義と同一なりと考ふべからざるは論なし」だからである。北においては、孟子の儒教国家は、少なくとも、プラトンの理想国家ほどには理想化されていなかったように思われる。理由はおそらく、「社稷」に対立しつつそれを包容しているアジア的な古代専制国家に対する抜きがたい嫌悪と不信があったためであろう。孟子が「東洋の思想史の上に於て最も明らかに理想的国家論を夢想し其の実現の為めに終生を投じて努力した」ことは認めるものの、その議論は社会民主主義の萌芽にすぎず、まかり間違えば、むしろ進化の歯車を逆に回し、「社稷」ならぬ古代的専制国家へと退行させかねない。そのような危うさを抱える風土こそがアジアなのだ。この危惧は行間に漂うのみならず、「其の（孟子の）土地国有論の如き一歩を転ずれば直ちに土地君有論なり。而して其の井田の法と云ふものの単に部落共有制の原始時代への復古にして、機械農業を以てする科学的社会主義の国家経営と云ふことと異なる」と明言されている（北一輝4、六四〇頁）。かくまでの明晰な認識に支えられていたがゆえに、二・二六事件に関する憲兵隊での取り調べにおいて彼は、孟子に触れていることを理由に、『純正社会主義』を少年時代の空想にすぎないと、次のように言い逃れることができたといえよう――「殊に其の書物（『純正社会主義』）の巻末に於て、東洋にも社会主義がある、即ち孔孟の『井田の法』が夫れで有ると云ふ馬鹿馬鹿しい子供らしい事が書いてある等、全く空想時代のものであります。……如何に自分の思想が幼稚で空想的であったか、お判りの事と思ひます」（北一輝3、四四三頁）と。

北にいわせれば、政治学と倫理学とは本来一つのものである。それゆえ、ふたつの学が依拠する原理は同じものでなくてはならず、両学相まってこそはじめて各々の要求する理想を現実のものにすることができるのである。なぜなら、「政治学は社会と云ふ大生物の倫理学にして、倫理学は個人と云ふ生物の政治学」だからだ。古代においては一体であったこのふたつの学は、後世の進化の過程で、個人と社会のいずれに力点を置くかに関して「偏局面に分化」したために、その主張するところが「相背馳する」に至ったのだという。その背馳の最たるものが、「偏局的社会主義」と「偏局的個人主義」なのである。プラトンや孟子が理想国家を構想したのは、古代のギリシアや中国においては、政治学と倫理学とが今日のように分化しておらず、「倫理的政治的本能」が息づいていたからにほかならない。人間は、道徳や法で束ねられた社会的存在として本質的に「倫理的生物」である。したがって、「倫理的生物の生息に適すべき政治組織を倫理的に建設」（北一輝4、六三五頁）することが人間に課せられた理想の任務であり、この任務を遂行することこそが社会民主主義の目的である。現代の社会民主主義者は、プラトンや孟子に学びつつ、自覚的にこの理想的社会民主主義国家、つまり「倫理的制度としての国家」を作り上げねばならない。北にとっての社会主義とはこのようなものとしてあったのである。

さらに、「人類の政治的理想」としての理想国家への試みとしての社会主義は、古代ギリシアや中国にだけあったものではない。眼を日本に転ずれば、「千三百年前の古代の社会」にその萌芽はあった。「明哲なる天智天皇」が大化改新の目的として掲げた「公民国家」の理想がそれだという。だが、ひとりの天智天皇のみによってはその理想を達成することはできず、大化改新が現実に果たしえたことは、「原始的宗教の神政々治の打破」にとどまらざるをえなかった。そして、天智天皇が先駆的に抱いた公民国家の理想の実現はついに明治維新にまで持ち越されなくてはならなかったのである。「凡ての理想は一千三百年の長き進化の後に於て漸く維新革命によりて実現せられたるなり」（同、五四六頁）と、北は述べている。ここで北は、明治維新ですべての理想は実現されたような表現をとっているが、彼が単純にそう信じていたわけでは毛頭なく、この結論およびここに至る理路には、実は、いくつもの迷路と複雑な仕掛けが用意されている。だが、その点については考察を後に譲ることとして、ここでは、彼が、プラトンの理想国家に触発されて、明治国家に大いなる理想を託していたことを確認しておけば足りる。

「国家と云ふ歴史的継続を有する人類社会は法理上消滅する者にあらず、分子は更新すと雖も、国家其者は更新する者にあらず。即ち国家が統治権の主体たり」（同、四一〇頁）と述べるとおり、北にとって国家は、決して個々人のかわす契約によって構成される社団のような存在ではなかった。それは、一定の地理的領域の中に歴史的に存続してきた実体であり、構成員としての国民の異動・更新にもかかわらず、その生命を維持し、進化を続ける有機体である。だからこそ、国家それ自体が主権の本体なのだ。これが、北の国家観である。北においては、こうした国家は、人類が類神人、神類へと進化していくのと同様に、さらにその理想を高めて、将来においては国家間の競争を廃絶し、「万国の自由平等を基礎とする世界聯邦」(同、六六三頁)へと進化していくものとイメージされているが、明治日本の現実のなかでの課題は、まず明治維新によって歩みを始めた近代主権国家としての日本をいかにしてプラトンや孟子に祖型をみる「倫理的制度としての国家」に仕立て上げるかというところにあった。北にとって、そのために果たさねばならぬことは、未完の革命としての明治維新をその本義において完成させる、「第二維新革命」にほかならなかったのである。

第4章　第二維新革命の論理

1

北の「第二維新革命」の論理を理解するためには、まず彼が歴史の進化の過程をどのように捉えており、そのなかで明治維新をどのような変革と位置づけていたかをみておかなくてはならない。

北は、マルクス流の社会主義を否定しているのだから、歴史の進化の過程についても、もちろん、唯物史観の原始共産制、古代奴隷制、中世封建制、近代資本主義、社会主義（共産主義）といった発展段階説をとるものではない。したがって、明治維新はブルジョア革命か、それとも絶対主義的変革だったのか、などといったのちの論争とは無縁であることはいうまでもない。だがしかし、彼の眼は、昭和の日本資本主義論争がどうしても問題にせざるをえなかった日本の近代国家・社会の問題性の核心だけはあやまたずに凝視していた。

「歴史と云ふことは進化と云ふことなり。社会の進化とは社会意識の拡張と云ふことにして、従て政治歴史は政権に対する意識の拡張と云ふことなり」（北一輝4、五五六頁）と述べているように、北は、歴史の進化の推力を「平等観の発展」と「自由の要求」、すなわち民主主義に求めている（同、五五五頁、五五七頁）。自由と平等という理念が歴史を動かすとするヘーゲル流のこうした歴史観からすれば、民主主義が自己開示していく歴史の本質的な進化は、「家長国」から「民主国」への道をたどるとされる。「家長国」とは、支配者以外の人々が支配の客体たる「物格」として扱われるような国家体制であり、「民主国」とは、すべての人間が権利の主体たる「人格」として認められる「近代公民国家」のことである。

北にとって、人類社会の進化の究極の目的は、人間が「物格」から解放され、自由な「人格」主体として、人間性を全面的に開花させることのできる社会に至ることである。彼は、この本質的進化の道をさらにそれぞれ二段階に分けて、「家長国」には、君主一人が経済的・政治的・道徳的に独立した自由な人格である「君主国」と少数の人間についてのみ自由な人格が認められている封建社会のような「貴族国」があるとする。君主が土地と人民を経済物として占有した君主国時代においては、人民は財産権の主体としては認められておらず、経済的に独立することはかなわなかった。それゆえ、政治的にも道徳的にも君主に従属することを余儀なくされた。これが、北のいう「君主国」である。日本の場合には、鎌倉幕府以前までの時代が君主国時代に含まれる。

だが、このなかで貴族階級が土地を争奪して経済的に独立するようになると、君主の支配権を承認せず、政治的・道徳的に独立の勢力として台頭をはじめる。これが貴族国時代で、日本の場合は鎌倉幕府の成立から明治維新以前までがそれにあたるという（同、一九六頁）。一方、「民主国」としての「近代公民国家」にも二段階が想定されている。法律・制度の上でだけ人々が「人格」として扱われる、つまり制度上形式的に平等な人格を認められているにすぎない第一段階と、この段階を超えて、経済的裏づけをも伴ってすべての人間が実質的に自由で平等な人格として振舞うことのできる第二段階のふたつである。そして、この第二段階の民主国（近代公民国家）こそ、北の理想とする社会民主主義が名実ともに実現され、人間が全面的に解放される社会である。したがって、唯物史観の発展段階説になぞらえて、北の歴史の発展図式を整理しておけば、（古代）君主国→（中世）貴族国→（近代）第一民主国（法・政治制度上の社会民主主義国家）→（近代）第二民主国（純正社会民主主義国家）ということになる。

こうした歴史の発展図式にしたがえば、明治維新はいかなるものとして捉えられたであろうか。ちなみに、北は明治維新のことを必ず「維新革命」と呼ぶ。この言葉そのものは原敬が明治一三年に用いたのが最初といわれるが（服部之総、一九五五、四八頁）、北が必ずこの言葉を用いたのは、明治維新を君主・貴族国から民主国（「近代公民国家」）への国体変革の道を開いた「革命」と明確に意識していたからにほかならない。「日本民族も古代の君主国より中世史の貴族国に進化し以て維新以後の民主的国家に進化したり」（北一輝4、五五七頁）と述べているとおりである。

しかも、「維新革命其の事より厳然たる社会民主々義たりし」（同、五六五頁）といった文言からすれば、北の頭のなかでは、明治維新は社会民主主義を実現するための一種の社会主義革命と考えられていたことも明らかである。したがって、北の「維新革命」は、のちの日本資本主義論争での、「絶対主義的変革」どころか「ブルジョア革命」ですらない。だいいちその社会主義は、すでに第1章で述べたように、マルクス主義にいう社会主義とまったくの同一物ではなかった。あえていえば、それは、「個人」主義に対立するものとしての「社会」主義であって、明治日本という歴史の舞台にはじめて登場してきた「社会＝国家」としての「国民国家」という理念を実現するための社会主義だったといってもよい。帝国主義時代に国を開き、列強の外圧下に近代的な国民国家を形成していかざるをえない運命を選択した日本の国家理念をさして、北は「社会主義」と表現しているのである。そのことは、「実に維新革命は国家の目的理想を法律道徳の上に明かに意識したる点に於て社会主義なり」（同、五五二頁）と述べているところから看取される。日本は、「国家其者の目的理想を意識する能はざる未開時代」の「家長国」から「一千数百年」の長い時間をかけて、ついに国家の目的理想を意識する社会主義の主権国家たる「民主国」へと進化した。この「民主国」という、「公民国家の国体に新たなる展開をなせるもの」こそ、北にとっての維新革命にほかならなかったのである（同、五五六頁）。

　となればもちろん、社会主義革命である明治維新は単なる「王政復古」などであるはずはない。「維新革命は家長国の太古へ復古したるものにあらず、東洋の土人部落ならば王政復古と云へ、歴史は進化と云ふことなり」と叫ぶ北は、「維新革命の国体論は天皇と握手して貴族階級を顛覆したる形に於て君主々義に似たりと雖も、天皇も国民も共に国家の分子として行動したる絶対的平等主義の点に於て堂々たる民主々義なり」と断言してはばからなかった。そして、明治天皇をこの民主主義革命の先頭に立った英邁なる指導者として描いている。曰く、「現天皇は維新革命の民主々義の大首領として英雄の如く活動したりき」（同、五五七頁）。「現天皇が万世一系中天智とのみ比肩すべき卓越せる大皇帝なることは論なし。……（吾人は想ふ、今日の尊王忠君の声は現天皇の個人的卓越に対する英雄崇拝を意味すと）」（同、五六一頁）等々と。このゆえであろうか、北を天皇・皇室崇拝者とみなし、その主張を天皇制社会主義と誤解する向きも少なくない。典型はまたもや松本清張で、北が、維新以後の天皇が民主国の国家機関たる「特権ある一国民」に内容を進化させたと述べていることに対して、「明治天皇への崇拝の理論づけ」だと噛みついて、「天皇に対する一個人の主情と、生物学『進化』との接合である。……天皇を『国家の一分子』とする生物学的用語と、『民主主義の一国民』とする政治的法理論的用語との混乱、近代的民主主義を七世紀の『古代天皇の理想』（大化改新）に逆戻りさせた倒置、天皇の『英明』という個人的な性格評価と、『国家機関』説とのちぐはぐな接着。すべては現天皇（明治大帝）への崇拝から出た混乱である」（松本清張3、九三頁）と訳のわからないことを書いている。混乱しているのは松本自身で、北は先の引用のすぐあとに、「維新革命のヒーローは社会単位の生存競争の激甚なりしが為めに国家の目的と利益とに其の頭脳の全部を奪はれ、劣等なる利己心の如きは痕跡もなく去れり」（北一輝4、五六七頁）と、明治天皇は個人としてではなく、国家機関たる自覚の下に行動したことをわざわざ書き加えている。それだからこそ、「天皇其者が国民と等しく民主々義の一国民として天智の理想を実現して始めて理想国の国家機関となれるなり」（同、五五七頁）ということができたのである。北は天皇崇拝者だったわけではない。彼の真意は、明治天皇を理想の体現者に擬することによって、革命の理想を極限にまではばたかせ、国民のエネルギーを革命の側に動員しようというところにあったとみるべきである。「明治大皇帝は生れながらの奈翁なりき」（北一輝2、一四五頁）などという明治天皇の英雄視はそのための一種のレトリック（口先三寸）だったとみなすことすらできるかもしれない。第二維新革命の目的がいまだ果たされていない維新の本義を顕現させることにある以上、この革命の正統性の根拠は明治維新以外にはありえない。となれば、維新をその人の名において実行した明治天皇を称揚せねばならないことは当然であり、この天皇はまた第二革命遂行のために最大限に利用さるべき存在でもあったはずだ。後年の北は、自宅の仏間に明治天皇の肖像写真を掲げ、その前で一〇人にも匹敵する大音声で読経していたという。このエピソードが、北の天皇崇拝の証拠のようにいわれることがままあるが、もしかしてその真相は、後述する「法華経の行者」としての北が、革命のために頼みとする明治天皇の霊を叱咤激励していたのではないか。

ともかく、維新の本質を「民主主義革命」とみる北は、さらに筆を継いで、「維新革命の根本義が民主々義なることを解せざるが為めに日本民族は殆ど自己の歴史を意識せず恣なる憶説独断を羅列して王政復古と云ひ政権藩領の奉還と云ひ、以て吾人自身が今日の存在の意義を意識せざるなり」（北一輝4、五五六頁）と書く。このとき、北の明治維新理解は、「二七年テーゼ」以前の野呂栄太郎に最も近づいているといっていい。のちの講座派の中心的論客であった野呂は、コミンテルン執行委員会幹部会が「日本の革命に関するテーゼ」（いわゆる「二七年テーゼ」、一九二七年七月一五日付）を採択するほんの一月ほど前に発表した論文で、明治維新の性格規定について、「明治維新は、明かに政治革命であると共に、亦広範にして徹底せる社会革命であった。それは、決して一般に理解せられるが如く、単なる王政復古ではなくして、資本家と資本家的地主とを支配者たる地位に即かしむる為の強力的社会変革であった」（野呂栄太郎、一九五四、六〇頁）と、述べているからである。

講座派の論敵となった労農派のブルジョア革命説の先駆とさえいってもよい、この明治維新理解に北のそれが近いとすれば、後年、講座派の代表的歴史家服部之総から北に対して手厳しい批判の矢が放たれたのもまことにむべなるかなである。北はのちの『支那革命外史』（大正一〇年刊、同著はその前半部分が『支那革命党及革命之支那』のタイトルで大正五年に一度刊行されている）において、明治維新の意義を、封建領主の統治権が否認されたこと、および、その財政的基礎である土地領有権はじめ一切の封建的財産権が否定されたことに求めている。そのかぎりで北にとっては、維新の変革は、フランス革命と異なるところのないものとして受けとめられていた。服部が異議を唱えたのは、「維新革命に於ける（封建的）財産権蹂躙は権利本来の原理に照らして日本に是認せられたり」（北一輝2、一二〇頁）と北が述べているくだりである。服部は、明治維新によっては封建的旧財産権は完全には否定されなかったことを一々史実をあげて反証し、「健忘症」ならぬ北がこの歴史的事実を「忘却した」はずはない。とすれば、「あとから史学的に暴行して抹殺した」（服部、前掲、五三頁）としか考えられず、「たしかに史的唯物論の否定者にしてはじめて考えつきうる史論だ」（同、五四頁）との告発を行なっている。だが本丸は他にあって、「かくのごとく維新史にたいしてあとから暴行を加えたものは北一輝ひとりであると言うなかれ。……労農派の理論的開祖故人猪俣津南雄氏も同一の意見」（同、五二頁）で、「もしも両者が同一であったとしたら、明治維新は大正四年の大昔にわが北一輝によって主張されたごとくフランス革命と本質を同じくする『維新革命』……に、まさに成るのである！」（同、五九頁）と述べている。つまり、労農派批判のダシとして北は利用されたのである。「北一輝の維新史観」と題するこの論文に、「労農派と浪人派」という、揶揄にも似たサブタイトルがつけられている所以であろう。

　たしかに北の明治維新観は、一面において、労農派のブルジョア革命説に限りなく近くみえるのは事実である。彼は明治維新を社会主義へ道を開いた第一段階の革命と捉えているが、その直接の結果としてもたらされた国家社会の実態を大資本家や大地主が君臨するブルジョア社会（「経済的貴族国」）とみていたからである。しかも、「（仏国）革命の波涛は横ざまに東洋に波及して維新革命の民主々義を経済上に現はして土地私有制を確立したるなり」（北一輝4、一九七頁）とまで書いている以上、そのかぎりで、北が「明治維新（第一維新革命）＝ブルジョア革命」説に立っていたとみてもあやまりではない。だが、彼の心情には、維新革命をブルジョア革命とは決して認めたくない、なにものかがあった。西郷隆盛ら草莽の志士が明治天皇の御旗を掲げて旧体制に挑み、戦い取った国家社会が単なるブルジョアジーのための国家社会であっていいはずはなかったからである。資本家階級に対する彼の嫌悪、反感が尋常ならざるものであったことは、彼らを「食人種」にさえなぞらえる、次のような一文に顕著に示されている。少々長いが引用しておく。

元亀天正の群雄が連合反間の目的のために妻女の贈与放棄を手段として平然たりしが如く、令夫人と令嬢なるものとは資本の聯合のために結婚せしめられ市場の競争のために離婚さる。野蛮人の道徳家たらんには其の資格として殺戮、強奪、喰人の欠くべからずと云ふ如く、資本家階級の道徳家たらんには一切の不道徳と名けられたるものを履行して洒然たるべき良心を要す。彼等は床に即くときと雖も、如何にして彼の顧客を奪ふべき、如何にして彼の工場を顛覆すべき、如何にして彼の一家を倒すべきと云ふ計画に頭脳を悩ましつつあるなり。彼等は夢に悪魔と囁やく。同一なる営業者と云ふことは彼等にとりては地獄に落つるまでの仇敵にして、若し戦敗者の一家にして零落離散し、其の父君が内職の燐寸箱を張り、世波を知らざる若者が腰弁当の小官吏となり、可憐なる愛女の細腰に飾るべき何者をも有せざるに至るが如きことあらば、是れ彼等の生涯に於ける最高調の満足にして、黄き歯を露はして嘲笑し、手を拍て凱歌を唱ふ。この戦闘のために彼等は特殊の良心を有す。驕慢に満てる額も顧客の前には恥も外聞も解せずして叩頭し、利益を与ふべき官吏の足下には罪人の如く匍匐す。法螺と吹聴とは彼等にとりては最も高貴なる道徳なり。自家の正直、自己の勤勉、自店の誠実、而して其の製品の優秀抜群なる虚構より他の誹謗排撃に至るまで、実に一切転倒せる道徳を奉ず。賄賂、買収、運動、広告、世にあらゆる醜悪なる良心に於てする醜悪なる戦闘なり。(同、一〇三〜一〇四頁)

こうしたブルジョアジーに対する徹底的嫌悪が明治維新をブルジョア革命と呼ぶことを許さなかった一面の理由かもしれぬが、北には、維新によって成立した明治国家について、それ以上に重大な問題があったことを忘れてはならない。服部が正しく受けとめなくてはならなかったのは、『純正社会主義』の最重要テーマが、服部自身と同じ「天皇制絶対主義」の否定にあったという一事である。この点を服部は、不注意にか、あるいは故意にか、看過している。北の大冊『純正社会主義』がその紙幅のほぼ四割を捧げて、「此の日本と名けられたる国土に於て社会主義が唱導せらるるに当りては特別に解釈せざるべからざる奇怪の或者……即ち所謂『国体論』と称せらるる所のもの」(同、三六二頁)を徹底的に論破しようとしていたことをまさか忘れたわけではあるまい。北はいう。

吾人は純正社会主義の名に於て、永久に斯く主張せんとする者なり――肉体の作らるるよりも先きに精神が吹き込まれざるべからず。欧米の社会主義者に取りては第一革命を卒へて経済的懸隔に対する打破が当面の任務なり、未だ工業革命を歩みつつある日本の社会主義にとりては然かく懸隔の甚しからざる経済的方面よりも妄想の駆逐によりて良心を独立ならしむることが焦眉の急務なり。否、単に国民としても現今の国体と政体とを明らかに解得することは社会主義を実際問題として唱導する時に殊に重大事なり。『国体論』といふ脅迫の下に犬の如く匍匐して如何に土地資本の公有を鳴号するも、斯る唯物的妄動のみにては社会主義は霊魂の去れる腐屍骸骨なりと。（同、三六二～三六三頁）

工業化の途についたばかりで、まだ階級間の経済的格差も欧米に比べれば大きくない日本における社会主義革命の「焦眉の急務」を、経済的変革以前にまず国民を呪縛している「国体論」という「妄想の駆逐」にあるとする、この主張は講座派の問題意識をほとんど先取りしてしまっているといってもよいのではなかろうか。むろん、労農派も講座派もない、日本資本主義論争と北がまったく関係ないことは繰り返すまでもないところである。しかしみずからの頭脳で思考するこの青年の眼は、日本において社会主義革命を志向する者が決して看過することのできない問題の所在を逸早く的確に捕捉していたといわなくてはならないのである。

しかも、その問題は日本資本主義論争のように外国から与えられたものでは断じてなかった。

北は、西欧文献からの直訳的社会主義ではない、日本の社会風土に適合した、いわば土着的な社会主義思想を作り上げようとしていたのである。そのことは、『純正社会主義』出版のわずか三カ月前（明治三九年二月）に堺利彦、片山潜、西川光二郎らによって結成されたばかりの日本初の合法社会主義政党「日本社会党」を、次のように評しているところからもわかる。

著者は、絶大なる強力の圧迫の下に苦闘しつつある日本現時の社会党に向って、最も多くの同情を傾倒しつつあるものなり。しかしながら、その故をもって、彼らの議論に敬意を有するや、いなやは、おのずから別問題なり。彼らの多くは、たんに感情と独断とによりて行動し、そのいう所も純然たる直訳のものにして、特に根本思想は、仏国革命時代の個人主義なり。――著者は、社会民主主義の忠僕たらんがために、同情と背馳するの議論をよぎなくされたるを遺憾とす。（久野収・鶴見俊輔、一九五六、一四二～一四三頁）

また、のちの『改造法案』においても、「一夫一婦制ノ励行ハ彼ノ自由恋愛論ノ直訳革命家ト人生ノ理解ヲ根本ヨリ異ニセルモノナリ」（北一輝2、三二六頁）という表現など、みずからの社会主義が直訳社会主義でないことを明言している箇所を多々みつけることができる。とりわけ、日本と西欧との文化・歴史の違いよりして、日本では婦人参政権を必要としない所以を述べた箇所では、「婦人ヲ口舌ノ闘争ニ慣習セシムルハ其天性ヲ残賊スルコト之ヲ戦場ニ用ユルヨリモ甚シ。

欧米婦人ノ愚昧ナル多弁、支那婦人間ノ強奸ナル口論ヲ見タル者ハ日本婦人ノ正道ニ発達シツツアルニ感謝セン。善キ傾向ニ発達シタル者ハ悪シキ発達ノ者ヲシテ学バシムル所アルベシ。コノ故ニ現代ヲ以テ東西文明ノ融合時代ト云フ。直訳ノ醜ハ特ニ婦人参政権問題ニ見ル」（同、二九六頁）と結んでいる。さらに、後述する「ヨッフェ君に訓ふる公開状」（大正一二年五月）では、「君等の師匠——拙者共には師匠ではない——マルクス」（北一輝4、八〇三頁）とまで書いている。

こうした翻訳社会主義でない土着・伝統的な発想と文体による社会主義を求めた北の志向性には、久野収が松本清張との対談でふと洩らしている外国語コンプレックスも多少はあったのかもしれない（松本清張3、三五五頁）。たしかに、旧制中学を三年で中退した北は外国語には堪能ではなかったらしく、とくに英語を嫌悪していたという。佐渡中学の恩師長谷川清はディケンズの原書『英国史』をサイド・リーダーとして使うなど、非常に高度な英語を教えていたといわれるが、何故北がそれほどに英語を不得手としたのかはわからない。ただ、佐渡中の級友市橋輝蔵は、「（北の）勉強の仕ぶりは己の好む方面に熱中し、然らざる方向を疎かにする傾向があった」（北一輝3、五五九頁）と回想している。のちに執筆した『改造法案』では、教育改革の一環として、「英語を廃して国際語《エスペラント》を課し第二国語とす」（北一輝4、七二八頁）と定めており、その理由に、エスペラントの「合理的組織と簡明正確と短時日の習得」をあげ、エスペラントを外国語にすれば、「中学程度の児童一、二年にして完成すべきことは、英語が五年間没頭して尚何の実用に応ずる完成を得ざる比にあらず」（同、七三一頁）と述べている。また、次の一文をみれば、北の英語嫌いがいかにはなはだしく徹底したものであったかがわかろう。

> 英語は国民教育として必要にも非ず、又義務にも非ず。現代日本の進歩に於て英語国民が世界的知識の供給者に非ず。又日本は英語を強制せらるる英領インド人に非ず。英語が日本人の思想に与へつつある害毒は英国人が支那人を亡国民たらしめたる阿片輸入と同じ。……言語は直ちに思想となり思想は直ちに支配となる。一英語の能否を以て浮薄軽佻なる知識階級なる者を作り、店頭に書冊に談話に其の単語を挿入して得々恬々として恥無き国民に何の自主的人格あらんや。国民教育に於て英語を全廃すべきは勿論、特殊の必要なる専攻者を除きて全国より英語を駆逐することは、国家改造が国民精神の復活的躍動たる根本義に於て特に急務なりとす。（同、七三〇頁）

英語へのこの嫌悪感は尋常ではないが、いうまでもなく、北の土着的社会主義への志向には、そうした外国語コンプレックスをはるかに越えたより深刻な動機が存在していた。それは、資本主義と西欧的市民社会へ向かって歩みはじめたばかりの明治末期の日本社会に対して大多数の庶民大衆が抱いた異和感と、喪われゆく伝統的共同社会を愛惜する心情に対応するものであった。資本主義化の進行とともに伝統的な家・村社会が次第に解体されてゆく明治三〇年代、都市に排出され寄る辺なき「個人」となった大衆は、家や村にかわっておのれのアイデンティティーの拠り所となるあらたな「共同性」を渇望していた。司馬遼太郎はアイデンティティーに「お里」という巧みな訳語をあてているが、すでに明治二〇年代頃から都市を中心に、生い立ちや帰属意識を含意する「故郷」という言葉が広く流通していったという事実（兵藤裕己、二〇〇九、一八五頁）は、この時代の都市大衆の不安と「共同性」への飢渇を物語ってあまりある。地方から押し出されてきた労働者細民の居所として東京の処々に共同長屋なるものができたのは日清戦後から日露戦争頃にかけてのことである。厩橋付近のその一つを探訪した毎日新聞記者横山源之助は、「日本一流の持丸長者、金融界の覇王」安田善次郎の山のように聳える「大廈高楼」のすぐ傍らにうずくまる貧民長屋を「都市生活の一異彩」と表現しつつ、その住民の生態を「赤裸々《まるはだか》な個人主義」として次のように描写している。

　この長屋内の同住者の関係がどうであるかというに、板一枚は金城鉄壁、隣室の談話は、手に取るように聞こえるが、心は銘々別々、個人主義を最も赤裸々《まるはだか》に発揮しているのは、共同長屋の生活者である。……同じ棟割長屋に住み、同じ竈で飯を焚き、同じ水道の水を飲みながら、今に一度も共同に正月餅を搗いたことなく、彼は彼たり我は我たりの態度で、澄まし反っている。（横山源之助、一九九四、二六一頁）

前述のように、人間関係を「無化」する資本主義的貨幣経済と契約による利害調整装置としての西欧的市民社会がやっと息づきはじめた明治末の東京の片隅、社会の底辺に押し込められた細民大衆たちはかくも見事に「むき出しの個人」として振る舞い、他者に冷淡たらざるをえなかった。吉本隆明は、父親が事業に失敗して天草から夜逃げ同然に上京、佃島に住みついた貧しい子供時代を回想して、「子ども心に抱いた貧困の感じは、食べものが粗末だとか、着るものが少ないとか、家がせまく勉強する机も場所もないということではなかった。そんな言葉を使うとすれば、関係の貧しさということにつきる」（吉本隆明3、一六〇頁）と述べている。関係の貧しさこそ、究極の貧困なのである。あらゆる人間的な関係を剥奪されて「赤裸々《まるはだか》な個人主義」に閉じこもるよりほかなかった明治末の東京の貧民たちの悲哀はどれほどのものだったか。もともと彼らは、ムラ世間のなかに生まれたアジア的「共同体的個人」だったはずだ。自然および人との直接的触れ合いのなかで味わう喜びと哀しみに「生」を実感してきた彼らにとって、都会のかくも「手ざわりのない社会」は、はなはだ不安で異和感を覚える場所だったことは疑うべくもない。少なくともそれは、彼らが生きるに値する社会ではなかった。

北は、そうした大衆の心情をすくい取り、それをおのれの理想である倫理的政治共同体としての国家（社会）造形のためのエネルギー源へと流し込もうとしたのである。むろんのことに、この異和は北自身のものでもあったからである。社会とは個々ばらばらな個人の漫然たる集合状態を指示する言葉ではない。それは人間が全体として生命を維持していくための一つのシステム、いやそれ以上に、生命を有し実在する一個の有機体（生物）である。自己は全体社会の不可欠の一部分であり、社会も自己の目的・理想を社会そのものの目的・理想としてその実現に邁進する。このような社会の成員は、社会を自己そのものだと実感するであろう。すでにみたとおり、これが北の社会観である。すなわち、「個人＝社会」といいきれるまでに直接間接に強く結びついた共同社会、人間が生命の充足を感じて生きることができるのはそのような社会だけだ。社会的動物としてみずからが生きる社会の共同性を「手ざわり」として何がしか実在的に感じられないような社会は生きるに値しない。北が維新革命後の日本に求めたのは、そのような生きるに値する実在としての共同社会である。でなければ、個々人の人間性が真に開花することなどありえないと、彼は信じていたからである。

たしかに明治維新によって日本人は、封建的身分制度からは解き放たれた。自由民権運動の成果として憲法と議会まで手に入れ、一応「民主国」の体裁も整え、政治的には解放されたかにみえる。だが、本当に人間として解放されたのであろうか。「物格」から「人格」へと高められたのか。これが北の強烈な問題意識であった。まさしくこの問題意識は、「政治的解放そのものは人間的解放ではない」（マルクス2、三七頁）といった「ユダヤ人問題によせて」におけるマルクスのそれと完全に重なり合っている。マルクスは、「政治的解放は、たしかに一つの大きな進歩である。それはたしかに人間的解放一般の最終的な形態ではないが、しかし従来の世界秩序の内部における人間的解放の最終的な形態である」（同、二七頁）と述べている。北にとっては、従来の世界秩序内部での人間的解放としての「政治的解放」は明治維新（第一維新革命）で果たされたと考えられていたから、「人間的解放一般の最終的な形態」の実現を目指すものこそが、第二維新革命でなくてはならなかったのである。マルクスが最終的な人間解放の理想として描いた次の社会は、北が第二維新革命に託した理想そのものだったといっていい。

あらゆる解放は、人間の世界を、諸関係を、人間そのものへ復帰させることである。政治的解放は人間を、一方では市民社会の成員、利己的な独立した個人へ、他方では公民、精神的人格へと還元することである。現実の個体的な人間が、抽象的な公民を自分のなかに取り戻し、個体的な人間でありながらその経験的生活、その個人的労働、その個人的諸関係のなかで、類的存在となったとき、つまり人間が彼の「固有の力」（forces propres）を社会的な力として認識し組織し、したがって社会的な力をもはや政治的な力というかたちで自分から分離しないとき、そのときはじめて、人間的解放は完遂されたことになるのである。（同、五三頁）

『純正社会主義』の筆をとる北の眼には、維新革命後すでに三〇数年の歳月を閲した日本社会は、「生るるとより死に至るまで脱する能はざる永続的飢饉の地獄は富豪の天国に隣りて存す」（北一輝4、七九頁）というほどに貧富の懸隔のはなはだしい階級社会と映っていた。一方には、「同類なる人類の血と汗とを絞り取りて肥満病に苦しむ」階級がおり、他方の「血と汗との階級」たる労働者・農民が「滋養物の供給を負担せしむる社会の秩序」が成立しようとしていた。北にあっては、資本家という経済的貴族が君臨する「経済的貴族国」が維新革命のもたらした現実だったのである。この貴族国においては、労働者・農民・一般民衆は、「人格」を剥奪された「物格」たる「商品」であり、資本家が自由に処分することのできる「経済物」にすぎない。「彼等は人に非ず。商品として見らる。市価を有す。……市価は需要供給の原則によりて支配せらる。法理的に云へば彼等は人格に非ずして物格なり」(同、八五頁)。しかも彼らの実体は、「足に一たび縛せられたる契約の鉄鎖を墓穴にまで引き摺り行」く奴隷と変わるところはない。北は、維新革命によって、「厳然たる奴隷制度は復活せり」と叫ぶ。何となれば、「奴隷制度！　鎖と鞭とあるもののみが奴隷制度にあらず。法理的に云へば人類の人格が剥奪され同類の自由なる生殺の下に在るを名づく」(同、八六頁)からである。「彼等は資本家の自由に処分するを得べき経済物にして人格ある国家の一分子にあらず」(同、八五頁)。明治維新で解放されたのはブルジョアジーとしての「市民」であり、精神的人格としての「公民」ではないのだ。北は、フランス革命を語るマルクスと同じ口吻を洩らしているのである。君臨するのは、マルクスのいったとおり、市民社会の原理である「実際的な欲求、私利」の神としての「貨幣」にほかならなかった(マルクス2、五七頁)。

2

産業革命の進行とともに階級分化が進み、「富」の力が日に日に勢いを増してゆく時代の雰囲気は、明治三〇年から三六年にかけて読売新聞および文芸雑誌『新小説』に掲載された尾崎紅葉の長編小説「金色夜叉」に象徴的に示されている。「ダイヤモンドに目がくらみ」富豪富山唯継のもとに走った許婚鴫沢宮への復讐のために、官界での出世を断念して、「金の亡者」たらんとして高利貸しの手代となった一高生間貫一のお馴染みの物語である。こうした金権的、拝金主義的風潮は、第一次大隈重信内閣の文相尾崎行雄の舌禍、「日本が共和国となれば、大統領は三井・三菱から選ばれるであろう」という、「共和演説事件」（明治三一年）の背景にも存在していた。官吏も教員も、軍人さえも、暇さえあれば米相場とか株式市場とか金儲けの話ばかりしているありさまは、講談社の創始者野間清治の『私の半生』（一九三六年）や陸軍幼年学校中退のアナーキスト大杉栄の『自叙伝』（一九二一年）がよく伝えている。富（貨幣）が社会的な支配力を獲得してゆくにつれて、旧来とは異なる富に関する観念が形成されてゆく。自己を正義・人倫の実践者として位置づけ、金銭的利益の追求を事とする商人を、「商賈をばこれを抑へ且賎むべし」（藤田幽谷『勧農或問』）と蔑視した、かつての武士的な富・金銭観は次第に、富を正当な労働の報酬とみる市民的金銭観に道をゆずっていった。これには、私的利益追求の倫理性を積極的に擁護・主張した福沢諭吉や内村鑑三らの筆の力も与っていたことは鹿野政直が指摘するとおりである（鹿野政直、一九六五、一七四～一八五頁）。

維新革命後のこのような市民社会的現実は、人が生きるに値する「共同性の手ざわり」を社会に求めた北一輝には、いかなることがあっても容認できないものであった。これを変革し人間性を回復するためには、ブルジョア的市民社会がよって立つ生産・流通のシステムを根底から覆す「経済的維新革命」が第二の維新革命として行なわれなくてはならない。この点でも北は、マルクスなのである。マルクスによれば、「自分自身だけに閉じこもり、私利と私意とに閉じこもって、共同体から分離された個人であるような人間」（マルクス2、四六頁）によって満たされた市民社会を作るために人類は歴史を歩んできたのではない。人間が解放され、真に生きるに値する社会とするためには、人間そのものが「類的存在」の本質を開示するように変わらなくてはならない。「類的存在」とは、前引のとおり、「現実の個体的な人間が、抽象的な公民を自分のなかに取り戻し、……彼の『固有の力』を社会的な力として認識し組織」（同、五三頁）する存在である。そのような個人による社会の構成原理は、自由な個人の自主的連帯に基づく、自治的な「コミユーン主義」とならなくてはならない。このマルクスの思いは、維新革命を反芻する北の思いそのものでもあったといってよい。

この点で、北の思想を西郷隆盛に始まる「日本コミユーン主義」の一つに位置づけた渡辺京二の言は傾聴に値する。渡辺によると、西郷は、資本主義的近代国家への道を目指す大久保利通らとは異なり、「生産性は低いが道義的な国家」としての「コミューン型国家」を「理想の国家」として心に描いていた。この国家は、「社会的共同性」を原理として、「屯田兵的兵士コミューン」と「土地共有制の上に成りたつ農民コミューン」とにより構成される。この「コミューン型国家」こそ目指すべき明治日本の国家社会像であって、西欧型ブルジョア社会などを作るために維新の戦が行なわれたわけではない、というのが西郷の思いであったという（渡辺1、一六八～一六九頁）。そうした国家ヴィジョンそのものの相違が露呈したのが、明治六年の政変、一〇年の西南戦争であり、この過程で西郷は「維新のやり直し」を企図した。だが、周知のとおり、そのいずれの戦いにおいても彼は敗れ、ついには悲劇的最期をとげねばならなかった。渡辺がいう「日本コミューン主義」とは、この西郷に源流を持ち、「社会的共同性の貫徹するコミューン社会へ発展すべき」国家の形成のために「維新のやり直し」としての「第二維新革命」を熱望した宮崎滔天、権藤成卿ら、近代日本に特異な政治・社会思想の潮流を指している。北がその流れに棹さす一人であることは、『支那革命外史』において彼自身、「元老なる者等が維新革命の心的（真の――筆者注）体現者大西郷を群がり殺して以来、則ち明治十年以後の日本は聊かも革命の建設ではなく、復辟（退位した君主の復位――筆者注）の背進的逆転である。現代日本の何処に維新革命の魂と制度とを見ることが出来るか」、「大西郷が何故に第二革命の叛旗を挙げたか。而して其の失敗が如何に爾後四十年間の日本を反動的大洪水の泥土に洗ひ流して、眼前見る如き黄金大名の聯邦制度と其れを維持する徳川其儘の御役人政治とを築き上げたか」（北一輝2、六頁）などと述べているところからみても明らかである。

たしかに北は、西郷の遺志の指示する「社会的共同性の貫徹するコミューン社会」へと至る土着的社会主義を目指したのである。しかしながら、戦術論以上に、その実現を真に可能とする思想形成に成功したといえるかといえば、はなはだ疑わしいと答えねばならないであろう。近代資本主義社会への日本人大衆の異和と喪われゆく伝統的共同社会への愛惜の念を察知した点で彼は十分に明敏であり、そのことを最重要の課題としないかぎり、日本において大衆を社会主義革命へ動員する力など喚起しようもないことをきわめて明晰に認識していたとはいえる。だが、日本の庶民大衆のもつ土俗性の深みにどの程度まで彼が降りていけたのかという点になると、かなりの疑問が残らざるをえないからである。土俗性ということに関して、司馬遼太郎は「土霊」という言葉を使って、面白いことをいっている。「土霊とは、伝統の文化がついに土にまでしみこみ、さらに草木に化り、ついには気になって宇宙を循環しているといったようなものである」（司馬遼太郎、一九八一、五〜六頁）と。このような土霊に北はどれほど感応することができたのか。生来霊感が強く、二・二六事件前後には妻を介しての「霊告」を重んじたという彼からは意外にも思われるが、少なくとも若き日の北にはこの「土霊」のようなものへの感受性は欠如していたように思われてならない。というよりも、日本の民衆の無意識の深部に宿る土俗的なものを彼は嫌悪していたという方が当たっていようか。そのことは、「所謂国体論」批判において頻出する表現——日本社会の現実を「東洋の土人部落」とみ、日本人民衆を土人部落の住民としての「土人」、「野蛮人」といい、そして、その民衆に担ぎ上げられている天皇をトーテムとしての「土偶」とみなす——からも十分に窺い知ることができる。典型は次のような文章である。

復古的革命主義は大に天下に蔓延し天皇を後へ排斥して驚愕すべき野蛮部落の土偶を作り上げたり、而して野蛮人は此の土偶に形容すべからざる角、牙、大口、目鼻を着け顔面に紅白の粉末を塗抹し、而して雑多なる虚偽、迷妄、惑乱の襤褸を補綴して被らせ、以て『四千五百万同胞の土人等よ、この威霊の前に礼拝稽首せよ』と叫びつつあり。而して四千五百万土人は悉くこの蛮神の偶像の前に叩頭合掌して実に日本天皇の存在を忘却し果てたり。この蛮神の前には釈尊も国体を傷くるものと罵られキリストはナザレの大工の子と毀られ、神道の本義も悉く蹂躙せられ、神話の科学的研究も一たび脅かされたり。而して蛮神の祭主等は抱腹すべき擬古文を以て頌徳祭礼を事とし、大日本帝国と皇帝陛下とが如何なる厳粛の関係に於て維持されつつあるかを一顧だもせざるなり。（北一輝4、五七三頁）

この口吻にも窺えるように、「所謂国体論」においてこのような天皇観を教化され、土人部落の土偶としての天皇を仰ぎ見ている日本人民衆の土俗性は、北にとっては「未開」、「愚昧」以外のなにものでもなかった。日本の下層民を語る次のような物言いにそれはよく表れている。

> 一般下層階級を見よ！　彼の幾千万の労働者と小作人は、裸体なる肉体に襤褸を着せらるるが如く、裸体なる良心に着せらるる所の者は、種々の醜汚なる慣習、父母の残忍なる家庭、餓えて犬の如くなれる四隣の境遇、売淫の勧誘、犯罪の誘導、淫靡残暴なる思想、実に世に存するあらゆる襤褸を以て、其の良心を形成せられつつあるに非ずや。……斯くの如く不潔にして粗野なる動物の如き群集中に、豚の如く産み落され、疾病によりて泣く時も生活に忙しき母の殴打によりて沈圧せられ、只、夕より外に相見ざるべき父は、終日の労苦と前途の絶望を自暴自棄の沈湎に傾け怒号して帰へる。智識もなく、世界もなし。（同、一八八～一八九頁）

　知識も求めず、世界も眼中にない、伝統的因習に引き摺られるままの日本民衆の生活の在り方に生理的ともいえるまでの嫌悪を示すこの青年は、通常いわれるような意味での土着的思想家ではない。方法的には純然たる近代主義者であった。その意味で、北を「近代化推進者《モダナイザー》」と評した、前出のG・W・ウィルソンは、最もよく彼の本質を捉えていたというべきであろう。それにひきかえ、北の思想を「伝統的アニミズム的史観」と断罪した神島二郎は、北の理路を正しくたどりえなかったがゆえの「的はずれ」というほかはない。また、日本の民衆に対してこのようなイメージしか描けぬ北に対して、「上層的貴族趣味」（田中、前掲、六七頁）をみて、北を「社会主義者」ならぬ「貴族主義者」だと貶める、見当はずれの見方も今日に至るまで跡を絶たない。

　だが、本当の問題はそのような所にあったのではない。事は、民衆にそのようなイメージしか描けぬ者にとっての社会主義革命とは一体何だったのか、という根本的問題にかかわっている。民衆に未開・愚昧しか見ることのできない革命思想家には、生活者としての「大衆の原像」をその思想に繰り込むことなどもとより不可能だったはずだからである。戦後日本が到達した政治思想の最高の境位は、一九六〇年の「安保闘争」挫折後の思想的苦闘のなかでなされた吉本隆明による「大衆の原像」という理念の発見であった。吉本によれば、「生まれ、働き、（結婚して子供を産み）、老いて死ぬ」、こうした誰でもがこの世でたどらなくてはならない生活者の部分こそ人間の価値の最高のものであり、生活者としてのその価値は「千年に一度しか現れない」マルクスのような「思想的人物」の価値とまったく等価だとされる（瀬古浩爾、二〇一一、二一八〜二一九頁、二二七頁）。これを「大衆の原像」とすれば、現実のすべての人間は多かれ少なかれこの原像からの逸脱によってしか生きられない。人間の抱く「思想」などはこの逸脱の最たるものであり、それゆえに、思想的営為はこの「大衆の原像」からの眼差しを意識して、それを絶えずその思想に繰り込んでいくという構えを崩すことはできない。この構えを堅持することだけが思想の自立の唯一の根拠である。思想がさまざまに移りゆく流行や意匠に流されることなく、また国家や党派に従属することを免れて自立しうる根拠はそこにしかない。吉本隆明がすべての思想する者につきつけたこのことは、「政治ハ人生ニ於ケル一小部分ナリ」（北一輝2、二九六頁）といいきれるほどの高い見識をもちながらも、おそらく北にはかなり不得手な分野に属することだったのではないのかと疑う。だいいち北は、農業有業人口がまだ六割近くを占めていた明治末にあって、農民や農村に特別な関心を寄せた形跡はまったくないのである。ほぼ同世代には、資本主義化の波に呑み込まれていく日本農村・農民の問題を解こうとして、「常民」という概念を編み出さずにはおられなかった柳田国男（北より八歳年長）のような人物がいたにもかかわらずである。柳田の「常民」とは、太古から続く歴史の時間を内蔵した村落共同体の習俗のなかでその生活史を生きる被治者としての一般民衆の理念型であり、おそらくは吉本隆明の「大衆の原像」の祖型を提供したものだと思われる（吉本隆明2、一九頁）。資質の違いといってしまえばそれまでだが、北には、そのような眼差しはまったくといっていいほど感じられない。ついでにいっておけば、昭和初期の動乱にかかわった多くの「日本コミューン主義者」のなかで、北はほとんど例外的に農本主義者ではなかった。

北のもう一つの問題は、革命の方法・戦略にかかわるものである。民衆に粗暴性や無知蒙昧といったイメージしか持てない者は、当然のこととして、彼らの心の奥深いところに眠る欲求に真に訴えかけることはできないであろう。それゆえ、民衆を革命の力として動員することはむずかしい。『純正社会主義』において北が提起した第二維新革命のための具体的方法は議会を通じての変革であり、そのための普通選挙権の要求にすぎなかった。「実に維新革命の理想を実現せんとする経済的維新革命は殆んど普通撰挙権其のことにて足る」（北一輝4、六〇三頁）と述べているとおりである。もちろん北は、第二インター段階の社会主義がベルンシュタインが提唱する「議会を通じての平和革命路線」をとっていることを知っていたし、そもそも、彼は暴力革命の否定者でもあった。北によれば、革命とは、旧社会が死滅して、「思想系を全く異にす（る）」新社会が生まれるということであって、「流血と否とは問題外」の事柄にすぎない。社会民主主義の革命は、「今の少数階級の私有財産制度……を根本より掃蕩して個人が社会の部分として部分の全体たる社会を財産権の主体たらしむる共産制度の世界たらしむる別思想系に転ずること」（同、六〇三〜六〇四頁）であって、そのためには必ずしも流血を必要とするわけではない。財産の多寡によって選挙権が制限される現行の選挙制度を改め、普通選挙が実施されさえすればその目的は達成される。なんとなれば、維新革命を経た日本社会は、すでに「母体の成熟によりて発育せる社会性と云ふ卵が社会民主々義を受精し」、社会民主主義の「胎児は実現さるべき理想として完全に作られ……母体の中（で）殆ど呱々の声を」（同、六〇四頁）あげようとしているからだ。「若し納税の僅少が撰挙権を拒絶すべき理由たるならば、血税（兵役義務――筆者注）の無能力者が重大なる政権を有することは何の理由に求めて説明する」（同、六〇五頁）。これが北の認識であった。この青年は明治国家を少々甘くみていたのであろうか。その辺が、松本清張に「社会主義による階級闘争の勝利を普通選挙の施行に求めるという幼稚なユートピア」（松本清張3、三一頁）と批判される所以かもしれないが、しかし、そもそもマルクスの革命論にしてからが、決して「暴力革命」論ではなかったことはこの際銘記しておいてよい。『共産党宣言』の執筆直前の一八四六年、マルクスがエンゲルスと語らって、英国の労働者への普通選挙権を要求するチャーチスト運動を激励したことにもみられるように、まず議会を通じて労働者階級の権力を樹立し、それを原動力として資本主義的生産関係を打倒していこうというのが、マルクスが描いた革命の道筋だったからである。また北にしても、普通選挙による権力奪取を決して安易に考えていたのでないことは、「日本の現時の如く紙幣と交換すべき汚らしき手を以て投票に触るるにあらず、一片の投票を箱に投げ入るることによりて其の諸手は実に鮮血に滴るなり。この覚悟を以て要求する普通撰挙権運動の前に何人かよく抗し得べき」（北一輝4、六〇五頁）と書いていることからも窺い知れる。まさしく北にとっては、「『投票』は経済的維新革命の弾丸にして普通撰挙権の獲得は弾薬庫の占領」（同、六〇三頁）であった。

だが、北がおのれの革命戦略の甘さに気づかされることになるには多くの時間を要しなかった。「紙幣と交換すべき汚らしき手を以て投票に触るる」日本民衆の選挙に対する態度は容易に改まりそうもなかったばかりでなく、明治天皇制国家は、北が考えていたよりもはるかに手ごわい存在だったからである。うすうすは予想していたこととはいえ、魂のすべてを傾注した『純正社会主義』は明治三九年五月一四日、発刊からわずか五日で発禁処分を受けたのである。時の西園寺公望内閣のリベラルな性格に多少の希望的観測を持たないわけでもなかっただけに、その衝撃は甚大だったといわざるをえない。『純正社会主義』の公刊をあきらめきれず彼は、同書を分冊にして、検閲をくぐり抜けられるほどには改稿して再びこれを世に問おうと企てた。なんとか出版資金を工面して、まず『純正社会主義』の第三編「生物進化論と社会哲学」を『純正社会主義の哲学』として出版し、無事検閲をパスした。次いで、第一編「社会主義の経済的正義」を『純正社会主義の経済学』として上梓しようとした。が、検閲を突破するための苦肉の策とはいえ、「昨一部を割き今一部を綴る、是れ何ぞ墓を掘発きて更に死屍を裁断するに異ならむや。有機的統一のもの壊れて肉塊の手となり骨片の足となる。霊の宿れるなし。ああ愛児の死肉を割きて市に鬻がしむる者始めて是れを著者に見る。無惨無情削補の筆も為めに遅々たりしが」（同、五三六頁）という業苦の作業の末に完成したこの分冊もまた、発行日（明治三九年一一月一日）の前日に容赦なく発禁に処された。これが発禁なら、より検閲の目が厳しくなること必定の第四編「所謂国体論の復古的革命主義」が日の目を見ることは絶望に近い。ここで北は『純正社会主義』の分冊出版を断念せざるをえなかった。この日以来、北が精魂を尽くし、心血を注いだ一〇〇〇頁になんなんとする大著『純正社会主義』は、ついに世人の前から姿を消し、戦前期の明治国家体制下では二度と日の目をみることはなかった。

先回りしていっておけば、北の革命戦略に明らかに変化が現れるのはこのとき以後である。『純正社会主義』出版への思いを断ち切った直後、唐突のように北は宮崎滔天らの革命評論社に入社している。革命評論社は、明治三九年九月、宮崎滔天が、清藤幸七郎、平山周、萱野長知、和田三郎、池亨吉らと語らってつくった結社で、孫文の興中会、黄興の華興会、章炳麟の光復会の三派の結集により一九〇五（明治三八）年東京で結成された中国革命同盟会の日本人組織でもあった。『革命評論』という新聞を月二回発行し、主として中国革命への連帯・支援の論陣を張っていた。この突然の入社を、渡辺京二は、北の「天皇制との闘争路線」の「修正」と解釈している。渡辺によると、入社直後に機関紙『革命評論』（明治三九年一一月一〇日号）に書かれた北の論文「自殺と暗殺」には、『純正社会主義』では否定されていたテロリズム（政治的暗殺）が革命の止むをえざる手段として容認されているという。なるほど、議会を通じての革命を主張した『純正社会主義』には、ツァーリの専制国家ロシアならいざしらず、まがりなりにも議会制国家が成立している日本においては、テロルは革命の手段として有効性をもたないという認識が示されていた。「今日の吾人は一歩の幸運に会して立法的方法にまで進化せる現今の日本国に置かれたるが故に、たとへ暴漢が如何に国家機関たる権限を逸出すとも、吾人は決して之に応じて正当防衛権を主張せよと奨むるものにあらず」（同、六〇二頁）と。だが、明治天皇制国家の「暴漢」は「国家機関たる権限を逸出」して、北の命にも代えがたい著作を葬り去ったのである。この国家はツァーリの専制国家となんら選ぶところがないではないか。『純正社会主義』の発禁を批判して、大阪朝日新聞の主筆鳥居素川が「天声人語」に、「著者の北輝次郎とはドンナ人か知らぬが書いてある所は頗る学術的で而も一点世に阿る厭味がない。……その情実を排した世に阿らぬ書き振りが御気に召さぬのか。発売禁止とは気の毒である。これでは全く露西亜式、昔の始皇が学者を坑にした古事も偲ばれる」（宮本２、二六二頁）と書いていたことが思い出される。北自身もさきの引用文の数行前で、「吾人をしてロシアに生れしとせよ、吾人は社会民主々義者の口舌を嘲笑して爆烈弾の主張者たるべし！」（北一輝４、六〇二頁）と述べていたことを忘れてはならない。ツァーリと変わることなき天皇であるならば遠慮は無用、みずからもテロルを容認せざるをえない。「自殺と暗殺」には、『純正社会主義』で提出された「制限的立憲君主」（法的当為）としての天皇とは正反対の、次のような天皇観が示されるに至った。

見よ、我が万国無比の国体に於ては天皇陛下は単に戒厳令を出すのみの者ならず日露戦争を命令するのみの者ならず又国民の外部的生活を支配する法律上の主権者たるのみの者ならず、実に其主権は思想の上にも学術の上にも道徳宗教美術の上にも無限大に発現するものなり。
（北一輝3、一三九頁）

夏目漱石の教え子でもあった、一高生藤村操が日光華厳滝で投身自殺したのは明治三六（一九〇三）年五月のことである。傍らの木には、「萬有の真相は唯だ一言にして悉す、曰く『不可解』。我この恨を懐いて煩悶、終に死を決するに至る。……」という「巌頭之感」と題する一文が書き残されていた。この事件は、すでに日清戦後の頃から厭世観や人生の悩みにとらわれはじめていた青年たちの心に衝撃を与えたことで知られる。以後、「煩悶」は一種の流行語となり、この言葉を残して自殺する青年男女が跡を絶たなかったといわれている。華厳滝だけでも、明治四〇年までの四年間で一八五人もの若者が自殺を図ったという。このような世相を敏感に察知してか、「自殺と暗殺」は、「山雨来らむと欲して風楼に満つ。余輩は煩悶の為めに自殺すといふものの続々たるを見て、或は暗殺出現の前兆たらざるなきやを恐怖す」（同、一三七頁）と書き出されている。この論文で北は、みずからを天皇尊崇者に擬して、世の煩悶者、自殺者が一変して天皇の暗殺者に転化せぬか危惧するという反語的文体をとっているが、その衝動を最も深く潜めているのはおのれ自身だったはずである。「陛下の良民たる光栄に於て世の煩悶者に告ぐ、煩悶とは由来自己を内心の主権者なりとする叛逆心より来る者なり」（同、一三九頁）。煩悶するほどに自我に目覚めた反逆的青年は、教育勅語や軍人勅諭に盲従することに疑いを抱き、全世界の思想家から後援をうけて「叛徒の力」を蓄えている。ニーチェからは「個人至上主義の弾丸を供給せられ個人主権の火を煽り」、トルストイによっては「国家の否定、租税の拒絶、徴兵の峻拒」を教えられ、さらには「虚無党員」のゴーリキー、ツルゲネーフの翻訳や、クロポトキン、バクーニンら「無政府主義者の爆裂弾は続々として輸入せられん」としている。「個人主権に恐怖しつつある政府」ならば、そしておのれの愛児にも等しい『純正社会主義』を発禁に処する政府であれば、これら「煩悶の叛徒」に思想上の武器弾薬を提供している者たちを「縛して梟首」すべきで、反逆的青年になんらの希望も与えるべきではない。さもないと、煩悶的自殺者は革命的暗殺者として立ち現れかねないぞとの意を込めて、北はこの論文を次のような恫喝にも似た言辞で締めくくった。

　余輩は預言として恐怖するものなり。思想界に於ける叛徒は内心の革命戦争に苦闘して瀑に走り火山に赴きて敗死しつつあり。其の革命を終へたるものも未だ新領土に足を投じたる者の歴史少なしとせらるるが故に眼前の暗黒に絶望して進み戦はざるに自刃しつつあり。希くは彼等の前に希望の閃光を投ずなかれ。ああ誰か煩悶的自殺者の一転進して革命的暗殺者たるなきを保すべきぞ。（同、一三九〜一四〇頁）

事実、この論文が書かれた一年後の明治四〇（一九〇七）年一一月三日の天長節には、アメリカ西海岸のいくつかの都市で、明治天皇暗殺を予告するかの「ザ・テロリズム」と題するビラが発見されている。このビラには、「日本皇帝睦仁君ニ与ウ」として、「吾人ハ最後ノ血滴ヲソソガンマデモ足下ニ反抗シ、現在ノ秩序ニ逆ライテ反抗スベシ。遊説ヤ煽動ノゴトキ緩慢ナル手段ヲヤメテ、須ク暗殺ヲ実行シ、間諜者・圧制者ハスベテ、ソノ人ノイカナル地位ニアルヲ問ワズ、尽クソヲ謀殺スベシ」の文字が書かれていた（橋川文三、二〇〇七、四三一〜四三三頁）。周知のように、天皇暗殺の共同謀議の容疑で全国多数の社会主義者、無政府主義者が検挙された「大逆事件」がはじまったのは明治四三年五月のことである。事件後内務省が作成した「本邦社会主義者・無政府主義者名簿」の「北輝次郎」の項には、「明治三十九年中時々幸徳傳次郎等ノ社会主義研究会ニ臨ミシコトアリ」（北一輝3、五四五頁）の記載があり、また幸徳の人名備忘録にも北の名前があったというから、この事件に関して北にも捜査の手が及んだことは間違いない。『北一輝著作集』第三巻の年譜は、明治四三年七月欄に、「大逆事件で引致されるも辛くも釈放される」（同、六六五頁）と記している。北自身ものちに、『改造法案』の第三回公刊頒布を西田税を発行人として行なった際に（大正一五年一月三日）、革命評論社で中国革命運動支援に没頭していたことで、大逆事件に巻き込まれる難を危うく逃れたと次のように語っている――「『国体論』の出版及び同時の発行禁止から其年の冬直ちに支那の革命者の一団の中に生活せしめられて居た。幸徳秋水事件等の外に神蔭《ママ》しの如く置かれたる冥々の加護を今更の如く考へしめられることもあり」（北一輝2、三五九頁）と。

　前記のとおり、「自殺と暗殺」を書いたとき、北は、当為としての天皇像をより実像に近づけ、その革命戦略として議会主義をとりさげた。そして、二度と議会を通じての革命路線に戻ることはなかった。これ以後二・二六事件に連座して処刑されるまでの北の戦略論は、天皇を「玉」として利用する以外に日本の革命は成就しないという、幕末の志士と変わらぬグランドデザイン以上に出るものにはならなかった。たしかにそれは、天皇という日本の「伝統」的制度と明治国家を象徴するものを一応は踏まえている。したがって、天皇は、すでに『純正社会主義』において、「日本天皇として見らるる者は多く各自の画きたる観念と国家の団結的努力なり」と述べたとおり、「民衆の潜勢エネルギーの土着的シムボル」（桶谷秀昭、一九六七、一四三頁）として位置づけられていた。その意味で、翻訳社会主義よりは多少は民衆の心をとらえやすいものだったにしても、決してそれ以上のものではなかった。北は、警視庁での「二・二六事件」取調べの際に、「聖天子が改造を御断行遊ばすべき大御心の御決定を致しますれば即時出来る事であります。之に反して大御心が改造を必要なしと御認めになれば、百年の年月を待っても理想を実現することが出来ません」と供述している（北一輝4、三九頁）。多分に取り調べに対する自己弁護の弁としても、天皇を抱き込む以外に日本で革命が成就するはずがないという北の本音がにじみ出ているといってあやまりではなかろう。また、ロンドン海軍軍縮条約をめぐって「統帥権干犯」という奇手を編み出した昭和五（一九三〇）年頃には、「何も彼も天皇の権利だ、大御宝だ、彼れも是れも皆天皇帰一だってところへ持って行く。そうすると帰一の結果は、天皇がデクノボーだということが判然とする。それからさ、ガラガラと崩れるのは」（寺田稲次郎、一九七六、二九〇頁）と、その革命の術策を語っていたという話も伝わっている。民衆が仰ぎ見る天皇を抱き込まないかぎり革命は決して成就しないということを他の社会主義者の誰よりも早く察知していたという点では、北はたしかに日本固有の土着的問題意識を持つ天才的革命思想家であった。しかし他方で彼は、西欧的市民社会への異和にふくれ上がり、日本の近代化に対して不安に満ちた眼差しを向ける多くの日本人民衆の心を根こそぎ革命の側にすくい取ることにはほとんどなす術を持たなかった。『支那革命外史』が、対中国外交政策の転換を、時の憲政会内閣首班大隈重信に迫る入説だったことに象徴されるように、処女作『純正社会主義』を除く、その後の北の一切の著述は公刊されるのではなく、いずれも政府執権者や政界要路への入説という形をとっているのはそのためだといえよう（『純正社会主義』にもその匂いがまったくないわけではない）。後年彼が「魔王」と呼ばれ、政財界の表舞台の陰で黒幕として策謀をめぐらす、いささか胡乱な怪物のように見られた原因の一端もおそらくはこの辺にあるものと思われる。

「近代主義者」北の「土着的社会主義」をめぐる論点は、あらまし以上のとおりであるが、「彼は土俗の深奥から発する主題に、もっとも近代的な手法で解決を与えようとした思想家であった」（渡辺1、七五頁）という渡辺京二の指摘が、北の近代性と土着性という一見矛盾する関係を最も的確に評価した言としてよい。

3

ところで、「欧米の社会主義者に取りては第一革命を卒へて経済的懸隔に対する打破が当面の任務なり」（北一輝4、三六二〜三六三頁）と述べているところからすれば、北が「ブルジョア革命」を社会主義への第一革命と見ていたことは明瞭であろう。したがって、「経済的懸隔に対する打破」を任務とする、通常いうところの社会主義革命は第二革命ということになる。しかも、彼の社会主義革命は単なる経済的懸隔を打破するだけのものではなかった。西郷隆盛が目指し果たせなかった、道義の具現態としての「公民国家」の実現こそがその目的であり、それはまた秘められた維新革命の「本義」にほかならなかった。つまり、北の「社会主義革命」は、政府による近代的市民社会と資本主義の創出を企図する支配エリートたちの描く「明治天皇制国家」路線と真っ向から敵対し、これを粉砕するための「第二維新革命」でなくてはならなかったのである。

明治維新がもたらした日本の現状は、北にとっては、維新の精神に反し、進化の歴史に逆行するかのような「経済的貴族国」の様相を呈しているとみえていた。「経済的源泉たる土地と資本」は大資本家、大地主の独占するところとなり、あたかも封建時代の貴族階級の「城郭」のごとく国民の前に聳え立ち、あたりを睥睨している。経済的に独立する「経済的貴族のみ政治的に道徳的に無限の自由を有して国民は凡ての独立を失ひて奴隷の如く服従を事とするに至れり」（同、一九七頁）。これが明治国家の実態なのだと北は糾弾する。もとより、労働者や小作人のような一般庶民は、資本家や地主に隷従する「純然たる奴隷と土百姓」であり、政治の自由も、道徳の独立もない。「事務員政治業者」のような頭脳労働者といえども、資本家に生殺与奪の権を握られ、下層階級に対しては威圧をもって臨むものの、かつての武士が「馬鹿大名の前に平身匍匐」したように、「今の黄金大名に隷属して経済的武士の階級」をなしているにすぎない。明治維新が法律の上で確認した「個人主義の根底たる所の私有財産制」は、国民の大多数にとっては、今や名目だけのものと化してしまっている。彼らは、私有財産と呼べるほどのものは何一つ持っていない。その生活の実態は、「貴族国時代の下層階級の如く」、経済的貴族階級たるブルジョアジーの私有財産のおこぼれによってかろうじて成り立っているにすぎない。国民の多くがブルジョアジーの下に経済的に隷属し、個人としての政治的自由も道徳の独立もない現状は、「革命以前の其れの如く再び個人主義の革命を繰り返へさざるべからざるほど」である。このような社会を、個人主義の名のもとに弁護しようとする者は、むしろ「個人主義の叛逆者」といわざるをえない

（同、一九八頁）。個人が経済的・政治的・道徳的に自立・独立するという「個人主義」の理想のためにも、もはや個人主義イデオロギーは無効であり、その理想を現実化すべき武器としてのイデオロギーは社会主義にしかない。こうした現状認識こそが、北に「純正社会主義」革命としての第二維新革命を要請したものである。

では、第二維新革命によって達成されるべき「純正社会主義」社会とは、どのようなものとして描かれているであろうか。この社会においては、法理上「国家の利益の為めに個人のすべての財産を吸収すべき最高の所有権」が国家（社会）に与えられ、現在資本家・地主階級によって壟断されている土地と資本とは公有に移される。すなわち、国家（社会）は最高所有権者であり、この社会すべての成員の生活を保障する「経済的源泉の本体」である。それゆえ、この社会の成員（国民）は、「平等の分配」を通して、国家（社会）の「平等の物質的保護」下に置かれることになる。その第一の目的は、個人の自由平等のためである。経済的自由平等こそ、政治・道徳など他のすべての自由平等の基礎だからだ。「個人主義のフランス革命」が「貴族階級の経済的源泉の占有を否認して私有財産制を樹立した」のも個人の自由のための基礎としての経済的自由を保障するためであった。「純正社会主義は亦この点に於て明かに私有財産制の進化を継承す」るのである。

しかしながら、「純正社会主義」は、あくまでも「社会の進化を終局目的」とするものであるから、かつての「偏局的個人主義」のように、個人の自由独立を究極の目的とし、社会を個人の手段として扱うような、「機械的社会観」に立つものではない。個人の自由独立は社会進化という目的のために不可欠な「唯一の手段」だということを認める点において、「純正社会主義」は個人主義に大いなる敬意を払うのである。個人が自由でなければ、社会の進化はない。したがって、「純正社会主義」社会においては、個人間に経済的従属関係はなく、ある個人が他の個人のために政治的自由を抑圧されることもなく、また、道徳的独立を冒されることもない。このことは、この社会が一切の階級というものを掃討することによってはじめて保障される。北の言葉では、「社会は階級的の層を為さず、個人は上層階級の個人に経済的従属関係なきを以て上層階級の個人の権力に盲従する政治的義務なく、上層階級の個人の幸福を目的として努力すべき道徳的義務無し」と述べられている（同右）。

このように、「純正社会主義」社会は、個人が他のいかなる個人にも経済的・政治的・道徳的に従属することのない社会であり、しかも人々がみな相互に個人の自由を尊重するような「社会良心」（その社会の標準的な価値観）が広がっている社会である。すれば、このような社会に生きる人々はおのずから、「社会の幸福進化を目的とすべき政治的道徳的義務を個人の責任とするに至る」（同、一九九頁）はずである。明治維新以前の「貴族国」時代の個人が、貴族階級への経済的従属ゆえに、もっぱら貴族等の利益・幸福のために「忠君」という政治的・道徳的義務をみずからに課していたのに反し、「純正社会主義」社会においては、国家の経済的保護下にある国民は、「国家の利益の為めにする支配に服従すべき政治的義務を有し、国家の幸福に努力すべき道徳的義務を有して『愛国』を個人の責任とする」（同、一九九頁）に至らねばならない。

この「愛国」こそ、日本民衆を革命に抱き込むために、辛うじて北に残されていた最後の砦であった。時あたかも日露戦争に徴集された兵士たちは続々と故郷へ帰還しつつあった。国民的使命感に燃えて満州の野で戦ってきた帰還兵の「愛国」の情念をおのれの革命のエネルギーとして動員する――これが、土俗性を嫌ったこの青年の考えついた民衆動員の唯一の方法であった（むろんのことに、この段階ではそれはまだ普通選挙権の要求にすぎなかったが）。日本国民のうちに芽生えはじめたナショナリズム、国家幻想こそ、第二維新革命の原動力とされねばならない。そのためには、日本という国家は「愛国」国民すべてのものだということを民衆に訴えかける必要があった。国家は、「所謂国体論」上の天皇や政府官吏、ブルジョア・地主という支配階級のものではない。むしろ、彼らこそが維新革命を裏切り、国家を簒奪した者なのであり、よって、「愛国」国民は彼らから国家を奪還しなくてはならない。この第二維新革命の論理は、もっぱら日露戦争の帰還兵たちにむけて熱く訴えかけられた。

愛国者よ！　爾等が担架に横たはりて夢心地に後陣に運ばれつつありし時、帯の如く繃帯を洩れて曳ける鮮血は、徒らに寒草を肥やすに過ぎずして、権利一粒をも実らしめざりしか。……戦友の骸骨が埠頭に歩み出でて、爾等が船の煙の束に消え行くを見送りつつ、その窪こき眼に湛へたる涙は、ただ家郷児女子の音づれに過ぎざりしか。無権利の奴隷となりて児戯の金片を胸に飾らんよりも、丈夫ただ鬼となりて満州の野にこそ迷へ。吾が愛国者よ答弁せよ！爾等は国家の部分として、国家の他の部分の生存進化の為めに笑みて以て犠牲となりき。爾等の此の犠牲は、他の国家競争なき時に於ても、上層の淫蕩遊興の為めに奴隷として死すべき永続不断の者か。『国家の為め』とは、国家の上層の部分の為めのみにあらずして等しく国家の部分たる爾等の妻子の為めをも含まざりしか。……『国家の為め』とは国家対国家の場合のみにあらず、国家の大部分を虐殺しつつある今の経済的貴族を顛覆する時に要求せらるべき森厳なる叫声なるぞ。（同、六〇五〜六〇七頁）

恐るべきアジテーションである。この煽動文を引いて渡辺京二は、「戦友たちの凱旋を埠頭に見送った骸骨たちが、金鵄勲章を拒否して満州の野の鬼となるという、この凄絶なイメージだけによっても、支配者はこの本を発禁にせねばならなかっただろう」（渡辺、二〇〇七、一九五頁）と書いている。まさしく『純正社会主義』の本意がどこにあったかを的確に伝える評言といわなくてはならない。

北にあっては、「愛国」国民のナショナリズムを革命の原動力とするという考え方は、終生変わらなかったものである。そのことは、後年の『改造法案』においても在郷軍人団に大きな役割が付与されていることから知ることができる。『改造法案』には、クーデター成り戒厳令が施行されたのちの「国家改造中の秩序」維持と「地方の私有財産限度超過者」の調査・徴収には、「在郷軍人の平等普通の互選による在郷軍人団会議」が「常設機関」として、これに当ることが明記されている。そしてその理由を北は、「在郷軍人ハ嘗テ兵役ニ服シタル点ニ於テ国民タル義務ヲ最モ多大ニ果シタルノミナラズ其ノ間ノ愛国的常識ハ国民ノ完全ナル中堅タリ得ベシ。且其大多数ハ農民ト労働者ナルガ故ニ同時ニ国家ノ健全ナル労働階級ナリ」（北一輝２、二三〇頁）と述べている。

　革命の動力をこうした近代的な衣を纏った愛国的ナショナリズム以外には求めえなかった、革命家としての北の限界は、土俗性や野卑なるものを嫌う彼自身の人となり、その近代的資質と深くかかわっていたように思われてならない。たしかに彼は、思想的には、西欧的個人主義を否定し、共同体的個人に支えられた共同社会を希求する社会主義者ではあったが、身体の個人性がその主義を裏切り続けることはなかったであろうか、と疑うからである。「個性の権威は単に多数なるの理由を以て犯すべからず。社会主義とは最大多数の最大幸福と云ふことにあらず。神聖不可侵なる絶対無限権の皇帝が其の一個性の権威を以て全社会を挙れる大多数をも圧抑したる如き『個人の自由』なくして何の社会主義あらんや」（北一輝４、三三五頁）、こう述べる彼自身が果たして共同体的個人たりえたのか。渡辺京二が的確に指摘しているとおり、彼は本質において、「ひとりの個の現存という視点に執する」（渡辺１、三三〇頁）ほとんど宿痾のような個人主義者であり、党派をつくり、大衆運動を組織するということにはおそらく身体的な拒絶反応を生ずる質の人だったのではないかと想像を逞しくさせられる。そのことは、後年のいわゆる「門人」たちへの対応などにもよく表れているように思われる。北には、大正一一年頃以降北に私淑し、一四年からは直接の門下となった西田税をはじめとして、岩田富美夫、清水行之助など少数の弟子ないしは子分的存在がいたが、彼は、それらの者たちを組織化し、統制しようとしたことは一度もない。彼らの行動は、自由放任、個々の自主性に委ねられていた。西田が大正一四年陸軍を退役して大川周明らの行地社に参加した際も、北は何もいわなかった。岩田や清水も、それぞれ大化会、大行会という自前の結社を組織することが黙認されていた。岩田にいたっては、資金の工面に窮すると拳銃を発砲して北から脅し取ることもしばしばであったらしい。「この岩田たるや赤い革命にただ血気を唆られてピストル五、六発で一晩中北夫妻を脅迫、辛うじて旅費を工面させてチタまで行く……」（寺田、前掲、二九六頁）という証言もある。また、西田の結婚をめぐって、周囲で「革命をやろうというものが妻帯するのは何ごとか」と一悶着が起こったときも、北は、「革命と男女の愛情は別ものだ」とたしなめたという（島野三郎・末松太平・西田初子、一九七六、三〇六頁）。このように、門下に対する北の対応は個人と個人の関係が軸となっており、党派的でなく、また、日本的な師弟関係や右翼的な親分―子分関係ともかなりかけ離れたものを感じさせる。

北が強烈な個我意識の持ち主であったことは誰しもが認めるところであろう。「僕は支那に生れていたら天子に成れると思った」と語ったという有名なエピソードはそのことを端的に示しているが、彼がなによりも重んじた価値は、いかなるものに対しても屈せず直立している個我であった。反対に、唾棄するほどに嫌悪し、軽蔑したものは、強者に身を屈しおもねる奴隷根性にほかならなかった。彼が自己の思想を展開するにあたって、ポレミークという手法を好み、選んだ論敵に浴びせかけた激しい罵詈讒謗は、田中惣五郎以来通説と化したかの感がある、傲慢尊大な気質や功名心にはやる青年の客気によるものとだけ解してはならない。それは、論敵を叩き伏せるための術策以上に、みずから直立することのできぬ奴隷根性に対して、嫌悪のあまり彼が放たずにはおられなかった痛罵だったのである。第1章で触れた山路愛山ら国家社会党の「生産権奉還」論を批判した北の叫び、「奴隷よ！　奴隷の集合よ！　吾人はむしろ所謂『国家社会主義』と共に古代の奴隷制度に鼓腹せんよりも国家主権の名に於て資本家地主の権利救済に努力すべし」（北一輝4、六五七頁）という舌頭火を吐くかの物言いには、北の価値観のありようがよく表れている。また、穂積八束や有賀長雄ら天皇主権論者を批判する次のような口吻にも、個の主体性を放棄して権力に阿諛追従する奴隷根性に対するあからさまな侮蔑の念がにじみ出ているといえよう。自分がなぜ彼らを批判するのか、その理由を示して、北はいう。

吾人は理由なく法科大学長帝国大学教授法学博士を侮弄するものにあらず。若し貴族階級と苦闘したる幕末の国体論者の如く、貴族の乱臣賊子が天皇の主権を掠奪しつつありしことを認めて其顛覆の為めに皇室が主権を奪はれたりと主張するならば、議論を外にして吾人は満腔の同情に傾倒すべし。又、彼の伊藤博文氏が維新の功臣たるの故を以て『維新革命は主権を回復せるものなり』と主張すとも、それは彼等の功業に対する満足の表白にして強者は自己の権利が何者に基くかを説明するの理論を有せざるべからず。固より伊藤氏の斯ることを主張する『憲法義解』の謬れるは論なし、而しながら穂積博士が彼の『憲法義解』を額に戴きて大学の講壇に昇るの時は彼が如き強者の栄誉を表白するものにあらずして奴隷なり。幕末の国体論者ならば主権の掠奪者を憤怒して許容せざるべし、然るに恰も幕府主権論者の口吻を以て『権力なき主権者とは理論上無意味なり』と云ひ『国民の悦で服従する所を主権の所在となす』と云ふが如きは、誠に志士の忠魂を侮弄するも極まる。幕末国体論者は幕府の権力者なることを認めたりき、而しながらそは顛覆せんがための認識にして穂積氏の如き主権本質論を以て幕府の膝下に平服せんが為の弁護にあらず。吾人は実に疑ふ――斯る主権本質論よりして『国家主権は万世一系の皇位に在りて移らざりしを我国体となす』と云ふ歴史解釈が如何にして産るるや……。(同、五三二頁)

「北一輝語録」には、「奈何セン強者ト弱者ノ親疎ハ弱者ノ心意ニヨリテ決セラレズシテ一二能動的ナル強者ノ態度如何ニヨルコトヲ」(北一輝3、五四〇頁)という言葉が見られる。右の穂積八束批判にも明確に窺われる、独立不羈の強者を志向するこの価値意識は、さきに見た、素町人道徳を軽蔑し、武士道を称揚する論理にも貫かれていた。北は、武士道が、「人格たるべき人類を……君主の所有権の下に物格として贈与せられ殺戮せらるべきことを承認したる奴隷的道徳の継承」（北一輝4、四九四頁）であることを正しく認識していた。だが、そのような「奴隷的服従の卑むべき要素を含むに係らず、……主君の為めに身を捨てて尽くす献身的道徳の高貴なる」（同、二〇〇頁）ことを評価し、しかも、この道徳が他から押しつけられるのではなく、自律的な域にまで達している点をもって武士道を称揚しているのである。「実に、日本中世史の武士道は其の自律的道徳まで進める点に於ては誠に美はしきものなり」と（同、四九四頁）。

だが、このように独立不羈の個人であるならば、また「ひとりの個の現存という視点に執する」個人主義者であるならば、北はそうした個の自覚をもっと深く理論的に掘り下げてみるべきであった。そのときには、社会もまた異なった相貌をもって立ち現れてきたかもしれない。そのことがなされなかったことは残念である。先にも触れたように、一八世紀のイギリス道徳哲学が発見した「自生的秩序」の概念は、各個人が必ずしも共通の目的や価値観を持たずとも合目的的な協同的秩序が成立することを明らかにしたが、この考え方は、新しい生物種の生成を説明する枠組みとして一九世紀のダーウィンによっても利用されたものである。無理を承知でいえば、個の自覚に執し、みずからの社会理論の根底に生物進化論をおく北なればこそ、個人と社会の関係をそこまで深化させなくてはならなかったはずなのである。しかしいうまでもなく、それを北に期待することは望蜀のきわみというものであろう。

4

ところで、土俗的なものに対する北の嫌悪は、天皇および天皇制に対する距離のとり方にも通底していた。それは、いわゆる国体論的天皇を「東洋土人部落の土偶」とみなす感覚によく表れている。ただ、少なくとも少年時代の北は、母の口から語られる順徳天皇の悲話に強く心を動かされる、「佐渡の尊王的伝統」（北昤吉2、一九七六、二五九頁）に育まれた子供であった。佐渡中学二年のとき北が書いた「彦成王ノ墓ヲ訪フ記」という作文には、横溢する尊王心をみてとることができる。彦成王とは、承久の乱により佐渡に配流された順徳天皇の子で、順徳の跡を追ってこの島にわたり、そこで死んだと伝えられる人物である。この作文は、「嗚呼、暴ナル哉北条氏。嗚呼、逆ナル哉北条氏。北条以前ニ北条ナク、北条以後ニ北条ナシ。苟モ一天万乗ノ皇帝ヲシテ洋々タル碧海ノ孤島ニ竄シ、恨ヲ呑テ九京（泉カ）ノ人タラシム」」（松本健一2、四八頁）という、北条氏の暴虐ぶりに憤り、順徳天皇の悲劇を悼む一節から始まっている。また、頼山陽に傾倒するあまり『日本外史』だけで授業をしたという、名物漢文教師石塚照《てらし》からは、「一君万民」「天皇親政」の尊王思想を繰り返し聞かされた。漢文を得意とした北は、石塚にほめられることもあった、と同級生のひとりは回想している（北一輝3、五五九頁）。しかし、このような素朴な尊王思想は、その後の急速な知的成長のなかで、次第に影をひそめていったとみてよい。父慶太郎の死から約一ヶ月半後の明治三六年六月二五、二六日付で、『佐渡新聞』に掲載された「国民対皇室の歴史的観察」には、「所謂国体論の打破」の副題が示すとおり、『純正社会主義』における国体論批判がすでにその姿を現しているからである。

この論文において北は、『純正社会主義』で詳細に展開されることになる「乱臣賊子論」の原型的素描を早くも試みている。その目的は、日本の国体は決して万邦無比などではなく、「我が皇室と国民との関係の全く支那欧米の其れに異ならざることを示さむ」というところにあった。――「事実をして事実を語らしめよ」との立場から日本の歴史を振り返れば、「克く忠に億兆心を一にして万世一系の皇統を戴く、是れ国体の精華なり」と神聖視され、教育の淵源ともされている国体論は、「迷妄虚偽を極めたる」まったくの「妄想」にすぎない。そもそも大化改新までの日本は、厳密な意味でいえば、国家ではなく単なる社会にすぎなかった。皇室もまた主権者ではなく、ただ「近畿数方里の地に於てのみ或る尊敬を以て仰がれたる大なる家族」にとどまっていた。もとより天皇は神の子孫などではない。だから、その時代においては、国民と皇室との間にはほとんど確執を生ずることもなかった。しかし、以後一〇〇〇年間の久しきにわたって「其の皇室を暗黒の底に衝き落した」のは蘇我氏から徳川氏に至る乱臣賊子とその配下たちではなかったのか。「億兆心を一にして克く忠なりしと誇揚する国民」すべては、そうした乱臣賊子の末裔である。そのような歴史的事実を顧みることもせず、「却て奇怪にも国体論の如き妄想を画」いているが、この虚妄の国体論こそ、「学問の独立を犯し、信仰の自由を縛し、国民教育を其の根源に於て腐敗毒しつつある」元凶にほかならない。こう述べたとき北は、みずからの無謀さを知らないわけではなかった。「一言吐く露骨ならしめよ。彼『不敬』なりとして打撃されむ。一歩を投ずる大胆ならしめよ。彼『不忠』なりとして迫害されむ。殆ど言語道断なり。されば、言ふ能はざる、又言ふも甲斐なき今日に於て吾人固より禿筆爛舌の愚をなさざるべし。暫く沈黙を守る」（同、三六～三七頁）と書いているとおりである。しかしながら、いかに年少なれども、「吾人にして已に社会に立てる人ならしめば、吾人は言はむと欲する者あり」で、いかんとも黙しがたかったのである。案の定、第二回掲載の翌六月二七日、『毎日新聞』が「不敬」との投書を載せ、『佐渡新聞』は同日付で「卓堂氏の『国民対皇室の歴史的観察』は本号より……掲載を見合す事とせり」（同、三八頁）という社告を掲げ、連載は中止された。卓堂とは、この時の北のペンネームだが、もともとは佐渡中の「日本外史先生」こと石塚照《てらし》が用いていたものだという。不敬を理由とするこの連載中止は、天皇制に対する北の敵愾心をさらに煽ったものと思われる。ほぼこの一年半後に佐渡中学の後輩たちに向けて書いた、「佐渡中学生諸君に与ふ」（『佐渡新聞』明治三八年一二月五日付）という詩には、次のような戦闘的な文言がみえるからである。原稿には、「郷に帰りて一社会民主々義者」と署名されていた。

言論の自由とや、遠き昔に去れり。
思想の独立、今何処ぞ。

土百姓《サーフ》の奴隷的服従を憲法の被布に包て、
片腹痛いかな、
咄《ああ》、東洋の土人部落。

友よ、革命の名に戦慄《おのの》くか、
そは女童のことなり。
良心の頭上何者をも頂かず、
資本家も、地主も、ツァールもカイゼルも
而して……（言ふべからず！）。
霊火一閃、胸より胸に、
罪悪の世は覆へる、……

理想こそ永久なる、ソーシアリズムあり。
恋か、小さし。……
デモクラシーに来たれ。……
裸形六尺の骸、血清らかに、
ギロチンの刃にこそ。

……光栄なるかな。
革命の炬火汝が手執るべき。

（同、一一三～一一六頁）

松永テルとの初恋も、「恋か、小さし」と思い切るほどに、革命への夢をふくらませたこの詩は、断頭台と引替えに名を呼ぶも憚られる尊者を弑することすら暗示している。このような次第であるから、『純正社会主義』における明治天皇の英雄視も、すでに述べたように、第二革命に向けて維新革命の意義を強調し、自己の革命の論理を正当化するための修辞的意味合いが濃かったと考えてよい。ましてや、のちに革命の必須の技術的要件と見なした昭和天皇にいたっては、きわめて冷淡な眼差ししか差し向けられていなかった。三島由紀夫が、「北一輝の天皇に対する態度はみじんも温さも人情味もなかった」（三島2、五九頁）と書いているとおりである。そのことを示す、さまざまなエピソードが伝えられている。北は、二度目の中国滞在から帰国直後の大正九年、当時摂政の座にあった皇太子時代の昭和天皇に、中国から持ち帰った法華経八巻を東宮御学問所幹事だった小笠原長生中将を介して献上した。摂政宮からは同年三月二日付で受領証が出されており、この法華経はその後も昭和天皇の手許に置かれていたようである。北のこの行為は、一見、天皇への尊崇の念の表れのようにも見えるが、その真意は昭和天皇におのれの革命の先頭に立つことを強要する一種の恫喝にあったと、とれなくもない。事実、これに先立つ大正五年五月に稿了した『支那革命外史』は、次のような暗示的な言葉で結ばれているからである。

不肖は窩闊臺汗《オゴタイ》たるべき英雄を尋ねて鮮血のコーランを授けん。宇宙の大道。妙法蓮華経に非らずんば支那は永遠の暗黒なり。印度終に独立せず。日本亦滅亡せん。国家の正邪を賞罰する者は妙法蓮華経八巻なり。法衣剣を杖いて末法の世誰か釈尊を證明する者ぞ。（北一輝2、二〇四頁）

天皇を冷たくみる北に関してわれわれが知りうるエピソードは、いずれも寺田稲次郎が語ったものである。寺田は、戦後の右翼団体連合である「全日本愛国者団体会議」（昭和三四年結成）の顧問を務めた「国士」で、昭和七年の血盟団事件で蔵相井上準之助を射殺した小沼正を自宅に住まわせていたとも、大杉栄の遺骨奪取事件にかかわったともいわれる人物である。関東大震災後まもなく、北門下の大化会代表岩田富美夫を通じて、北家に足しげく出入りするようになったらしい。北との間にどれほどの思想的交流があったかは定かではないが、天皇主義者として寺田は、どうも北には好感をもってはいなかったように推察される。前に引いた、天皇帰一の結果、「天皇がデクノボーだということが判然とする」云々発言の出所も寺田である。そのほか、寺田の回想記には、国防や政治への不安の根源は皆「クラゲの研究者の責任ですよ」（寺田、前掲、二九〇頁）とか、「天皇なんてウルサイ者のおる国じゃ役人はせんよ」（同、二九一頁）など、昭和天皇を誹謗する北語録が書き留められている。きわめつきは、寺田との世間話のなかで北が、仁徳天皇の民への慈しみの挿話にかこつけて、「『今、国民がこんなに苦しんでいるのに、大財閥に匹敵する程の財宝をもちながら、アッケラカンと見すごしている奴もあるからなあ』と、言ってにやりと笑った」（須山幸雄、一九七九、三一九頁）という記述である。

「支那なら天子に成れると思ったが、日本では残念ながら成れないので、号だけでも天子号にしたり、帰一即崩壊謀略を誇ったり、『チーサイ癖にオーオキナ自動車に乗って』通学する皇太子をネタむ様なことを口走ったり、是れが果して純忠至誠の激発するところ、遂に血吹雪の悲劇を演じた昭和忠臣蔵の指導者であるだろうか。」（寺田、前掲、二九三頁）――こう寺田が憤慨するほどに、昭和天皇に向ける北の眼は冷たかった。彼はすでに、突如連載が打ち切られた「国民対皇室の歴史的観察」以来、天皇制への冷厳な批判者だったからである。未完のまま葬り去られたこの論文のモチーフは、満を持したかのように、『純正社会主義』において遺憾なく展開されることになる。

第5章　国体論批判

1

『純正社会主義』第四編「所謂国体論の復古的革命主義」は、同書の紙幅の約四割を占めるハイライト部分であるが、すでに多くの論者によって語りつくされ、また、渡辺京二によるすぐれた分析にほとんどつけ加えるべきものはないと思われるので、重要と思われる点の概略をやや角度を変えてとりあげるにとどめたい。

北にいわせれば、「世の所謂『国体論』」とは、日本国の主権の本体は万世一系の天皇にありとするもので、その根拠はふたつである。ひとつは、天皇を民の父・家長とみなし、国民をその赤子とする家族国家観に立つ「君臣一家論」であり、もうひとつは、「日本民族は皆忠孝にして万世一系の皇統を扶翼せり」（北一輝4、四一七頁）という史実とはまったく逆の歴史解釈に基づく「順逆論」である。君臣一家であれば、当然、「忠孝一致」「忠君愛国一致」ということになり、このような観念が現実に国民の道徳的判断の基礎をなす、まさに他国に類例を見ない「万国無比の国体」を誇る国を日本とする。これが「所謂国体論」である。

こうした「所謂国体論」に対して、北は、「決して今日の国体に非らず、又過去の日本民族の歴史にても非らず、明かに今日の国体を破壊する『復古的革命主義』なり」（同、三六四頁）との断案を下す。すでにみたように北にとっては、維新革命後の日本は、「民主国」としての「近代公民国家」を国体とし、（憲法制定以後は）政体として立憲君主制を採用する民主国家である。また、人類が原始時代より社会的存在であったという生物学的事実に立脚する以上、利益の帰属する権利の主体は、個人としての国民や君主ではなく社会（国家）そのものでなくてはならない。「社会主義の法理学は国家主義なり。故に個人主義時代の法理学に基きて君主々義と云ひ民主々義と云ふことは明かに誤謬なり」（同、三六四〜三六五頁）。したがって、個人主義的法理解釈を斥ける社会主義者としては、「地理的に限定せられたる社会、即ち国家に主権の存することを主張する」（同、三六四頁）のが当然である。これらのことを前提とすれば、日本国の主権は国家に存するのであって、天皇個人に帰属するはずはありえない。天皇は、主権の本体としての国家の一機関にすぎないのである。よって、主権を「万世一系の天皇」にありとする「所謂国体論」はあやまっているばかりか、その意味するところは、民主国たる日本の真の国体を転覆せんとする「革命主義」であり、しかも、日本の国体が「君主国」から「貴族国」をへて「民主国」へと進化してきた歴史を逆行させせようとする「復古主義」にほかならない。北がいう「『所謂国体論』の復古的革命主義」とはこのような意味の言葉である。

このように「復古的革命主義」として「所謂国体論」を批判する北は、これを支える「君臣一家論」、「順逆論」のふたつに完膚なきまでの攻撃を加えずにはおかなかった。前者については、皇室と日本国民の間に血縁関係を想定し、皇室を本家、国民を末家とするような家族国家観は神道的迷信ならいざしらず、なんら歴史的根拠を持つものではないことが暴かれている。――征服者神武一家の直系の祖先を天照大神とする記紀の記述を一〇〇歩ゆずって認めるとしても、「天照一人より分れたる者が高天ケ原の大なる一家なりとは何処にも記されざる所」で、そのような天皇一族の起源は、「神武より先きに移住せる日本民族、及び後に来れる民族、又天照時代に已に八十万神と称せられたる多くの人口、及び歴史上の無数の帰化被征服者の他種族の繁殖せる子孫たる今日の日本民族とは係はりなきこと」（同、四二五頁）だからである。ましてや、今日の法律の規定にのっとって、外国人が日本国籍をとった場合、君臣一家論は成立するのか。今日の法律では、いかなる外国人も日本国籍に入れば国家への義務において平等な国民として遇されるが、「赤髯碧瞳の欧米人」が単に日本国籍に入ったというだけで、「天皇の赤子なり」ということを承認するはずもなく、「黒人種の入籍を許可して日本国の臣民」とすれば、天皇は「黒奴の父母」であることを快く認めるであろうかと、北一流の諧謔的逆説論法が展開されている（同、四三四～四三五頁）。ここからも容易にわかるように、慣用されてきた「民の父母」とか「天皇の赤子」

といった言葉には「意義なし」というほかなく、「君臣一家論」などの成立する余地はまったくない。

また「順逆論」については、記紀編纂以後約一〇〇〇年間、いや原始時代を除く一五〇〇年間におよぶ日本歴史のすべてにおいて、日本民族が皇室に対して忠臣義士であったためしはなく、それどころか、そのことごとくは乱臣賊子にほかならなかったことが証明されている。この乱臣賊子論を北は史実をあげて詳細に論じているが、ここでは彼自身が要約している次のような文章を掲げておけば十分であろう――「固より皇室は第一の強者として最古の歴史的記録の編纂さるるまでは強力によりて天下の権利を有したりき。而して此の間に於て……社会の発達（人口の増加）によりて蘇我族の強大となりて理想的の乱臣となり飽くまで専制的暴威を振ひし賊子を出したり。而して皇族中より大胆なる理想家の現れて漸くこの乱臣賊子をたおすや僅かに一百年を維持するに過ぎずして、記録的歴史以後は更に忽ち藤原氏の名に於て蘇我氏に代れる乱臣賊子を産みしに非らずや。而して亦藤原氏の乱臣賊子去りて……清盛と云ふ乱臣賊子の打撃となり、更に之を掃蕩して代れる乱臣賊子の木曽義仲となれり。……而して此の乱臣賊子を破れる源頼朝は詐欺を以て主権の用を委任されし者にして……固より乱臣賊子なるべく、次に来れる義時は白刃に訴へて主権の用を委任せられし者にして……更に泰時時宗の乱臣賊子を経て高時の乱臣賊子に至り、……北条氏の乱臣賊子は去りしと雖も、又更に足利尊氏と云ふ乱臣賊子を生じて……。足利氏の殺伐なる舞台は廻転せしと雖も、世は即ち戦国の群雄割拠となりて全天下悉く乱臣賊子となり、天皇を衣食の貧困に陥れて一顧だもせず。其の漸くに平静なると共に猿面の乱臣賊子出でて王たらんと欲すれば王、帝たらんと欲すれば帝と激語し、次で徳川氏の一貫せる乱臣賊子となりて三百年の長き、皇室の迫害を以て始まり天皇党の志士を窮迫するを以て終りとしたり。……ああ今日四千五百万の国民は殆ど挙りて乱臣賊子及び其の共犯者の後裔なり。吾人は日本歴史の如何なる頁を開きて之が反証たるべき事実を発見し、億兆心を一にして克く忠に万世一系の皇室を奉戴せりと主張し得るや」(同、四七一～四七二頁)。

乱臣賊子論を展開するにあたって、北が依拠した歴史的事実は、ほとんど竹越与三郎の『二千五百年史』からとられている。なかには、竹越の表現とかなり類似した記述も見られないわけではない。例えば、神武天皇の結婚に関する記述がそれで、北は、「今日の『御通り』に於て見るが如き特権ある天皇なりしならば、神武自ら路傍に立ちて道行く七人の小女に就きて自らの口を以て婚を求むるが如きことのあるべき理なく、又、先年の『御慶事』に於て聞きし如き栄誉ある天皇なりしならば、神武自ら小女の家に通ひて、葦原のしこけき小屋に菅畳いやさや敷きて我が二人寝しと歌ふが如きことのあるべき理なし。恋に上下なしと云ふことの一面の理なると共に恋ほど階級に隔絶せらるるものなし。今日諸国の君主にして自ら路傍に立ちて恋を語り、茅屋に通ひて恋を遂ぐるが如きは精神の常態を失したる時と雖も想像し得べからず」(同、四四七頁)と書いている。松本清張が鬼の首をとったかのように、『二千五百年史』の「まる写し」と騒いでいるとおり、史実に関するかぎり、この記述は明らかに竹越が下敷きになっている。ただ、北の引用文においては、この部分は、傍点を付したとおり、古代の天皇と維新以後の天皇とが、呼び名は同じ天皇でありながらもその実質にいかに相違があるかを強調するための素材として用いられているにすぎず、記述の眼目は、「所謂国体論」がとなえる「順逆論」——古今の日本民族すべてが万世一系の皇統に忠孝を尽くした——を否定するところにあったことは明らかである。北は、松本が引用から省いたすぐ前のところで、「順逆論とは、日本民族は悉く皇室の忠臣義士にして乱臣賊子は例外なりと云ふ妄想を云ふ。日本国民は此の逆進的叙述の為めに後世の諡名に過ぎざる神武天皇を以て後世の天皇の如き意味に解し、形態発音の同一なる標号の用ひらるるが為めに中世と近代との異なるを忘却せるのみか、諡名に過ぎざる原始的生活をも一律に律しつつあり。若し神武天皇と呼ばるる時代に於て、皇室と国民との関係が後代の如くなりしとせば、神武天皇の結婚の如きは如何にして解せらるべきぞ」（同、四四六～四四七頁）と、わざわざ断っているからである。北は、歴史上「天皇」という同じ名称で呼ばれる者の概念が、歴史的に変遷・進化してきたといっているのであり、このことは、竹越の『二千五百年史』が一言たりとも記さなかったところである。松本清張は、『純正社会主義』を剽窃によってなった「国体論の紛本」（松本清張3、三一頁）とまで貶めているが、肝心のことをすっかり見落としている。それは、竹越の『二千五百年史』が、「真乎の国民歴史は、神武天皇より始まる。……神武天皇は名をわかみけぬまという、天照大神直系の裔なり」（竹越与三郎、一九九〇、三二～三三頁）と書き、日本における王権の発生を天照大神の神権に結びつけて論じているのに対して、北はそれらの時代を周到に日本史の叙述から取り除き、日本王権の歴史を近々一五〇〇年、厳密にいえば記紀編纂以後の一〇〇〇年間に限定していることである。「厳密に云へば日本氏族の歴史的生活は古事記日本紀の編纂されたる以後の約一千年間なり」（北一輝4、四五四頁）。北と竹越では、歴史観が決定的に異なるのだ。もちろん北は、竹越のことを「日本歴史ありて以来の大歴史家」と讃えている。竹越が、記紀以前の天皇を含めた「諸大族」の「当時の生活が純然たる原始人なることを豊富なる事実によりて示した」、その実証的態度を正当に評価するからである。「而しながら日本歴史を『二千五百年史』と名けたる事を惜しむ」（同、五〇八頁）のである。今日の歴史学では、「日本」という国号、「天皇」という称号が生まれたのは七世紀末のこととされている。以後、国号は一三〇〇年間変らず、同様に、この日本国と不可分の関係にある王権としての天皇も一三〇〇年の歴史を持っているが、長い日本列島の歴史のなかで、日本国家の歴史、天皇家の歴史はそのごく一部分を占めるにすぎない。万世一系の皇統を誇る天皇制の明治国家にあって、そのことを北がつよく意識していたことは、今日においてさえ歴史家が「（天皇や日本国の成立という）日本史の出発点ともいうべき重大な事実を、現在の日本人がほとんど知らないという現実は、やはり何度強調してもよい」（網野善彦、二〇〇八、八三頁）といわざるをえない事情があることを考えれば、ある意味で驚くべきことではあるまいか。

北は、日本史から、記紀に基づいて書かれた時代、つまり神代はもとより神武天皇以後の一〇〇〇年間におよぶ天皇の歴史もまた削除せよと主張している。この時代は、政治史と倫理史から除去されるだけでなく、「又当然に『国体論』より削らるべき」（北一輝4、四五一頁）ものなのである。だいいち記紀そのものが、「紀元後千四百年に文字なき時代の伝説を集めたる」（同、四四九頁）ものにすぎず、信頼に足る史料ではない。「国体論と云ふローマ法王に取りては古事記日本紀はバイブルたるべしと雖も土偶は歴史哲学の全能者に非らず伝説の補綴は神聖不可侵に非らず」（同、四五一頁）だからである。天皇の歴史の最初に登場する神武天皇にしても、西洋史でいえばゲルマン部族共同体の時代よりはるか以前の人となる計算で、その実在は「後世の僅少なる口碑伝説」と「若しくは後世の恣なる作造推想によりて」（同、四四九頁）推定できるだけだ。かりに実在の天皇であったとしても、中国大陸・朝鮮半島から文字が輸入されるまでの文字なき時代の「神武天皇が今日の文字と思想に於て『天皇』と呼ばれざることは明白」（同、三七三頁）である。したがって、「謚名せられたる天皇の文字の内容は原始時代の一強者」（同、四五一頁）と規定すればよく、この時代の「天皇」とは、「当時の近畿地方に限られたる戦勝者」（同、四五一頁）にすぎない。東北、九州をはじめ日本列島の各地方には天皇の統治とはかかわりのない独立の勢力が存在していた。「故に建国の始めより日本天皇を以て今日の地図面に散布せる国民の祖先の君主にして国民の祖先の凡てと今日の土地の凡てとが王臣王土なりしと云ふは歴史を無視する者」（同、四五〇～四五一頁）といわなくてはならない。

　今日の日本人の祖先の大部分は、「天皇」とはまったく無関係の「他の地方の部落の原始人」

であった。ということは、「天皇の統治外に独立せし全国の大部分と、各族長の下に所有されし大多数の人民とは、皇室とは何等の関係なかりしが故に自ら順逆論とは別問題」たらざるをえない。また、皇室の祖先と国民の祖先との間に何らかの関係があったとしても、この時代は、「歴史的意識を有せざる純然たる原始的生活時代」（同、四四九頁）であって、「原始的生活時代は原始的道徳を以て評価すべく、歴史は後代の順逆論を以て逆進して批判すべき者」（同、四五〇頁）ではない。史実に照らせば明らかなように、「国体論に対する侮辱は歴史的生活時代の開巻第一章よりして存す」。「蘇我氏の専横」と称せられるものがそれで、「皇族なる大族が其の強者たる地位を失ひて他の諸大族に圧倒せられたる事例の著しき者」（同、四五二頁）だと述べている。有体にいえば、以後の一五〇〇年間にわたる歴史生活時代の日本歴史は、「皇族の基礎を掃蕩して諸大族の交るがわるなる乱臣賊子」（同右）の連続であり、「ローマ法王廷の所謂国体論を根底より覆へす」（同、四五三頁）史実の集積にほかならない。以上のとおり、日本国および天皇の歴史は、たかだか千数百年を越えるものではなく、しかもその歴史は、忠臣義士どころか乱臣賊子の連続であった。これを以ていえば、「日本歴史を『二千五百年史』と云ふことは大なる恥辱なり」（同、四五〇頁）としなくてはならない。このように、北は、素材として史実のほとんどを借用しつつも、竹越与三郎とは根本的モチーフにおいてまったく異なる歴史観に立つことをみずから高らかに宣言した。「剽窃」どころではない、竹越のみならず他の何人もなしえなかったことを彼は行なったのである。

この歴史観からすれば当然のことながら、日本列島に住む人々の歴史は、日本国や天皇の歴史よりはるかに長い。大和朝廷が成立したのちも、これにまつろはぬ多くの地域があり、人々がいたことも事実である。そして、現代の科学に依拠するかぎり、日本民族は決して万邦無比の特別な人種などではなく、さまざまな人種の混血による雑種にほかならない。そのことを、北は次のように述べている。

一般の科学的研究者の如く、言語学、解剖学、人種学の上より考察して、日本民族はマライ人種と蝦夷人種と漢人種との雑種なりと断定せらるとも吾人の可否を云ふべき権なきは論なし。而しながら何事も科学的攻究の今日に於ては儒者や国学者なる者の空論に耳を傾くるよりも、科学者の研究の結果一般に信頼せられつつある説明に従ふの外なきは当然なるべく、而して未だ一人の学者と雖も日本民族は始めより此国土に住みて特別の一人種なりと主張する者の見られざるが故に、兎に角或る処より来りて或る人種の混淆せる雑種なりとの見解は不動なる者とすべし。(同、四三七頁)

日本民族を天孫民族ならぬ雑種とせねばならない事例は、当の国体論者が依拠する歴史そのものにさえ初めから存在しているではないか、と北はいう。「神功皇后は三韓より帰化せる者の裔」であるし、「坂上田村麿は雑種児」である。だが、彼らをもって「国体を傷けたる国賊なりと云ふや」。機織りを伝えたという阿智王の子孫はじめ多くの帰化人、あるいは、「三韓征服の度毎に……驚くべき多数の奴隷」が捕虜として連れ帰られた。また、「蝦夷人種の帰化し或は征服されたる賤民」もいる。今日の公民国家においては、それらの「血液の混淆せる者」たちも、血の濃度の差異によって「天皇と国民との権利義務及び道徳関係に差等を生ずる」ことはない（同、四三五～四三六頁）。かくて北は、国体論者の「君臣一家論」にこう止めを刺す――「今日に於て君臣一家に非らざるは固より、歴史時代に於て国民が天皇の赤子にして天皇が民の父母に非らざりしは固より、建国当時より日本民族は一家の膨脹せる者に非らざるは又固より、日本民族其の者が已に混淆せる血液に於て歴史以前より存在したることの定説となれる事実を如何する」（同、四三五頁）と。「日本民族」という言葉を用いているところが誤解を招きやすいが、天皇の統治する日本国の二五〇〇年史から、前半の少なくとも一〇〇〇年間を削除せよという彼の主張は、今日の歴史学が明らかにしているところと基本的に同じ方向を指し示すものといってあやまりではない。

また皇統の「万世一系」ということに関しても、北がほとんどこれを疑っていたことは次のような記述からも明らかである。

蘇我稲目の産める敏達の皇后たりし推古天皇の統治権の如きは天皇より延長せられたる生命にあらず稲目の生命の延長なるを以て蘇我氏の祖先竹内宿彌に生命を延長したる孝元天皇の統

治権によりて説明せざるべからざればなり。即ち、今日以后に於ても直系なき時は傍系を以て継承するは皇室典範の規定にして、特に今日までの万世一系とは決して直系に直下して幅狭きものに非らず、無数の傍系より傍系の間を逶遅として辿り来り甚だ幅広き者なるを以て、天皇の叔伯にも天皇の甥姪にも、更に其の叔伯の叔伯にも甥姪の甥姪にも、生命と共に統治権は伝はり居るべく。従て田野に陰れし継体天皇、源氏に降りし光孝天皇にも統治権が生命と共に延長し蕃殖したる如く……。（同、三八三頁）

もちろんこのとき、実証史学の立場から皇統断層の可能性を指摘した津田史学はまだ成立してはいない。だが北が、むしろ津田左右吉の先駆としてほぼ同様な立場から、万世一系の天皇を相対化し、皇統の歴史としての皇国史観を否定しようとしていたことには疑いの余地はない。

2

さらにいえば、記紀伝承上応神天皇の生母といわれる神功皇后を「三韓より帰化せる者の裔」とする以上は、国体論者にとっては、天皇勢力そのものが日本列島にもともといた種族とは認められていないことになる。北がこの矛盾点を鋭く衝いたのは前記のとおりである。天皇族が日本列島に固有な種族かどうかも疑わしいとなれば、国体論者はじめ日本主義者が「万邦無比」、「世界に冠たる」と誇る、天皇と密接に結びついた「日本的」な文化の特性は、決して日本（列島）人に固有なものではないということになる（しかしながら彼は、言を左右した二・二六事件の公判廷では、「一般学者間に唱へられたる皇祖の外国より移住説に対し不満を有し……日本歴史を厳密に研究したる結果、日本民族が我が国土に発生し発展したる事を感じました。……即ち、我が国体は日本の歴史の上にのみ発見確認出来るものなり」（林茂他2、四〇九頁）と、まったく逆の遁辞を弄している）。

　この認識は、北に愛憎こもごもの関心を寄せた作家三島由紀夫が嘗て唱えた「文化防衛論」のモチーフを根底的に破砕するものといってよい。三島は、天皇を源流とする宮廷文化の「みやび」を日本的文化・美意識の精華とみなし、民衆文化を「みやびのまねび」に発するとする日本文化史観から、日本文化の全体性の収斂点として天皇を捉えた。そして、そうした「文化概念としての天皇」が否定されるときこそ、「日本の又、日本文化の真の危機」だと警鐘を鳴らし、その防衛を訴えたからである。なるほど、日本の古典文学は平安朝の宮廷文化と不可分の形で成立し、これがその後の民衆文化にも、日本語の洗練にも大きな影響を与えてきたことはたしかである。だが、北が暴き、今日の歴史学が実証する天皇の歴史を知るかぎり、天皇につながる「みやび」の流れが日本文化を唯一規定してきたものと考えることには無理がある。文字が伝えられる以前の日本列島にも人々のくらしはあり、それらは日本文化の基層に堆積している。日本国の歴史がはじまって以後も、文字を知る人々の文化とは異なる口承文化の担い手たちは列島の各地に広範に存在し続けた。「みやび」の流れよりもはるかに長い歴史的時間を持つ、この基層文化に意識的な眼差しを向けた者の代表は柳田国男であろう。柳田は、日本の基層文化の担い手から「常民」という概念を案出し、この常民を「たとへ文字は教へられずとも、心は親々の経験したものを積み貯へて居る」(柳田国男1、四頁)人々と表現した。したがって、常民の文化は決して「みやびのまねび」ではない。北は、日本国の歴史と呼びうるものはたかだか一千数百年にすぎないと正確に限定を付し、日本列島ではそれ以前にすでに原始的生活を営む人々の集団があったことを示唆しているが、もちろん柳田のようにそれらの人々の社会に積極的関心を寄せたわけではない。ただ、日本(列島)人の社会の歴史をどこまで遡及させるかによって、天皇や日本という国家についてのヴィジョンはまるで異なってくることには注意を払っておきたい。少なくとも北は、この点に自覚的であった。

ここで脱線して、日本の歴史を日本国家と天皇の成立以後に収縮させる三島の言にもう少し耳を傾けておけば、「文化概念としての天皇」は日本文化の全体性を代表するという意味で、「天皇のみが窮極の価値自体《ヴェルト・アンジッヒ》」であるという。それゆえに、非常の際には、宮廷の文化的精華である「みやび」はテロリズムの形態すらとりうるという興味深い見解を述べている。

文化概念としての天皇は、国家権力と秩序の側だけにあるのみではなく、無秩序の側へも手をさしのべていたのである。もし国家権力や秩序が、国と民族を分離の状態に置いているとき

> は、「国と民族の非分離」を回復せしめようとする変革の原理として、文化概念たる天皇が作用した。孝明天皇の大御心に応えて起った桜田門の変の義士たちは、「一筋のみやび」を実行したのであって、天皇のための蹶起は、文化様式に背反せぬ限り、容認されるべきであったが、西欧的立憲君主政体に固執した昭和の天皇制は、二・二六事件の「みやび」を理解する力を喪っていた。（三島由紀夫1、五六頁）

「みやび」を日本文化の精華として認めるか否か、ここにのちの二・二六事件における青年将校と北一輝との立場を分かつ鍵がある。青年将校は究極の価値である絶対者としての天皇と一体化したいという「恋闕」の心情から、天皇その人のために、君側の奸を除くべく蹶起した。その行為は恋闕者としての純粋性を保持しており、文化価値の根源としての天皇に直接的に連なるという意味で、「一筋のみやび」であった。しかし、そのような歴史観をとらぬ北に、「みやび」を行なうという意識などあろうはずもなかった。彼は天皇をあくまでも利用すべき「玉」として以外には考えていなかったからである。この点について、三島は、次の適切なコメントを残している。

> ところが皮肉なことに、その統帥権の独立というテーマは青年将校にとっては反権力主義の象徴として、一つの心情と道徳の源として受けとられ、天皇への愛と天皇からの恩義を、一般

市民とは違ったエリート意識に置く根拠にされたのである。いわば、それはもはや失われた「君臣水魚の交り」の戦場における、心情的な比喩とも思われた。二・二六事件と北一輝とのあの最後の悲劇的結びつきは、北一輝が、革命を起こすべき技術的な要件と考えた、その戒厳令及び統帥権の独立が、すべて青年将校達によって、心情的、道徳的基礎として受けとられたことと関係があり、またそれは、北一輝が天皇制に対する冷えた目をもっていたのと、青年将校が熱いロマンティックな夢を抱いていたのと照応するものである。（三島2、五八頁）

すでに見たとおり、天皇および天皇制に対する北の理解はあくまでも近代合理主義的であり、今日の実証的歴史学の成果とも合致している。疑いなく彼は、合理的精神のしからしめるところとして天皇制を否定しており、究極的にはそれを揚棄して共和政が実現されることを望んでいた。『純正社会主義』に先立つ三年ほど前、佐渡における政友会と進歩党との選挙戦に関連して、北は、自由民権運動後の政党に理想が失われ、ただただ金を求め猟官に奔走する姿を批判する「善美なる妥協」という論文（『佐渡新聞』明治三六年二月二六・二七日付）を書いている。注目すべきは、そのなかで、彼がすでに「共和政治」の理想に言及していることである。

嘗て自由民権の福音が叫ばるるや天下の志士皆妻子を捨て家庭を破り身命をすら抛って顧みざりき。是れ理想の為めなればなり。問はん――今日の政党なる者果して理想と称すべき者ありや。自由は得たり、民権は得たり、憲法は敷かれたり、政党内閣も一たび二たび建てられたり。嘗て理想されし者既に悉く実現せられたり。而して共和政治といひ社会主義といふ如き新たな〔る〕理想は未だ彼等の夢に入らざるなり。(北一輝3、一四〜一五頁)

また、のちの『外史』では、革命中国の選ぶべき政体として「東洋的共和政」という概念が提起されている。北によれば、「東洋的共和政」とは、天命と民意とによって選ばれた元首に統治される共和政体であり、とくに「東洋的」という形容詞を付す所以は、選挙運動や投票によって元首が選ばれる西欧の「投票万能のドグマに立脚する」「白人共和政」との相違を明確にするためであった。それは、大我としての自由に覚醒し、古き専制政治を剣の力をもって打倒した「少数革命家の団集」による統治にほかならない。ちなみに、彼は、このときすでに、中国革命の将来をさえ的確に予言していた――「弥陀の手に利剣あり。左手、自由の経巻を展べて右手、専制の剣を揮ふ。不肖は今の反動的一代官に代はれる真の革命的統一者が必ずや袁(世凱)輩を千百倍せる一大専制家なるべきことを、予め非常なる確信に於て断言せんと欲す」(北一輝2、一五三〜一五四頁)と。東洋的共和政の歴史的モデルは、「成吉思《チンギス》汗と云ひ、窩濶臺《オゴタイ》汗と云ひ、忽必烈《フビライ》汗と云ひ、君位を世襲継承せし君主に非ずして『クリルタイ』と名くる大会議によりて選挙されしシーザーなり」(同、一五八頁)と述べるとおり、中世史の蒙古に求められている。そこでイメージされているのは、「神前に戈を列ねて集まれる諸汗より選挙されし窩濶臺汗が明白に終身大総統たりし」(同右)という表現に示されているように、中国統一を目指す武断的革命党のなかから、衆目の一致によって選ばれた独裁的指導者が行なう共和政である。

これに対して、中国と歴史を異にする日本の政体については、「国民の自由を擁護扶植せし明治大皇帝」による「東洋的君主政」という言葉が使われている。北によれば、それは「民主国」という国体のもとでの政体としての「君主政」であり、民主主義と背馳するものではない。君主主義と民主主義を対置させ、「一人専制の君主政」は国民の自由を抑圧する政体とするのは「愚昧なる翻訳的知識」にすぎない。「君主政亦必ずしも自由主義と両立せざる者にあらず」で、明治天皇が専制君主ならぬ国民の自由の擁護者であったことを、「国民永遠の自由を残賊せんとする斯る階級(封建的支配階級)に自由を与えざりし大帝は全く自由の擁護者にして、自己の権威の為に権力を私する意味の専制君主に非らざりしことは疑いなし」(同、一五五頁)と述べている。

ここでの明治天皇は明らかに、『純正社会主義』における「当為としての天皇」である。自著を発禁に処され、また大逆事件の成り行きを知ったこの段階では、さすがに日本について「共和政」を口にすることはできなかったのであろう。しかしながら、北の考えでは、「国体論」的神聖天皇と元勲および資本家による支配共同体が覆された暁には、つまり北が究極的に目指す理想的社会主義国家においては、天皇による君主政はほぼ確実に廃止されるはずのものだったとみてよい。その証拠は、中国の「東洋的共和政」、日本の「東洋的君主政」を説明したこの一節が、「近代支那と近代日本との相異は終身皇帝と万世大総統との差のみ」(同右)という言葉で結ばれているところに示されている。ここには、近代日本の「東洋的君主政」においてもすでに、中国の「東洋的共和政」同様、万世一系の天皇が本質においては共和政的「大総統」であらねばならないことが示唆されているからである。

究極的には、天皇制は廃絶される。いや、されるべきだと北は考えていた。しかし、そこに至る革命において北は、「玉」として天皇を必要とした。すでに述べたように、民衆の信仰と尊崇の対象である天皇を抱き込む以外には、大部分の国民のエネルギーを革命に動員する戦略を彼は持ちえなかったからである。その意味で、天皇は北の革命にとっては、絶対不可欠な要件だったのである。となると、ここで不思議な逆転現象が生じることを如何ともしがたい。天皇は、「玉」として北の革命に利用される存在ではあるが、しかし、必須の絶対的要件である以上、北の革命自体が天皇によって絶対的に拘束されるという自縄自縛を免れがたいからである。したがって、北の革命は、天皇という絶対的な「玉」に縛り付けられているという意味で、現実的効果としては天皇絶対主義とほとんど変わるところのないものになる可能性を秘めていたといえる。すれば、二・二六事件の警視庁での供述調書における、「大御心が改造を必要なしと御認めになれば、百年の年月を待っても理想を実現することが出来ません」（北一輝4、三九頁）との前記の発言は、あるいは、自己弁護のための建前というばかりでなく、彼の本音がはしなくも吐露されたものだったのかもしれない。

日本の政治史を天皇と実際の権力者である「乱臣賊子」との支配共同体の歴史として捉えるな

らば、天皇は、乱臣賊子の支配の正統性を保証する宗教的権威として、支配共同体の不可欠な要素であった（吉本隆明・赤坂憲雄、二〇〇三、五〇～五一頁）。歴史を見れば明らかなように、乱臣賊子たちは、天皇を利用こそすれ、これを廃絶しようとか、これに取って代わろうと考えたことはない。となると、乱臣賊子論とは、裏を返せば支配共同体論でもある。そう考えれば、天皇を抱き込もうとした北の革命もまた、維新の元勲や資本家階級の政府に擁立されている天皇という「玉」の争奪戦にも等しい、一種の乱臣賊子論、支配共同体論であることを免れないことになる。何故そこまでして「玉」を奪い合わなくてはならないのか。「玉」としての天皇の威力とは何か。北は、間違いなく天皇制の廃絶を将来に見通しつつ、天皇による革命を構想していた。しかし、この根本的疑問には何も答えていない。近代合理主義的な歴史観によって天皇制の根拠をどれほど掘り崩したとしても、最後まで無化しえないものが天皇の威力には残り、この威力ゆえに天皇は「玉」として必要とされるのである。だが、この威力の根拠はどこにあるのか、誰も知らない。国体論を完膚なきまでに粉砕した北が直面せざるをえなかったのは、この根拠不明の、いわば無根拠の天皇制の威力にほかならなかったはずである。

3

国体論をめぐって最後に触れておくべきは、明治国家の真の国体を「民主的公民国家」としての「社会民主主義国家」と捉える北が、この国家の基本法である「大日本帝国憲法」をどのように解釈していたかということである。「維新革命以後の日本は日本民族が社会的存在なることを発見したる国家主義たる点に於て国家主権の国体なり。全国民が国家の部分にして凡ての部分が其の代表者を出し特権ある一部分（即ち天皇）と共に最高機関を組織すと云ふ国民主義たる点に於て民主々義なり」（北一輝4、五六七頁）と述べるとおり、北は日本国の主権の本体を国家とし、国民の代表たる議会が天皇とともにその最高機関をなすとしている。しかし、この体制が確立したのは、帝国憲法が発布された明治二三年以後であり、それまでの政体は、国家主権の民主国体ではあるものの、「最高機関を一人の特権者にて組織したる君主政体」であって、その民主国としての実質は、「高貴なる社会的利己心を以て」国家全体、国民全部の目的と利益のために働く明治天皇の政治道徳によって担保されていたとする。だが、すでに国家主権が成立している以上、国家機関の改廃作成は主権者たる国家の自由に属する。このとき、天皇は「個人としてにあらず社会の一部として社会の意志を発表しつつありし一国民」であり、国家の最高機関としてのその意志は「法理上明らかに大日本帝国の意志」を形成するものであった（同、五六七～五六八頁）。したがって、「国家がその完全なる主権の発動によりて国家の目的と利益との為めに国家の最高機関を改めた」明治二三年の帝国憲法は、天皇の名において公布されたとはいえ、大日本帝国の意志そのものであって、決して欽定憲法ではない。「二十三年にして消えたる一人の最高機関は憲法改正又は廃止の自由なし」（同、五四三頁）。北の頭のなかでは、天皇の法理学上の地位は、維新前後で三度変化している。「現皇帝は維新以前と維新以後とは法理学上全く別物」（同、五六八頁）である。維新以前の天皇は、将軍・諸大名と同じ一定の地理範囲内における「家長君主」であった。そして、国家主権の民主国へ国体の変革を遂げた維新革命以後は、天皇が「国家の意志を表白する」唯一の最高機関であった帝国憲法制定（明治二三年）までの段階と、帝国議会とともに最高機関を構成するそれ以後の段階とに分かれる。議会と天皇とが国家の最高機関であることの根拠は、帝国憲法第七十三条「将来此ノ憲法ノ条項ヲ改正スルノ必要アルトキハ勅命ヲ以テ議案ヲ帝国議会ノ議ニ付スヘシ」である。「『最高機関』とは最高の権限を有する機関のことにして即ち憲法改正の権限を有する機関なり」（同、三九二頁）と北は述べている。憲法改正の手続きを定めた同条第二項と併せて考えれば、第七十三条はとりもなおさず、国家主権の名において国家機関を改廃作成し、「最高の立法を為し得る即ち憲法を改正し得る最高機関」が「憲法改正の発案権を有する天皇」と「三分の二の出席議員と三分の二の多数とを以て協賛する議会」であることを定めたものにほかならない。それゆえに、「若し此国家の意志の表白さるる所の者を以て主権者と呼び統治者と名くるならば、天皇は主権者にあらず又議会は統治者に非らず、其等の要素の合体せる機関が主権者にして統治者なりとすべし」（同右）。この憲法解釈からすれば、東京帝国大学憲法学講座教授穂積八束のように欽定憲法を名目として、「天皇は憲法の改正廃止に於て絶対の自由を有すと主張するが如きは疑ひもなく政体の変更を図る朝憲紊乱に当たるもの」（同、五六八～五六九頁）とならざるをえない。

北によれば、帝国憲法上の天皇は、主権者でも、元首でも、統治権の総覧者でもない。国家の一機関を構成する「特権ある一国民」である。この特権とは、政治的発言権において天皇は一般国民を上回る重みを持つというほどの意味にすぎない。大日本帝国統治の最高権である主権が国民と国土からなる国家にあるとする以上、天皇が主権者でないことはいうまでもないが、国家の統治権も、前記の憲法改正条項や第五条「天皇ハ帝国議会ノ協賛ヲ以テ立法権ヲ行フ」に明記されているとおり、天皇と議会によって構成される最高機関によって行使される。したがって、第一条「大日本帝国ハ万世一系ノ天皇之ヲ統治ス」、第三条「天皇ハ神聖ニシテ侵スヘカラス」、第四条「天皇ハ国ノ元首ニシテ統治権ヲ総覧シ……」の条文は、いずれも実質的な意味内容を持つものではなく、無意義な単なる文飾として棄却されなくてはならない。とくに、「万世一系ノ天皇」の語は歴史学的にも疑義があるうえ、天皇の内容が時代によって進化・変容していることを考慮に入れれば、「憲法の所謂『万世一系の天皇』とは現天皇を以て始めとし、現天皇より以後の直系或は傍系を以て皇位を万世に伝ふべしと云ふ将来の規定に属す」（同、五六六頁）もの以外の何物でもない。これが北の帝国憲法解釈である。

一木喜徳郎『帝国大学講義筆記』や美濃部達吉『早稲田大学講義筆記』を通じて、北は「天皇機関説」をすでに知っており、彼自身も「機関説」に立って帝国憲法を解釈している。しかし、徹底的に自己の頭で思考するこの青年は、一木、美濃部らの学説についてもその論理の矛盾と不明確さを鋭く追及せずにはおられなかった。天皇を「国家の最高機関にして統治権の総攬者」とする一木に対しては、「統治権の主体にも非ず又統治権を行ふ機関にもあらず」という総覧者の定義の不明瞭さとともに、「統治権の作用を統ぶる機関は自ら自己の権限を伸縮する権を有するなり。自己の権限を伸縮する権ある者は憲法を変更する権を有する者なり。故に統治権の総攬者とは憲法を変更し得る権を有する国家の最高機関なるべし」という曖昧模糊とした三段論法を批判して、「天皇は議会の協賛なくとも恣に憲法を改正変更するを得べき者なるか」（同、三九三頁）との言葉が投げかけられている。また、国家主権説に立つ明治の憲法学者のなかで最も早く天皇機関説を唱えたといわれる副島義一も、「其天皇は統治権を総攬すと云ふは、即ち国の元首たる所以の実質を掲たるなり」という天皇元首論が、「国家の統治権は皆天皇を経過し来る。天皇は、自ら統治権を行ひ、……吾国に於ては天皇が唯一の統治権総攬者なり」（同、三九四頁）という解釈とともに、国家論のレベルでは比喩的有機体説に基づく君主主権論の亜種に等しい「妄動」として退けられている。

そして、「天皇は統治権を総覧する者に非らず」と断言する点において「著しく卓越する国家機関論者」と高く評価する美濃部についても、天皇を唯一の最高機関とみなす点が「憲法の他の凡ての条文と矛盾し憲法の精神と背馳する」との批判が加えられている。とりわけ、「立憲国の君主を以て依然として一人にて組織する最高機関」とするがごときは矛盾も極まる学説であり、「英国を以て君主国体と名くるに至りては理由なきも甚し」（同、三九三頁）との厳しい指摘がなされている。北によれば、君主国体とは、君主一人が人格を有する主権者にして、国家・国民のすべてがその物格であるような国家体制のことである。今日の英国の制限的立憲君主はそのような古代・中世的な専制君主ではなく、国家・国民が人格を有する民主的国体における立憲君主政体の一機関と位置づけられるべきものである。「今日多く存する所謂立憲君主政体なるものは、……君主政体の変体と見らるべき者に非らずして、平等の多数と一人の特権者とを以て統治者たる民主的政体なり」（同、三九二頁）。したがって、政体分類において立憲君主政体は、従来の君主政体とも異なる独立の一範疇を構成する。北の政体分類によれば、民主国たる公民国家の政体は、従来の国家主権論者が行なっているような君主政体と共和政体との二分類ではなく、君主政体、立憲君主政体、共和政体の三分類でなければならない。まず君主政体とは、「最高機関を特権ある国家の一員にて組織する政体」であり、農奴解放以後のロシアや維新以後明治二三年までの日本の政体がこれに当たる。第二の立憲君主政体は、「最高機関を平等の多数と特権ある国家の一員とにて組織する政体」で、イギリス、ドイツおよび明治二三年以後の日本の政体がそれである。第三の共和政体は、「最高機関を平等の多数にて組織する政体」で、フランス、アメリカ合衆国の政体に代表される（同、三九七頁）。

北にいわせれば、すべての国家主権論者、天皇機関論者が明晰な憲法解釈を確立することができず、「今尚専制の迷霧中に彷徨」し、美濃部ほどの一頭地を抜く憲法学者までもが矛盾のうちに足掻かざるをえないのは、国家の本質、法の理念について考察をめぐらせることなく憲法の条文を実定法的に解釈しようとする方法上の欠陥による。先にみたように、帝国憲法には、第一、三、四条と第五、七十三条のように、相互に矛盾する条項が含まれている。この矛盾を克服して合理的な憲法解釈に至るためには、条文の文字上の法理学的解釈を越えて、国家の本質を明らかにする国家学的考察がなくてはならない。「吾人は考ふ、主権論の思想は法律学の文字によりてのみ解せらるべき者にあらずして、智識の基礎を国家学に求めざるべからずと。……主権とは国家の本質論によらずしては解すべからざる思想なり」（同、三九四頁）。国家学が指し示す「国家の原理」とその法的表れである「憲法の精神」とが、矛盾する法文を解釈する場合の基準・尺度である。学者はそれぞれ、「其の憲法の精神なりと認むる所、国家の本質なりと考ふる所」を判断基準として条文を取捨選択することによって学説を立て、その優劣を競う自由を持つ。したがって、「比喩的国家有機体説の思想を有する者、神道的信仰を有する者が第二条（第四条のあやまりか――筆者注）を取りて他の条文を無視すること」もまったく自由であるのみか、国家の本質に基づいて憲法解釈を行なおうとする点において方法的にも十分正当である。この点で、比喩的国家有機体説の観点から「元首」を「国家神識の宿る所」と断じて天皇主権を唱える井上哲次郎といえども、国家の本質についての信念に基づいて憲法解釈に及ぶのは、「思考の順序として当を得たる者」であり、また、家族国家論という「誠に旧き国家学の上に其の蜃気楼の如き神道的憲法論を建設せる」穂積八束にしても、その説は「固より歯牙に懸くるに足らずと雖も研究の方法としては充分に正当なり」と北はいう（同、三九四〜三九五頁）。

これに対して、主権に関して正しい理解に立つ国家主権論者が「研究の着手と結末とを顛倒」

させる方法によっていることの結果、姑息な国家観に陥り、透徹した憲法解釈を樹立できないでいることのほうがむしろ問題なのである。

　今の国家主権論者には悉く此の態度なく、一木博士が国の元首を以て主権の本体にもあらず又機関にもあらざる玄の又玄なる者の不可解に終りたる如き、又美濃部博士が『法律学上の国家とは現行の法律を矛盾なく解釈するには如何に国家なる者を思考すべきかに在り』と云へる姑息を極めたる国家観の如き是れなり。……特に始めより矛盾衝突を以て発布せられ又時代の進化によりて当然に矛盾衝突に於て存在するより外なき人為の現行法よりして、矛盾なき国家と云ふ一個の法律学上の思想を抽象せんとする如きは誠に奇蹟を試むる者なり。（同、三九五頁）

　とくに、現行法を矛盾なく解釈するための前提としてのみ国家を捉えようとする国家観に立つ美濃部に対しては、そのような実定法的合理的解釈の方法によるかぎり、天皇を統治権の総覧者にあらずとする正当な学説の根拠そのものが失われしまうのではないか、との寸鉄人を刺すかの指摘がなされている――「法律学上の国家を単に現行法の矛盾なき思考のための帰納に過ぎずとなすならば、美濃部博士の如く、『君主は統治権を総攬するものに非らず、統治権を総攬すと云ふが如き憲法の条文は学理の性質を有する者にして、国家は学説の公定権を有せず、学者は自由に憲法の文字を改めて考究すべし』と云ふが如き権威ある言の吐かるべき根拠なし。何となれば是れ明白に現行憲法の第一条に矛盾する者にして、矛盾なき思考としての国家観念は矛盾せる条文を改めて攻究すべしと云ふ力を有せざればなり」（同右）。現行法と矛盾なき思考の産物としての国家観念によって、条文の矛盾を自由に解釈しうるとすること自体が大いなる矛盾なのではないか、というわけである。本来、美濃部の右の主張が首尾一貫するためには、次のように考えられなくてはならなかったはずだ。たしかに、国家は学説の公定権を有するものではない。だが、その意味は、国家が天動説を命令することができないのと同様に、「国家学上の一学説たる比喩的有機体説を強制する能はず」ということであって、また、学者が学理上の憲法解釈の自由を持つということは、「相矛盾せる条文は憲法の精神に照らして孰れかの取捨を決定すべき思想の独立を有す」（同右）ということにほかならない。したがって、美濃部の天皇機関説に対しては、次のような批判的結論が下されざるをえない。

憲法の精神と国家学の原理とは法文の矛盾せる場合に於て取捨を仰ぐべき判官にして、美濃部博士の所謂現行法の矛盾なき思考たる国家観は斯る厳粛なる権力を有する判官たる能はず。又日本の憲法を解して一人の最高機関たる君主国体と名くる如き見解にては法文の矛盾を認めざるものと為すの外なく、従て第二条（第四条のあやまりか——筆者注）に対して自由なる攻究を主張せるは理由なき要求なり。実に美濃部博士の議論を貫徹せしめんが為めには、明かに一の確実なる国家観の上に起ちて、日本の政体は最高機関を一人の特権者と平等の多数とによりて組織する民主的政体なりと為すことに存すべし。（同、三九七頁）

この美濃部批判にみられるような、自身が多くを学んだ先学への仮借なき批判は、北がしばしば行なったところである。彼のこうした態度は従来、北の自己顕示欲、傲慢さの表れと見なされがちであった。もちろん野心に満ちた青年にそのような要素が皆無だったとはいえないかもしれない。しかし、これまでみてきたさまざまな憲法学説に対する北の反応から感じられるのは、むしろ彼の論理的潔癖さである。論理の不整合性にはどんなに些細なものでも彼は実に鋭敏に反応している。論理の貫徹ということに彼がいかに重きをおいていることか、『純正社会主義』からはそうした論理へのひたむきな純粋さがひしひしと伝わってくる。これまでともすれば見逃されがちであった、北のそのような面にもう少し眼が向けられてもよいのではあるまいか。

　ともかく、北がみた大日本帝国憲法下の日本は、国家主権のもとに、最高機関を一人の特権的国民たる天皇と平等の多数の国民とによって組織する民主制国家である。国体論者がいうような、天皇主権の君主制国家でも、天皇を家父長とし国民をその赤子とする君臣一家の家族国家でもない。北にいわせれば、帝国憲法のもとでは「所謂国体論」は成立しない。そのことは、現実の天皇の行動そのものがおのずと明らかにしているところではないか、とさえ彼はいう。日清・日露戦争によって外国の国土を日本の範囲に包含し、中国人、ロシア民族の一部を日本国籍に編入したのは、いずれも憲法上定められた天皇の権限によるものであり、これにより君臣一家論と忠孝一致論とはすでに破壊されてしまっているからである。「頑迷なる国体論者の土人等を排斥して内地雑居の条約を締結せる者は実に大日本帝国皇帝陛下の名なりしぞ」。それゆえに、天皇その人がすでにして国体論を否定する者にほかならないのである――「吾人は恐るべき国体論の破壊者を示す。誰ぞ、現在の天皇陛下なり！」（同、四三六頁）。

第6章　法華経行者の「革命的大帝国」

1

北一輝の思想の重要な部分については、以上であらまし述べたように思う。相次ぐ発禁処分により『純正社会主義』の分冊発行すら断念した北は、絶望の果てのかえって吹っ切れた「自由な感」から「モウ何でもするぞ」と、明治三九（一九〇六）年一一月、宮崎滔天らの熱心な誘いに応じて、突然のように革命評論社に入社した。おそらく『純正社会主義』を読んでその天才を見抜いていたのであろう、滔天は北を歓待した。革命評論社は中国革命同盟会の日本人組織でもあり、社員全員が同盟会員であったから、入社と同時に北も同盟会に加わっている。そのことは、『外史』に「不肖は秘密結社時代の中国同盟会に干与せし時、彼（孫文）の邸に於て彼に対して誓盟せし」（北一輝2、六頁）とあるとおりである。孫文はこのとき同盟会の総理で、横浜に居を構えていた。いうまでもなく同盟会は、内田良平、宮崎滔天らの斡旋による中国革命党三派の大同団結によって、一九〇五年東京で結成された政治結社である。広東を中心とする華僑組織をバックに国際主義的革命を目論む孫文ら「興中会」、これに反対して地域的軍事蜂起による民族革命を訴える湖南派の黄興、宋教仁ら「華興会」、強烈な排満・民族主義を掲げる浙江人章炳麟らの「光復会」、これら三派の同盟である。内乱としての革命と独立戦争とを峻別する北は、内政干渉を招きかねない外国援助に期待する孫文の国際主義的革命路線には終始反対であり、また復古主義的傾向の強い光復会にも同調できなかった。結果、中国の武断的統一を目指す湖南派「華興会」と深い関係を持つに至るが、なかでも一歳年長の宋教仁とは刎頸の友ともいえる盟友関係を結んだ。孫文の西洋紳士風のいでたちや振る舞いに好感を持てなかっただけでなく、その革命観は北には到底受け入れることのできぬものであった。『外史』において北は、「孫君の理想は傾向の最初より錯誤し、支那の要求する所は孫君の与へんとする所と全く別種のものなるを見たり」（同右）と述べており、孫文に対しては、「革命は腐敗堕落を極めたる亡国の骸より産れんとする新興の声なり。産れんとする彼児の健かなると否とは一に只此の意気精神の有無に存す。単なる中立的承認を他力本願によりて成就したる北米移住民の易きに學びて只管外援を哀求する孫逸仙君は、道理より推し又事実に照して革命運動の代表者に非らず」（同、一一頁）との厳しい評価を下している。ほかにも、「孫の如き愚呆なる驕児」（同、一三八頁）とか、「孫君が南京政府に於て為すなき木偶」（同、一三九頁）などの表現も散見し、北の孫文評は手厳しい。これに反し宋教仁については、「革命乱中は其一中枢人物たりし故宋教仁君と相携へて長江を上下し親しく離合集散の勢を視」（同、三頁）と書いているように、多く行動をともにし、その人物を国家的理想を持つ愛国者と讃えている。その志が、民族国家に大いなる理想を読みこんでいる北の心に響くものがあったからであろう。

不肖は彼等が評する如く宋派なる者にもあらず彼の顧問にも参謀にもあらず。只能く和し能く争へる同齢の一益友として他（多のあやまりか）年の交遊ありしが爲めに彼の眞価を他と異れる点に認むる者なり。即ち不肖が彼に相容すべしとしたる一事は世人の謂ふ如き彼の多策にあらず学識にあらず弁論文章にあらず。一に只彼が一貫動かざる剛毅誠烈の愛国者なりといふことのみ。（同、二三〇頁）

同盟会員となった北は、一九一一（明治四四）年一〇月辛亥革命が勃発するや、当時客分格で黒竜会の『時事月函』の編集に携わっていた関係から、同会派遣という形で上海に渡り、以後大正八（一九一九）年まで中国革命に関与することになる。中国では、宋教仁、譚人鳳らが作った中部同盟会の顧問的立場で活動した。このときの北を、G・M・ウィルソンは、アラブ統一を目指すファイサル王を擁護して闘った「アラビアのローレンス」に例えている（ウィルソン、前掲、五五頁）。が、紙幅の関係で、そうしたことの細かいいきさつは類書にゆずることとして、ここではこの間の出来事で北の思想にかかわる重要な二点だけについて述べるにとどめたい。一つは法華経への帰依であり、もう一つは「革命的大帝国」という北のビジョンについてである。

日蓮流謫の地佐渡にあって、北が早くから日蓮や法華経に馴染んでいたことはすでに触れたが、本格的に法華経にのめり込んでゆくのは大正五（一九一六）年一月以降である。二・二六事件へのかかわりについて警視庁の取り調べを受けた際北は、「信仰は何宗と限りませんけど、大正五年一月以来法華経読誦に専念し爾来此事のみを自分の生命とし一年一年と修業を致しまして二十年間を一貫して居ります」（昭和一一年三月一七日聴取、北一輝3、四五〇頁）と述べており、四月一七日の憲兵隊での聴取では、それが「突然の信仰生活」であったことを供述している（同、四四三頁）。その頃に偶然知り合った永福寅造という霊能者としても知られる法華宗徒の影響といわれているが、佐渡の幼き日以来親しんできた法華経への漠とした信仰に何らかの回心が起こったものとみてよかろう。『純正社会主義』の発禁、見出しえぬ第二維新革命の具体策、革命への民衆動員の不能、現地で目撃した中国革命の暗闘と悲惨、中国民衆間に高まる反日ナショナリズム等々、次々と身に襲い来るこれらの要素がない交ぜになって、法華経の世界への沈潜が準備されていったように思われる。大正一五年一月の『改造法案』の第三回公刊頒布に際して書かれた文章には、「大正五年一月よりの満十年間の見仏の生活に於て」（北一輝2、三六一頁）という言葉がみえ、法華経の読誦を通じて仏を目のあたりにみ、これと交信する生活に入ったことが明かされている。また、処刑に際して養子の大輝（湖南派の長老譚人鳳の孫）に遺した法華経の裏面に記された遺書にも、「汝ノ生マルルト符節ヲ合スル如ク突然トシテ父ハ霊魂ヲ見神仏ヲ見此ノ法華経ヲ誦持スルニ至レルナリ」（北一輝3、五三〇頁）の文言がある。大輝の誕生日は大正四年一一月二八日である。しかしながら、『純正社会主義』以後この『改造法案』へ至る二〇年間に、北の思想に根本的な変化があったというわけではない。『改造法案』第三回公刊頒布の一文は、見仏生活が彼の思想を根底から変えるものでないことを「見と不見との二十年間を幸ひにして一貫せし者惑はざりし者を、必ず決定して故国日本の巌上に築かんことを祈る」（北一輝2、三六一頁）と結ばれているからである。革命家北にとって、『純正社会主義』において若き日のおのれが果たした思想的営為は、一点一画の訂正すら必要ないというまでに自負しうるものであった。彼はこう述べている。

> 理論として二十三歳の青年の主張論弁したことも、実行者として隣国に多少の足跡を印したことも、而して此の改造法案に表はれたことも、二十年間嘗て大本根抵の義に於て一点一画の訂正なしと云ふ根本事の諒解を欲するからである。思想は進歩するなんど云ふ遁辞を以て五年十年、甚しきは一年半年に於て自己を打消して恬然恥なき如きは、――政治家や思想家や教師や文章家は其れでも宜ろしいが、――革命者として時代を区画し、幾百年の信念と制度とを一変すべき使命に於て生れたる者の許すべきことではない。純粋の理論を論説して居た二十台の青年だらうが、千差萬別の事情勢力の渦流に揉みくちゃにされて一定の航路を曲げ易い三十台

だらうが、已に社会や国家に対して言論をなし行動を取った以上は年齢や思想如何を以て免除さるべからざる責任を感ずべき筈と思ふ。（同、三六〇頁）

たしかに内容的にみれば、北の思想の大本は見仏生活前後で変わってはいない。だが、その思想のニュアンスには、大正五年の頃を境として、法華経、とりわけ日蓮の影響が大きな影を落とすようになったことには眼を向けておく必要があろう。北には幼少のときより霊的なものに感応する神秘的資質があったという。子供の頃の北は、「妙な夢を見て怖れたり、夜分何物かの幻覚を生じて、気味悪るがってゐた」（北昤吉1、二四九頁）。「兄には能くいへば霊感があり、悪くいへば憑拠的性格……恐らく俗にいふ天狗の様なものが憑いてゐるのではないか」（同、二四八頁）との北昤吉の証言もある。後年結婚した後も、夜中によく幽霊のようなものをみて、「トイレに行くのにこわくて、御夫婦で手をつないで行った」（島野・末松・西田、前掲、三一七頁）と、西田税夫人は語っている。こうした生来の資質は、清国退去命令で帰国していた時期に偶々知り合った永福寅造から読経術の手ほどきを受けて以後、なお一層強められたものと思われる。前記のとおり、北は武漢革命（辛亥革命＝第一革命）成功の報を受けて明治四四（一九一一）年一〇月末上海へ渡ったが、大正二（一九一三）年三月に起こった盟友宋教仁の暗殺事件に疑惑を抱き、真相究明に動いたことで、上海総領事有吉明から「安寧妨害」の廉で三年間の清国在留禁止処分を命じられていた。日本に親しい支援者を持つ孫文に疑惑の目を向けたり、暗殺計画への日本人の介在を匂わすなどの言動が、日頃彼の動静を警戒していた有吉を刺激したからである。ちなみに、北は、後述するように、宋教仁の暗殺は陳其美、袁世凱、孫文の三人の謀議によるものという特異な説を持っていたことで知られる。北に退清を命じた有吉は、明治末から大正前期にかけて一〇年もの長きにわたり上海総領事を務め、のちに（昭和一〇年）初代中華民国大使となった人物だが、北はその人となりを「吏僚的軽侮観」を隠さぬ典型的官僚気質の男として描いている（北一輝2、二一九頁）。この退清時期に彼は永福に出会ったのである。以後の北は、「法華経の篤信者といふよりも、狂信者」（北昤吉1、二四八頁）の趣を深めたとは昤吉の言である。狂信者かどうかはともかく、大正五年一月に北が、母の生家から日蓮の所持品とも伝えられる法華経を取り寄せ、読経三昧の見仏生活に入ったことは事実である。そしてこの同じ月に、「一輝」の号を名乗るようになった。北一輝の誕生である。宮本盛太郎の解釈にしたがえば、北一輝とは「北で一番に輝く星」のことで、つまりは「北極星（北辰）」を意味する。宇宙の星々の中心である北極星は、天台宗では天皇の星とされ、熾盛光仏頂如来《しじょうこうぶつちょうにょらい》として尊崇の対象となり、日蓮宗でも北辰妙見菩薩として崇められたといわれる。この号について藤巻一保は、「北が新たな号とした一輝は、この『北辰尊星妙見大菩薩』のことであり、天子そのものの星を意味していた。法華行者として生まれ変わった北の高揚した気分が、この号からひしひしと伝わってくる」（藤巻、前掲、七七頁）と書いている。「法華経の行者」とは、「法華一乗」によるこの世の変革のために生きる者のことで、「立正安国論」執筆（文応元［一二六〇］年）以後の日蓮の自己規定である。それまでの日蓮は「天台沙門」を自称していたが、「安国論」以後、天台宗の開祖最澄を超えたとの意識からみずからをこう呼ぶようになったといわれる。日蓮においては法華経が至高絶対であり、行者はその立場から権力者はもとより、時として神仏をすら叱り諫めることのできる存在であった。龍ノ口の法難に際してあわや斬首されんとしたとき、日蓮は天照大神や八幡神をもこう叱責した。「今日蓮は日本第一の法華経の行者なり。その身に一部のあやまちなし。……日蓮今夜頸切られて霊山浄土へまいりてあらんときは、まず天照大神、正八幡こそ起請を用ひぬかみにて候けれと、さしきりて教主釈尊に申上げ候はんずるぞ……」（日蓮「種々御振舞御書」）。見仏生活に入って以後の北は、みずから「法華経の行者」を名乗り、日蓮を「法華経の宣伝者」と呼んでいる。いや、それのみならず、「支那革命外史序」には、「不肖は日蓮に非ず又日蓮の奴隷に非ず」（北一輝2、四頁）の文言さえみえる。日蓮は法華経の弘布《ぐぶ》をはかったものの、世界の変革というその神髄を実現できなかったとの思いからであろう。『外史』では、「教兄日蓮慈悲折伏のコーランを説きて未だ刃を出さず。世界一教を説きて猶支那印度に至らず」（北一輝2、二〇三頁）と記されている。それゆえ、「法華経の行者」という自己規定には、かつて日蓮が果たしえなかった任務を大正の現代において遂行するのは自分だ、との自負心もまた込められていたとみてよい。「彼は絶対の価値というものに対して冷酷であった」（三島2、五九〜六〇頁）という三島由紀夫の北評にもかかわらず、「行者」と自称するまでの法華経への帰依は、北が絶対的価値をついに認めたということを意味していた。法華経はなにものによっても突き崩すことのできない絶対不動の真理であった。

革命思想家としての北に日蓮の姿が二重写しになって現れてくるのはこのとき以降である。さきに触れた二・二六事件関連の警視庁調書において、「信仰は何宗とは限りませんけど……」と供述していることをもって、北の宗教的帰依の本気度を疑い、それを一種の偽装とすらみようとする論者もいるが、話は逆で、至上最高の仏教典である法華経を渇仰する以上、もはや宗派の別など問題外、法華経絶対の世界への帰命を彼は語っているのである。「不肖何をか隠さん亦妙法蓮華経の一使徒」（北一輝2、二〇三頁）という『外史』の言葉を疑う理由はどこにもない。法華経への帰命の結果か、大正二年頃からの北は、若き日の生物進化論を信奉する「科学主義者」からはうって変わって、「科学の力を過信してはならぬ」とか、「理性の限界」などということが多くなったという。勉強家の彼らしく、現代物理学を引き合いに出し、原子の構造や原子相互間の斥力や引力など、原子によって解決しようとしていた問題のすべてが依然として原子自体に残存するという謎を指摘して、「科学の全能を信ずる者は科学を知らぬ者である」とさえ語った（島野・末松・西田、前掲、三〇四頁）。また革命についても、「外面的な政治制度よりも、個人個人の精神の革命こそ……はるかに実効あるもの」（同、三〇一頁）といい、『改造法案』も「現代日本の社会制度よりは幾分ましなもの」とはいえ、「一個の試案」にすぎず、決して絶対的なものではないことを強調していた（同、三一三〜三一四頁）。後年、二・二六事件に関する憲兵隊での事情聴取において、北は、『純正社会主義』を「少年時代の書物であり、且つ不完全の儘で出したもの」（北一輝4、二〇頁）とも供述している。一応弁明のための遁辞ではあろうが、案外、素朴な科学主義への反省の意も多少は込められていたのかもしれない。ただ、生物進化論の科学主義を取り去ってみても、『純正社会主義』の論理の骨格にはほとんど変わりはなく、『改造法案』との間でも明確な一貫性が保たれていることには留意さるべきである。

北の突然の宗教的絶対世界への没入という大きな変化を如実に映し出しているものは『外史』である。『外史』の稿が起されたのは北が退清命令を受けて帰国中の大正四（一九一五）年一一月であるが、帝位を狙う袁世凱の動きをめぐり、翌一二月の雲南省反乱をきっかけに第三革命が勃発したことによって、執筆は中断された。そしてこのとき、それまでに完成していた第一章から第八章までの、『外史』全体のほぼ三分の一ほどの部分が、『支那革命党及革命之支那』として印刷配布された。残り三分の二を占める第九章から第二〇章までの部分の執筆が再開されたのは翌大正五年四月で、まとまる傍から印刷のうえ要路筋に頒布され、最終的に脱稿したのは五月二二日である。法華経帰依の画期と目される大正五年一月は、前半部分と後半部分執筆のちょうど境目の時期に当たっており、この前後で『外史』の叙述表現には明らかな変化が認められる。後半部分に法華経および日蓮の影響が色濃く表出されているのである。北から『外史』を寄贈された吉野作造はこの点に気づいたものとみえる。中国革命党を論じた前半部分については類書中の白眉と讃え、その高邁な見識に敬意を表するためと、わざわざ青山の北宅を訪問したほどであったが、「後半には全然承服し難い点がある」（北一輝3、五五二頁）との感想を洩らしているからである。また、大正六年七月『佐渡新聞』に北の人物評を求められたときにも、『外史』に触れ、「前半は非常に立派なもので近来の名著と思ったので国家学会雑誌で批評しようと思ったが、後半が私と意見が違って居りますので差控えました」（同、五五四頁）とのコメントを寄せている。のちの憲兵隊での取り調べに北自身も供述しているとおり、「初めの支那革命の説明は、皆喜んで了解して呉れました。後半の日本外交革命と謂ふ点になりましたら、皆驚いて態度を変へました」（同、四四四頁）というのが、政府要路をはじめとする外部の『外史』に対する反応であった。

問題の『外史』後半部分は、中国に関する対英追随外交の転換をはじめとする日本の外交革命、さらには「革命的大帝国主義」という夢にも似たビジョンを論じたものだが、その表現には過剰なまでに法華経や日蓮への言及があることに注目しないわけにはいかない。大正一〇（一九二一）年一一月の『外史』出版にあたってあらたに書き加えられた「支那革命外史序」には、同書の目的が、「是れ『大正安国論』なり、正義を大成して国家を安んずるの道を論叙せる者なり」（北一輝２、三〜四頁）と述べられている。日蓮の『立正安国論』を強く意識しての言葉だが、すでに五年前に脱稿していた本文中には、元寇襲来に警鐘を鳴らし時の権力北条得宗を諫諍した日蓮におのれを擬する次のような一節もみられる。

昔者日蓮上人辻説法の迫害を蒙りつつ『立正安国論』を草して執政者を戒む。而も上下悉く信ずる者なき今の日本の如し。……世界列強の興亡に最後の判決を與ふる大にして正なる『大正日本』たるか。英独の元寇襲来によりて消失すべき亡国史を書くか。一に支那革命の神風を賜ひし天寵を拝謝して外交革命を断行することに在り。不肖何をか隠さん亦妙法蓮華経の一使徒。……成敗唯釈尊の照覧し給ふところ。経巻を抱いて神風渦中に投ずる数句を出でざらん。一巻『大正安国論』を諸公に献じて去る、生死固より仏意に在り。唯諸公にして猶神風の天恩を解せず再び処すべき所以の途を誤らば、二千五百年は諸公の亡ぼすところなるを断言す。（同、二〇三頁）

日蓮の『立正安国論』は、国家安穏を目指す具体的な社会改善策の提案意見書として文応元（一二六〇）年に書かれ、鎌倉幕府の最高権力者であった前執権北条時頼に提出された。佐藤弘夫『日蓮「立正安国論」』によってその概要を見ておけば、「立正」とは、新興の念仏宗を廃し、法華経を中心とする大乗諸経を「正法」として宣揚するということである。日蓮のこの立場は佐渡配流時（一二七一～七四年）以降さらに強められ、法華経以外の一切を否定する「法華一乗主義」として確立された。また、「安国」とは、仏法が存立する基盤としての国（国家）を安んじることを意味するが、この国（国家）は決して支配者の権力機構を意味するものではなく、「国土と国民を中心概念とするもの」であった。日蓮の真筆本には、「国」を「囻」と表記している例もまた見受けられるという。この国家概念は、すでにみた北のそれとほとんど重なり合っているといってもよい。伝統仏教の王法のための「安国」観念を否定し、「その中心的意味を、天皇などの特定権力（狭義の国家＝王法）の安泰から、広義の国家としての国土と人民の安穏へと転換させたところ」（佐藤弘夫、二〇〇八、三八頁）に日蓮の革命性はあった。しかも、日蓮は、「安国」なくして「立正」もなし、とまで言い切っている――「夫《そ》れ国は法に依って昌え、法は人に因って貴し。国亡び人滅せば、仏を誰か崇《あが》むべき、法を誰か信ずべきや。先ず国家を祈って須らく仏法を立つべし」（同、二二八頁）と。また、『安国論』の一年前に著した『守護国家論』では、彼岸の浄土や自己の解脱を求める法然、親鸞らの浄土教や道元らの禅を徹底的に批判して、社会、国土の変革を通しての現世における人民の救済を最優先すべきことをも説いた。国家改造を行ない理想社会を実現することによって、現世においてこそ人は苦悩から解放され、生の歓喜を味わい尽くさねばならぬ、この日蓮の信念は、すでにみたとおり、北の念ずるところでもあった。『純正社会主義』において彼は、社会主義の哲学宗教を説き、「死後の幸福は他世界にあらず理想は悉く実現さる。天国と云ひ極楽と云ひ人類の進化せる一生物種属『神類』の地球なり。誠に是れ社会主義の哲学宗教なり」（北一輝4、三五二頁）と述べていた。また、伝統仏教にとって「安国」の目的だった狭義の国家権力としての「王法」は、日蓮においては仏法を広めて「安国」を実現する手段にすぎぬものと一八〇度の意味転換がなされたが、この点も天皇を国家改造（社会主義革命）の手段として利用しようとした北と共通するといえなくもない。王法を仏法の下位に位置づけ、支配権力批判の視座を確保した『安国論』について、佐藤弘夫は、「前近代社会にあって、庶民の生命と生活を重視する立場から、政治権力を徹底的に手段化する論理を明示した点において、『安国論』は注目すべき内容をもっている」と評価し、「こうした立場をとる日蓮にとって、時頼に対する『安国論』提出はもはや下からの意見具申ではなかった。それは仏法の権威を体現する日蓮が、上から権力者を導く行為だった」（佐藤、前掲、四四頁）と述べているが、『外史』において北が行なった、大隈重信ら時の政府執権者へ向かっての入説もそのようなものと捉えてよいであろう。日蓮は、理想の仏国土を建設するための社会変革の担い手を、『法華経』の「従《しょう》地涌出品《じゆじっぽん》」に説かれている「地涌《じゆ》の菩薩」としている。「地涌の菩薩」とは、釈迦入滅後に法華経を護り、読誦《どくじゅ》、弘通《ぐずう》する使命をおびて、末法の世を救うために大地から涌き出ずるように現れる菩薩群のことである。北が革命の主体をこの「地涌の菩薩」に求めたのも、日蓮と同じである。前記の「支那革命外史　序」には、「経文に大地震裂して地湧（涌）の菩薩の出現することを云ふ。大地震裂とは過ぐ世界大戦の如き、来りつつある世界革命の如き是れである。地湧菩薩とは地下層埋るる救主の群といふこと、則ち草沢の英雄下層階級の義傑偉人の義である。――支那は十年前の十月十日、清末革命の本義を徹底せんが為めに禹域四百州の大地今將震裂せんとして居る。露西亜の大地震裂に際して地湧の菩薩等は不動尊の剣を揮ひ不動尊の火を放った。露西亜と同じき中世的制度と中世的堕落を持てる支那は、露西亜の救はれつつある途を踏むことに依りてのみ救はるる」（北一輝2、八頁）と書かれている。自己および門弟たちを「地涌の菩薩」に例えた日蓮の顰みに倣うかのように、北もまた、おのれをはじめその周囲に集まってくる門人たちを救主の菩薩の群とみようとしていた。藤巻一保によれば、北はみずからを「地涌の菩薩の筆頭である上行菩薩」（藤巻、前掲、九五頁）として意識していたという。また、神秘的予言も日蓮、北のふたりに共通するところといえる。『立正安国論』における「他国侵逼難」を、日蓮自身、法華経の霊力による「蒙古襲来」の予言と認めているが、のちに北が妻スズの「霊告」に基づいて行なった数々の予言も、生来彼が持っていた霊的性格が法華経への絶対的帰依によってさらに強められた結果だったみてよかろう。そのことを最もよく示す事例は、宋教仁暗殺の真犯人を宋自身の亡霊が北に告知したという有名なエピソードである。宋の死について北は、『外史』前半部では「宋君亦同じく趙秉釣を共犯としたる暗殺に仆れ」と袁世凱の手の者による暗殺を示唆している。しかし、法華経帰依後に執筆された『外史』後半部においては、「亡霊一夜まさまさと枕頭に起ちし翌る日、不肖は秘密の所在を発見したり」（北一輝2、一三九～一四〇頁）として、宋暗殺の秘密の真相を次のように暴くのである。

遮莫、第二革命の因を爲せる故宋教仁の横死は誠に悼むべく憤るべきものなりき。――ああ天人倶に許さざるの此大悪業よ。亡霊の浮ぶべからざる怨として遺友三年胸奥に包みたる此大秘密よ。袁は主犯に非ず一個の從犯なり。暗殺計画の主謀者は彼と共に轡を列べて革命に從ひし陳其美にして、更に一人の從犯は驚く勿れ世人の最も敬すべしとせる〇〇〇（孫逸仙――筆者注）なるぞ。――ああ人、權勢に眩する時、萬悪爲さざるなき一に茲に至るか。（同、一三八頁）

中国の「南北統一」を素志としてきた宋教仁は、辛亥革命後、同盟会を国民党に改組し、実質上の党首として、民国二（一九一三）年の総選挙で大勝、責任内閣制案をもって中華民国初代臨時大総統袁世凱を牽制しつつ、統一中国の「正式大総統の人選」を頭に描いていた。そのため、袁世凱と内務総長趙秉鈞の共謀によって放たれた刺客によって暗殺されたとするのが定説であるが、北の説はそうではない。このとき袁・趙共犯説を裏付ける証拠物件を公表した浙江派「光復会」の陳其美を主犯とし、袁および孫文を従犯とする、宋の亡霊の「お告げ」を彼はかたく信じたからである。この「お告げ」の意味を、北はこう解釈したものと思われる。袁・孫のふたりは、光復会を革命の嫡流に押し上げるため手段を選ばずテロルを繰り返してきた陳其美の宋教仁（華興会）排除の意志を容認したのだと。『外史』には、袁世凱を「卑怯駑才」とし、孫文を「木偶」とみなす宋教仁が、革命の「危険なる過渡期」を乗り切るために「南孫を推さず北袁を考へずして第三者」を考えたこと、つまり憲法上の継承順位第一位の副大総統だった「最も愚呆脆弱なる黎元洪を黙想」したことが、その死を招いた原因だとする考えが述べられている。北は、「北袁南孫が斯る故宋を倒すべき立場に於て握る所ありしは後に至て歴々挙証さるべき所」（同、一三九頁）と信じて疑わず、その怒りを、次のように記している。

彼（宋教仁）は瀧の如く滴たる血潮を抑へて于右任君の首を抱き遺言して曰く。南北統一は余の素志なり。諸友必ず小故を以て相争ひ国家を誤ること勿れと。一宋の死は革党の脳髄を砕きたる者なりき。黄は棺を抱き腸を絞りて泣けり。譚は後れ來りて獅子吼したり。天下騒然。——悪逆此に至っては亦何をか言はん。主謀者は葬祭に奔走したり。一の従犯袁は北京より弔電を致せり。他の大なる其れは最も大なる花輪を送れり。（同、一一三九頁）

この説にはもちろん何の証拠もない。夢枕に立った宋の亡霊が語った言葉だけが唯一の根拠である。しかし、この法華経の行者は、宋教仁とやはり袁の凶刃に倒れた范鴻仙を「支那革命の犠牲」と呼び、『外史』を終えるにあたって、彼ら「怨に燃ゆるものの魔血に我が経巻を浸さしめよ。不肖は窩濶臺《オゴタイ》汗たるべき英雄を尋ねて鮮血のコーランを授けん。宇宙の大道。妙法蓮華経に非ずんば支那は永遠の暗黒なり」（同、一一〇四頁）と書き加えずにはおられなかった。

2

この『外史』後半部で北は、中国革命のさなかに勃発した第一次世界大戦を好機として、それまでの日本外交を革命的に転換すべきことを、大隈首相、加藤外相ら時の政府執権者に強く迫った。まずは、中国の統一を目指す民族革命を日本は支援せねばならない。それには、中国に関する対英追随外交を根本的に改めることが何よりも不可欠であり、軍事的・経済的援助以上に、日本の中国革命支援の意志を世界に示し、英露など列強の中国への帝国主義的干渉を牽制する必要がある。彼が待望していたのは、中部同盟会が企図していたような各省の武断的統一による近代的集権国家を中国に創出することであった。『外史』では、独立的権力を有する各州の分立によって動乱の絶えないメキシコと、ビスマルクの鉄血政策によって統一をなしとげたドイツとを引き合いに出し、「支那が墨其古《メキシコ》たるか独逸たるかの決論《ママ》は叛逆すべき各省を討伐して遺類《ママ》なからしめんとする武断的大総統の有無に存す」（同、一六八頁）と述べているが、その出現の可能性について、彼はかなり楽観的だったようである。「自由的覚醒による国家的信念は近代国家の凡てを作りたるもの」と信ずる彼は、フランス革命において近代的国民軍の陣頭に立った「大カルノー」が現われたように、「支那の同様なる危機と、統一及自由に対する国民的覚醒」（同、一七一頁）とは中国革命においてもこれに匹敵すべき人物を生み出さずにはおかないと考えたからである。「真理は独り支那に不公平なるべからず」。この武断政策による郡県的統一は、必ずや革命中国を「軍国主義に築かれた一大陸軍国」にするが、「一大陸軍国たる支那の将軍は革命的青年と四億万民の泥土中より出づべし」（同、一七二頁）と、以後の中国史の展開を予言するかの見通しを述べている。日本もまたみずからの国家を改造し、武断的統一なった革命中国と手を相携えて、欧米列強の帝国主義とは異なる「革命的大帝国主義」を世界に示すこと、これがこのときの北の頭に描かれていたビジョンである。それは、未曾有の大戦に際会した今後の世界において日本が生き残る方途であると同時に、かねて彼が究極の理想とする社会主義の「世界聯邦」へ至る道でもあった。北は、すでに『純正社会主義』において、「倫理的制度としての国家の理想的独立」と「個人の完き自由」は、「社会主義の世界聯邦」がもたらす「万国平和」によって実現されるとの理想を語っていた。生物進化における分化作用と同化作用からすれば、「社会主義の世界聯邦国は国家人種の分化的発達の上に世界的同化作用を為さんとする者」であって、それゆえに、「自国の独立を脅かす者を排除すると共に、他の国家の上に自家の同化作用を強力によりて行はんとする侵略を許容」（北一輝4、二二七頁）しない。また、帝国主義的侵略を許さぬ世界聯邦がもたらす平和的秩序の下では、国家のエゴイスティックな利害に基づく国家間競争のために個人が強制的に動員され、その自由を蹂躙されることもありえない。こう述べる北は、通常考えられているような意味での帝国主義の讃美者ではない。だからこそ、今日の「帝国主義者の讃美」する「小我の国家を終局目的として世界の凡ての国家と民族との分化的発展を無視することは世界の大我よりして許容すべからざる不道徳」であり、「実に倫理的制度たるを無視せる国家の犯罪なり」（同、二四二頁）といわずにはおられなかった。国家主義と個人主義とを「其の完き理想」において実現する社会主義が世界主義でなくてはならない理由はここにあったのである。

　ではなぜ彼は、「革命的」という形容詞がついているはいえ、「帝国主義」を唱えたのか。現在の欧米列強による帝国主義的世界を転覆して、社会主義の世界聯邦の理想を達成するためには、まずこれを推進すべき受け皿が必要だったからである。歴史の弁証法的進化の必然を信じる彼は、国家主義と個人主義がより高い次元で統一されるためには、帝国主義が最高度に発展する必要があると考えていた。その第一歩が、ほかならぬ革命中国と改造日本の協同による「革命的大帝国主義」だったのである。中国革命はまさにその好機として捉えられた。「諸公何ぞ支那の革命が伊勢大廟の神風なることを悟らざるや」（北一輝2、二〇三頁）。のちの『改造法案』において北が、「巻八　国家ノ権利」の一項に「開戦ノ積極的権利」を明記したのはそれゆえである。その意味で『改造法案』は、「革命的大帝国主義」の設計図ともいうべき著作である。そこにはこう書かれている――「開戦ノ積極的権利。国家ハ自己防衛ノ外ニ不義ノ強力ニ抑圧サルル他ノ国家又ハ民族ノ為メニ戦争ヲ開始スルノ権利ヲ有ス」（同、三四二頁）。そして但書において、「当面ノ現実問題トシテ印度ノ独立及ビ支那ノ保全ノ為メニ開戦スル如キ」がこの項に該当すると付記されている。

したがって、この「革命的大帝国主義」のためにまずなされねばならぬことは中国革命を成功させることであった。それにはその最大の障害であるイギリスを取り除かねばならない。北のみるところ、かねてイギリスは、自己の利権確保に腐心するあまり、中国の「中世的代官階級」たる守旧派官僚と結託してその近代化を阻止してきた。これを駆逐することは、中国が経済・財政主権を奪還し、独立の基礎を固める第一条件である。中国革命政府のこの戦いに、日本は支援の手をさしのべなくてはならない。折しも、第一次大戦が勃発した。北によれば、中国からイギリスを駆逐すべき対英戦は、本来であれば、「『将来の孤立』に戦慄」する日本が「錯誤せる外交より覚醒して」日英同盟を廃棄し、「『現在の孤立』に苦悩せる」ドイツと同盟することによって始められるべきであった（同、一七八頁）。日本が英領インドの独立を求めるような意味で中国の保全を望んでいるとすれば、「眼前ニ迫レル支那ト英国トノ衝突ハ日英同盟ヲ存立セシメザル者」だからである。日英同盟は廃棄されねばならない。そして、日独の海軍によってイギリス海軍を太平洋と大西洋とに分断し、英本国の降伏はドイツに委ね、スエズ以東の制海権は日本が握る。極東においては日独の海軍が英海軍を挟撃し、イギリス勢力を中国から駆逐する。一方で、革命中国が歴史的宿敵であるロシアとの一戦を断行するのに乗じて、北方はウラジオストクから黒竜江、極東シベリア、沿海州地方に進出し、「南の方香港を略し、シンガポールを奪ひ」、「仏領印度を領して印度救済の立脚地を築き」、「更に長鞭一揮赤道を跨ぎて黄金の大陸濠洲を占め英国の東洋経略を覆へすべきは論なし」（同、一八二頁）。むろんのことに英領インドは独立させなくてはならない。これにより、日本は「小日本より大日本に転」じ、「支那は膨張的日本の前駆を為す」（同右）。

小国が大国に対して領土の再分配を求めて開戦することも、『改造法案』の認める「国家の権利」である。「国家ハ又国家自身ノ発達ノ結果他ニ不法ノ大領土ヲ独占シテ人類共存ノ天道ヲ無視スル者ニ対シテ戦争ヲ開始スルノ権利ヲ有ス」（同、三四二頁）。但書には、当面の問題として、「濠洲又ハ極東西比利亜《シベリア》ヲ取得センガタメニ其ノ領有者ニ向テ開戦スル如キ」がこの権利の行使にあたるとされている。これは決して正義を逸脱した利己的行為ではない。そもそも利己そのものは罪悪でも、不義でもなく、「他ノ正当ナル利己ヲ侵害シテ己ヲ利セントスルニ至テ正義ヲ逸ス」るにすぎないのである。北は、「持てる者」と「持たざる者」とを分かつ現状の国境線の変更を、「不義ナル劃定線ヲ変改シテ正義ニ劃定セントスル」ものとみなし、そのための開戦を是とする――「英国ハ全世界ニ跨ル大富豪ニシテ露國ハ地球北半ノ大地主ナリ。散粟ノ島嶼ヲ劃定線トシテ国際間ニ於ケル無産者ノ地位ニアル日本ハ、正義ノ名ニ於テ彼等ノ独占ヨリ奪取スル開戦ノ権利ナキカ」（同、三四二頁）。日本が豪州と極東シベリアを求めるのは、社会民主主義の原理に照しても合理的かつ正当な要求だと彼はいう。なんとなれば、「如何ナル豊作ヲ以テストモ、日本ハ数年ノ後ニ於テ食フベキ土地ヲ有セズ。国内ノ分配ヨリモ国際間ノ分配ヲ決セザレバ日本ノ社会問題ハ永遠無窮ニ解決サレザル」（同、三四三頁）からである。しかも、日本が積極的発展を求め戦うことは、「単ナル我利私欲」ではない。欧米列強に虐げられてきた植民地諸民族の「侵略者ヲ排除セントスル現状打破ノ自己的行動」を支援し、ともに新たな世界秩序としての社会主義の世界聯邦を目指す「革命的大帝国主義」の実行という意味において正義の行為なのである。

しかしながら、北のこの夢想は、大隈内閣が決定した外交政策の現実、つまり日英同盟に基づく対独参戦によってあえなく破られてしまうことになった。日本は、イギリスの対独宣戦布告の三週間後の大正三（一九一四）年八月二三日ドイツに宣戦を布告し、わずか二カ月たらずの一〇月一四日には太平洋上のドイツ領南洋群島（マーシャル、カロリン、マリアナ群島）を占領、一一月七日にはドイツの極東における主要な根拠地である青島を掌中に収めた。参戦決定の理由を加藤高明外相は、「一は、英国からの依頼に基く同盟の情誼と、一は、帝国が此機会に独逸の根拠地を東洋から一掃して、国際上に一段と地位を高めるの利益と、此の二点から参戦を断行するのが機宜の良策と信ずる」（伊藤正徳、一九二九年、七九頁）と説明している。しかし、北にとっては、対独参戦は、「立国の正義と永遠の利益の為に第二の日露戦争を英国に向つて戦ふべき」日本が、「『日英同盟の誼』によりて英国の印度兵に雇はるる」（北一輝2、一七五頁）ことを意味するもので、最悪の愚策にほかならなかった。対独戦は、かりに勝利したとしても極東におけるイギリスとロシアのバランサーとしてのドイツを失うことを意味し、大戦後のイギリス、ロシアの勢力増大を招くという点で、日本にとって決して好ましいものではない――「独逸を打撃して、却て英露の為めに後顧の憂を除かんとするは日本全国の発狂に非らずや。……独逸の敗戦は直ちに日本の勢力失墜となりて英は同盟を要せずとすべく、露は放膽なる再戦を求むべし。是れ則ち独逸勃興以前の維新時代の英露東侵に帰へる者、日本の亡国は支那を分割し終はる数年後に來らん」（同、二〇二頁）。ましてや、ドイツが敗北せず、むしろやや優勢に大戦が決着しようものなら、その勢力はフランスに代わって仏領インドシナに及ぶであろう。英領インドと南部中国の間に横たわる仏領インドシナはこれまで、「英国の支那併呑に対して極南の万里長城」として「支那保全の保証」をなしてきた（同、一七三頁）。この保証が危うくなる、というのである。すれば、新たに仏印を領し、山東半島を支配するドイツと、英領インド、英領マラヤをおさえ、香港を握るイギリスとの間に利害の一致から妥協が生じることは明々白々で、「英独妥協の東亜殺到」が起こる。北は日蓮さながらに「英独提携の元寇襲来」と呼んでいるが、この事態をロシアが黙過するはずはなく、必ずや英独露三国による中国分割に帰結する。いかに日本が夜郎自大とはいえ、この三国と一戦を交える気か。その力も勇気もないことはいうまでもなかろう。「何者の痴漢ぞ、茫々乎手を拱きて勝敗何れにせよ我が日本の利益なりと嘯くや」（同、二〇二頁）。勝敗いずれにしても、ドイツと戦火を交えることは誤りであり、同盟がすでに不可能ならば好意的中立を守るのが次善の策である。ドイツと結んでイギリスを駆逐するという北にとっての最良の中国政策の望みはもはや絶たれた。開戦を前に、中国保全のためにドイツと結ばんと「進退を賭して本国に訴へ」（同、一八一頁）た駐中国特命全権公使山座円次郎は退けられ、北京に客死した。「大秘密の死に蔽はれたる公」と北が述べているように、山座の死は、一説には、袁世凱による暗殺ともいわれている。この山座と彼を助けた参事官水野幸吉のふたりを、北は「日本外交革命の犠牲」と呼び、「支那革命の犠牲」宋教仁、范鴻仙と並べて、将来の中国革命の指導者に与えられる「鮮血のコーラン」としての「法華経」を浸すべき「魔血」の提供者とみなしている。

日本外交の錯誤は、対独参戦にとどまらなかった。年が明けた翌大正四（一九一五）年一月一八日、日本は袁世凱政府に対して「二十一カ条の要求」を突きつけたからである。ただでさえ中国分割の危機が迫っているにもかかわらず、さらにこれに拍車をかけるかのごとき「要求」とは何ごとであるか。北は切歯扼腕する。あたかも火事場泥棒のように、旅順・大連の租借期限の延長、山東省のドイツ利権の譲渡をはじめとする膨大な利権の要求は中国分割の危機をさらに高め、ひいては日本を亡国の道に至らしめずにはおくまい。革命中国の行く手について彼は、それが保全されさえすれば、「窩闊臺汗《オゴタイ》の共和国は一年にして其の基を築き十年に至らずして日本に代りて日本を保全」（同、二〇一頁）しうる力を持つ、と楽観的な見通しを語っていた。だが、「二十一カ条の要求」は、こうした中国の国力の発展を阻害するばかりでなく、民族的誇りを踏みにじるものとして中国国民の間に重大な反日的気運をも醸成せずにはおくまい。事実、北が危惧したとおり、早くも二月の上旬には、馮国璋はじめ九人の将領が「要求」への断固反対の意志を表明し、下旬には上海で国民対日同志会が結成されている。翌三月には、上海、漢口、広東において日貨排斥運動が起こった。また、アメリカでも日本への反発が生まれていた。反帝国主義で名高いブライアン国務長官が、「二十一カ条の要求」の一部に不同意の旨の「覚書」を駐米大使珍田捨巳に手交したのは三月一六日のことである。一方、日本国内では反米的風潮もあらわれはじめていた。大戦中から戦後にかけては、日露戦争後の日米関係の悪化を背景に、「日米もし戦わば」式の未来戦記が多く出版されたことで知られるが、その先駆けとなった海軍中佐水野広徳の『次の一戦』が刊行されたのは、この年の六月三〇日である。金尾文淵堂から出たこの本はたちまちのうちにベストセラーとなった。こうした動きを察知してか、北は、「限りなき狂乱は更に此の機会を以て米と一戦を欲すと云ふ」（同、二〇二頁）との一撃を浴びせている。

革命中国を敵に回せば、日本の行く手にいかなる困難が待ち受けているかははかりがたい。その後の歴史が証明することになるこのことを、北はすでに十分に予知し、危惧していた。それゆえに、そうした事態を回避するためのさまざまなプランを用意せざるをえなかったといえる。対独参戦によって目論みがはずれた今となっては、新たな世界戦略の眼目は、「日米経済同盟」を軸に革命中国の建設を助け、英米を離間させることであった。大量のアメリカ資本を中国に投下することによって、鉄道建設を進め、「四百余州を有機的統一体たらしむ」、この事業に日米協力してあたるべしという「鉄道の大々的統一の為の日米合同借款」（同、三頁）がそのプランである――「支那の郡県制度は、鉄道によりて統一せられ、支那の『産業革命』は鉄道によりて中世的経済生活を近代に飛躍せしむべし。鉄道は支那の主権者なり」（同、一九九頁）。中国市場の開発からは日米はともに利益を得るが、日本の軍事力を背景とした安全保障、秩序維持がなければアメリカは投下資本の元利回収に不安を覚えるであろうし、日本もまた米国資本なしに中国を開発することはできない。この意味で両国の利害は一致している。もともと日米間には「宿怨」も「利害衝突」もない。アメリカにおける昨今の「排日熱」はむしろ、対独参戦、「二十一カ条の要求」のような日本の外交政策の錯誤が招き寄せたものである。在米ドイツ系住民の「愛国的憤怒」は、日露戦争時に日本の外債消化に尽力した親日派ドイツ系米人の「日米会長」が、「日本の青島攻撃と同時に一切を辞して最も熾烈なる排日論者となりし一例」（同、一九二頁）に端的に示されているではないか。この例にみられるように、アメリカはもはやイギリスの分家ではなく、「財界政界の主力」を握るドイツ系をはじめ全ヨーロッパ人の国である。日本にとって、日米経済同盟は、中国開発の経済的利益にあずかれるばかりでなく、そのアメリカを日本の側に繋ぎとめておくうえでも最善の政策なのだ――「米国が支那に投資すること、一億より十億に進み百億に達せば、日本の市場が数十倍の貿易表を示すときなるとともに米国は愈々其の投資の保障を日本の実力ある保全主義に繋がざるを得ず」（同、一九三頁）。「日米経済同盟」は、このように日本にとって明らかな利益をもたらすが、また同時に、「支那に横溢せざるを得ざる大資本を抱ける米国」にとっても、「今日に至るまで一の利権的立脚地を支那に有せざる」以上、日本のバックアップは拠点確保の可能性を開き、投資機会を拡大させる要素として歓迎すべきものである。もちろん、日米の対中投資は、従来のイギリスの投資のように「中世的組織の維持に用ひらるべき」ではなく、中国の近代化のために使われなくてはならない。そのための革命中国の指導者の責務は限りなく重い。このことを北は、「蒙古的共和国の大総統は対露一戦の期に於て、維新革命よりも急激に、仏蘭西革命よりも秩序的に此等を一掃し、以て新たなる建設を奮励すべし」（同、一九七頁）と述べている。

　必ずしも北の意に沿わない形で開始されてしまった第一次大戦であったが、『外史』では、その終結の姿についても見果てぬ夢が語られている。「支那に対して慈悲あらしめよ」、「独逸に対して平和あらしめよ」で、中国革命が成功し、ドイツに有利な形で講和条約が結ばれること、これが北が望む大戦終結の前提である。その暁には、ドイツには「英仏の持てる亜弗利加《アフリカ》全部」を与え、トルコ以東に進出しないことを約束させる。日本は、「英領印度に独逸の来らざる約束の保障として」仏領インドシナを占有し、英領インドの独立を後援して「三億の民に自由あらしむべし」。アメリカには、すでに実質的には米領化してしまっているカナダを与えればよい。「是れ日本が濠洲及び南洋の英領諸島を併合する為めの公平なる正道なり」。中国には蒙古を確保させ、「日本は南北満州黒龍沿海の韃靼領を統治すべし」。かくして、大戦後の世界においては、「英国は東ローマが亡びたる如く……今後の歴史に無用なる遺物」となり、彼らは「猶太人《ユダヤ》の如く其の誇るべき功利主義を以て世界」をさまよい歩くであろう。一方アジアにおいては、日本に続いて、「支那と印度と土耳古《トルコ》とが亜細亜の近代的自覚史を書き始」めるに至る（同、二〇一～二〇二頁）。「欧洲大戦は斯くの如く終結せざるべからず」。このような妄想にも似た机上のプランを書き付けたことが、これまで北に「膨張主義的軍事ファシスト」のレッテルが貼りつけられてきたことの大方の理由である。五尺をやや上回る位の小男でありながら（いやそれゆえに、といった方がよいか）「北は何事によらず大きなものを好んだ」とはしばしば引かれるエピソードではあるが、この机上のプランにも彼のそのような性向がよく表れているように思われる。

こうしたできすぎた夢想を語りながらも、現実において片時も北の念頭を去らない最大の懸念は時々刻々と反日の方向へ向かってゆく革命中国の動静であった。「二十一カ条の対支交渉を遺憾限りなしとし又、対支政策及び対外策の全局に於て日本は日英同盟に拠るべからず日米の協調的握手にあることを指示した」（同、二一頁）『外史』の執権者への助言勧告は、現実の外交政策においてことごとく裏切られた。「将に支那革命を支配し得べき空前の雄大なる舞台に立てる大隈老伯」は、「日本の知識と英国の資本を以て日英経済同盟とすべし」と放言して憚らなかった（同、一八一頁）。「隈伯何ぞ『支那に於ける日米経済同盟』を提唱せざる」（同、一九三頁）とは北の心中の叫びである。のちに彼は、「支那革命外史序」において「書中、如何に此翁をさへ正道に導かんとして期待激励に努めたるかを憫れめ」（同、三頁）と胸中を明かしている。大隈重信の後を襲った寺内正毅にしても朝鮮総督時代に『外史』に目は通していたが、組閣するや、「袁世凱の更に無価値なる者に過ぎざる段祺瑞」への「西原借款」供与、シベリア出兵など『外史』の真意に反する政策ばかりを次々にうつ。「何たる迷惑な読まれ方であるぞ。虎を描いて狗に類するとは真実この事である」（同、三頁）と、北は慨嘆せざるをえなかった。革命中国は確実に日本に背を向けつつある。彼は、このことをはっきり感じていた。

だが、北の憂慮にもかかわらず、中国民衆の排日運動はその後熾烈さを増すばかりで、ついに一九一九年五月四日に頂点を迎える。パリ講和会議で列強が山東半島に関する日本の主張を擁護したことに憤激した北京大学生のデモに端を発し、中国全土で反日・日貨排斥運動が展開されたからである。このとき北は退去命令も解け、再び中国に渡っていたが、滞在する上海の長田病院の二階のベランダから眺められたのは排日デモに狂奔する中国群衆の姿だけであった。養子に迎えたばかりの譚人鳳の孫が北に慕い寄るなか、「ヴェランダの下は見渡す限り此の児の同胞が、故国日本を怒り憎みて叫び狂ふ群衆の大怒濤」、しかもその陣頭指揮にあたる者は、「悉く十年の涙痕血史を共にせる刎頸の同志」である。これを地獄といわずして何というのか。

すでに中国は、利権の拡大を目的として「中世的代官階級」支援政策に奔走するイギリス、ロシアを模倣するかの日本の従来の中国政策の屈辱的意味に覚醒してしまった。その中国の混乱につけこんで、「支那の革命乱を統一するものは終に日本なり」というような名分により、「好機一閃直ちに兵を進めて強圧すべし」といった政策をとれば、それは「不仁の兵」以外のなにものでもない（同、二〇二頁）。日本が「不仁の兵」を用いるときは「米の正義を求むるに対して不義の戦を挑むの時」、すなわち日米間に戦端が開かれるときである。だが、あらゆるヨーロッパ人種の坩堝であるアメリカへの挑戦は「全欧州其者」への挑戦にも等しく、彼らを一致結束させて「戦慄すべき対日同盟軍」を結成させずにはおかないであろう。かくて、「日米開戦に至らば白人の対日同盟軍と支那の恐怖的死力によりて日本の滅亡は朞《き》年を出でず」（同右）。中国問題をめぐって起こる日米開戦が日本の滅亡をもたらす、というこの予言的見通しは四半世紀後に現実のものとなった。もし北存命であったならば、すべては第一次大戦への対応の誤りが生んだものといったであろう。彼はすでに大正一〇年の日本を、「大戦参加の発足より地獄の港に向けた船」（同、二二頁）に例えている。大戦中青島を領有して中国に還付せず、山東半島のドイツ利権を継承し、さらに中国北部へ「投資的侵略」を行なう、ことごとくドイツの模倣ではないか。日本が「独逸ト等シキ軍国主義侵略主義ノ国ナリ」と非難される原因はここに胚胎している、と彼はみていた。これに天誅が下らないはずはない。「天道ハ甲国ノ罪悪ヲ罰シテ乙国ノ同一ナル其レヲ助クル者ニ非ズ」（同、三四六頁）。さらに、インドの「独立援護」についても、北は、実力行使を海軍力のみに限定して、海上において英国海軍を撃破し、兵員・武器・支援物資の輸送ルートを遮断することを大方針としている。陸軍をインドに上陸させるようなことがあれば、戦後における利権の設定など、かえって禍の種となりかねないことをおそれたからである。あくまでも日本のインド独立支援は、「印度其者ヨリハ何等ノ報謝ヲ求メザル天道宣布ノ本義」（同、三四四頁）に基づくものでなくてはならない。北は、オーストラリアや極東シベリアの領有など、日本の膨張について途方もない夢を語る「大日本主義者」だったことは事実であるが、そのような肥大した妄想のような部分を剥ぎ取って当面の現実的な外交政策の各論をみると、意外なことにその主張は、同時代の「小日本主義者」として知られる石橋湛山のそれと大きく隔たっていないことに気づく。もちろん北にとっては妄想のごとき総論は剥ぎ取ることのできない思想の中核部分なのだから、このようないい方がまったく意味をなさないことはよく承知している。にもかかわらず、彼が従来考えられてきたような通説的な意味での「膨張主義者」でも「帝国主義者」でもなかったということに、改めて注意を喚起しておきたいのである。

3

あくまでも北の思想は、「革命的大帝国主義」であったことを忘れてはならない。それは、いかに「大日本」あるいは「膨張的日本」、また「亜細亜聯盟」のような表現をとったとはいえ、昭和前期の「大東亜共栄圏」へと向かう思想の系譜に連なるものではなかった。あえていうとすれば、それはむしろ、ソビエト連邦の拡大を推進したスターリンの社会帝国主義における「民族」の概念に近似していたといった方がいいかもしれない。「マルクス主義と民族問題」において示されたスターリンの「民族」概念は、民族を文化的伝統を共有する共同体とする一般通念とはまったく異なり、諸種族によって構成されるソ連を一つの「民族」とみなそうとするものである。この「民族」とは「人々の一定の共同体」ではあるが、人種的ないしは種族的な共同体ではない。したがってそれは、通常「民族」というときに重視される「言語の共通性」を持たず、「地域の共通性」と「民族の個々の部分を一つの全体に結合する、内的な、経済的なつながり」とによって成立している（スターリン、一九五二、三二五〜三二八頁）。民族から人種的要素を排除するのは、北も同様である。すでにみたとおり、北の「革命的大帝国」には、日本をはじめ、朝鮮、中国、満州、インドシナから極東シベリア、オーストラリア、太平洋諸島等々までの、人種、種族、言語を異にするさまざまな地域共同体が包摂されている。これらの地に住む人々を、一つの全体に結合されたスターリン流の「民族」とすることが北の望むところだった、といって大きくあやまってはいまい。さきに触れたように、『改造法案』で英語教育に代えて第二国語としての「国際語《エスペラント》」教育が提案されているのも、さまざまな言語・文化を持つ諸人種のコミュニケーション手段としての共通語の必要が考えられているからである。極東シベリアとオーストラリアを帝国の主権下に置き、新たにインド人、中国人、朝鮮人の移住を迎えれば、新領土内には世界のほとんどすべての言語が混用されることになる。もちろん、この不便は取り除かれなくてはならないが、注目すべきは、その際に「共通語」を日本語にするなどとは毛頭考えられていないことである。この志向性においても、彼は「大東亜共栄圏」論者とは大きく隔たっていた。「国字改良」、「漢字廃止」、「言文一致」、「ローマ字採用」など、欧米の言語には例のないほどに議論百出する日本語を言語として未完成で劣悪なものとみる、特異な「日本語観」の持ち主だったこともあり、北にとっては、日本語を新領土内の種々雑多な帝国民に強制するなど以ての外であった。日本がすでに実行しつつあった植民地朝鮮への日本語の強制も苦々しいものと映っていたのであろう、「朝鮮ニ日本語ヲ強制シタル如ク我自ラ不便ニ苦シム国語ヲ比較的好良ナル国語ヲ有スル欧人ニ強制スル能ハズ。印度人支那人ノ国語亦決シテ日本語ヨリ劣悪ナリト云フ能ハズ」（北一輝2、三二三頁）と述べている。したがって、日本人みずからも雑多の言語を持つ帝国民とコミュニケーションをとるにあたっては、帝国内一律の公用語としての「国際語《エスペラント》」を用いなくてはならない。かくして、最も不便な国語に苦しむ日本人が第二国語として「国際語《エスペラント》」を並用すれば、「自然淘汰ノ理法ニヨリテ五十年ノ後ニハ国民全部ガ自ラ国際語ヲ第一国語トシテ使用スルニ至」り、今日の日本語は自然消滅して、特殊な研究者にとっての「梵語『ラテン』語」同様の存在になるほかはない。また、時の経過とともに、他の諸言語にも同じ自然淘汰の法則が働き、「百年ヲ出デズシテ日本領土内ノ欧州各国語、支那、印度、朝鮮語ハ亦当然ニ国際語《エスペラント》ノタメニ亡ブベシ」（同、三二四頁）とも述べられている。

北が描いていた「革命的大帝国」構想とそのための世界戦略は、すでにみたとおり、現実の日本がたどった「大東亜共栄圏」への道とはまったく異なるものであった。もし彼が昭和一六年一二月のその日まで生きていたとすれば、「大東亜戦争」開戦に断固反対したであろうことは間違いのないところである。満州事変勃発以来「国際聯盟ノ一顰一笑」に一喜一憂する日本国内の狼狽ぶりと政府の対外無策（北にいわせれば「衰亡政策」）への不信から筆を執った、「対外国策ニ関スル建白書」（昭和七年四月一七日付）ではすでに、日本外交の行き詰りの突破口を日米戦争に求める朝野の安易な声に対して、それは必ずや世界大戦とならざるをえないとの釘が刺されていた――「対外根本策ノ皆無空虚ノ故ニ政府自ラ信ゼズ国民亦安ンゼザル……然ラバ如何スベキカ。是ニ対シ多クハ日米戦争アルノミト申シ候。然シ乍ラ日露戦争又ハ独仏戦争ト云フガ如キ日米二国間ニ限定セラレタル戦争ヲ思考スル如キハ現代世界ニ於テ有リ得ベカラザル事ニ御座候。日米戦争ヲ考慮スル時ハ、則チ日米二国ヲ戦争開始国トシタル世界第二大戦以外思考スベカラザルハ論ナシ」（北一輝4、八一五頁）と。

北のみるところ、日米が戦えば、イギリスがアメリカ側に与して参戦することはもとより、排日の中国、さらにソ連が敵国として加わってくることも予期され、「所謂日米戦争ハ英米露支対日本ノ戦争」ということにならざるをえない。したがって、日本にとってこの戦争は、「英米二国ノ海軍力ニ対抗スルト共ニ支那及ビロシアトノ大陸戦争ヲ同時ニ且最後迄戦ハザルベカラザル者」（北一輝4、八一八頁）となる。日米開戦を望み、その機会を虎視耽耽と狙っているのはソ連である。いや、それを誘発すべく、すでにソ連は長期的な謀略工作さえ行なっている、と北はみていた。第一次大戦終了後の中国の排日政策にしても米国の支援によってのみ行なわれているわけではない。「其ノ根本ニ於テソビエットロシアノ日米戦争ヲ爆発セシメントセル長久深甚ナル計画ニヨリテ行ハレタル者ナルコトヲ」（同右）決して見逃してはならない、と彼はいう。日米開戦を奇貨として、アジアさらには世界を攪乱し、究極的には「世界革命」を成就することがソ連の世界戦略なのである。日米開戦の導火線として考えられているのは、アメリカの支援の下に排日政策を続けてきた中国であって、このためソ連は、中国に対して指導と援助を集中し、ついに容共国民党政府を樹立することにも成功した。中国国民党は、孫文存命中から、党、政府をあげて、ソ連の「革命理論ト組織トヲ輸入継承」し、かつて理想とした米国流の大統領制も、議会・共和政も今や一擲して顧みず、共産主義国家ならぬ、「一党団ヲ以テ」「国家ヲ掌握シテ放タザル奇怪ナル制度」としての「党国政府ナル者」を作り上げたからである（同、八一七頁）。こうしたソ連の謀略が奏功し、日米開戦に至れば、いうまでもなく、日本への影響は甚大である。「支那ノ対日抗争ヲ千倍セシメ日本内地ノ共産党ト共ニ日本ニ攻撃ヲ開始センコトハ一点ノ疑問ダニナシ」（同、八一八頁）といわなくてはならないからである。日本のみならず、アメリカもまた打撃を受けることを免れない。「ボルセビーキノ魔手支那ヲ導火線トシテ日米両国ヲ爆破セントスルニ存ス」（同右）。これがソ連の究極の目的である。昭和七（一九三二）年の時点における北の読みのなんと的確であることか。われわれは今日、一九九五年から米国で公開されはじめたヴェノナ（Venona）文書の存在によって、ソ連に日米両国をそれぞれ開戦に誘《いざな》うスパイ工作があったことを知っている。日本についていえば、日米開戦に道をひらく一九三〇年代末の「北進」から「南進」への急速な政策転換には、スターリンによって送り込まれた多数のスパイのはたらきがあったこともわかってきている。近衛文麿内閣のブレーンとして国策決定に参与した尾崎秀実をはじめ、企画院などの政府機関や宮中に多くの共産主義者が潜り込んでおり、天皇の側近とされた人々のなかにさえ疑わしき人物がいたともいわれている。また、最後まで交渉による戦争回避を望んでいた日本を開戦に踏み切らせたアメリカ側の最後通牒ともいうべき「ハル・ノート」の実際の起草者である、ハリー・D・ホワイト財務次官がソ連のスパイだったこともすでに判明している。このようなことがわかってきた今日からみれば、早くも昭和七年という時点で北が、その後の事態の推移を見事に洞察していたことにはやはり驚かざるをえない。

ともあれ、北は日米戦争が「英米露支」を敵とした戦争になることを的確に予測していた。第一次大戦後の歴代の日本政府の対外政策は、北にいわせれば、できるだけ列強を刺激せずにすまそうとする「無方針の方針」であり、座して死を待つ「衰亡政策」以外のなにものでもなかった。しかし、満州事変の勃発は、もはやこの政策すら維持することを不可能にした。「日本は昭和六年九月十八日を以て明かにルビコンを渡り候。……衰亡政策の道は閉ぢて再び返へる能はず前路大光明と大危機に直面したる者に御座候」。いずれは「英米露支」と戦わざるをえないかもしれない、この大危機を大光明に一変させる「秘事」を北は日仏同盟に求めた——「四境悉く敵国たるべき形勢に置かれて而も其等を牽制し又は攻撃し得べき同盟国……世界大戦前に於てドイツを考慮すべかりしよりも深甚に重大に、今の日本国にとりて興亡を決するものはフランス共和国に御座候」（同、八一九〜八二〇頁）。フランスとの同盟の目的の第一は、同国にイギリスを牽制させて、アメリカが英海軍力の支援を頼みに、日本に対して攻撃を加えるような事態を未然に防ぐことにある。日米開戦の防止は、世界大戦の再発を望まないフランスにとっても好ましく、また一方、日本の対米抑止力は欧州における英仏間の平和を保障するものとして機能する。しかも、フランスは、大戦後「不倶戴天のドイツを復興せしめんとして努力止まざる英米両国」の動きに「四顧暗澹」、日本同様の「孤立的脅威」を感じている。そのうえさらに、世界平和の最大の攪乱要因であるソ連（旧ロシア）に対して、「フランスはドイツより受くる償金よりも遥かに正当なる債権を……有する筈の者」（同、八二二頁）であって、「ボルセビーキ国家の根本的処分」に異を唱えるはずはない。したがって、日本は「対露誅伐」により、「欧州よりするフランスの積極的攻撃と相応じて速に地獄の恐怖より全地球の平和安寧を擁護せざるべからず候」（同右）。これだけの理由があるからには、日本から同盟をもちかければフランスがこれに乗る可能性は大きく、「日仏同盟は今の無用有害なる国際聯盟に代りて全世界の平和を保証する者と可相成候」（北一輝4、八二二頁）と、彼は力説している。

はたして以上のような机上のプランが現実の国際政治のなかで実現可能だったかどうか、今さら論じてみてもはじまるまい。ただ、その後の歴史に照らしてみるとき、砂上の楼閣のようにもみえる北の世界戦略が、渡辺京二のいうとおり、「妙にかんどころをおさえた提言」（渡辺1、二九二頁）であったのはたしかである。『外史』で北が説いた、「北の方浦港より黒龍沿海の諸州に進出し、南の方香港を略し、シンガポールを奪ひ」、「濠洲及び南洋の英領諸島を併合」するという南北併進の膨張政策は、『外史』から二〇年後の昭和一一（一九三六）年八月七日、広田弘毅内閣の五相会議が決定した「国策ノ基準」において、「当ニ帝国トシテ確立スヘキ根本国策ハ外交国防相俟テ東亜大陸ニ於ケル帝国ノ地歩ヲ確保スルト共ニ南方海洋ニ進出発展スルニ在リ」として、史上はじめて国策の枠組みのなかに包摂された。それから五年後に火蓋がきられた大東亜戦争では、日本軍は開戦直後にイギリスの東洋経営の拠点香港を攻撃し、一九四一年一二月二五日これを占領、終戦まで軍政下に置いた。シンガポールが翌四二年二月一五日に陥落以後、日本軍の占領下に置かれ、「昭南」と呼ばれたこともよく知られている。また、オーストラリア各地も、「長鞭一揮赤道を跨ぎて黄金の大陸濠洲を占め英国の東洋経略を覆へすべき」とまではいかなかったとしても、連合国軍の基地利用阻止や英連邦間の通商破壊を目的として、同年二月一九日朝のダーウィン空襲を皮切りに、以後ずっと日本軍機による空爆の対象とされた。さらに、近衛文麿内閣が実行した北部仏印進駐（四〇年九月）、南部仏印進駐（四一年七月）は、「仏領印度を領して印度救済の立脚地を築き」という北の提言の似姿ともいえる。事実、戦争末期には、仏印に総司令部を置く南方軍占領下の東南アジアから、インド独立運動左派の領袖スバス・チャンドラ・ボースに率いられたインド国民軍が、祖国独立を目指して日本軍とともにインパール作戦の壮途についた。しかも、日本軍の仏印進駐は、フランスの親独ヴィシー政府との、「日仏同盟」ならぬ、「日仏印軍事協定」によって実行されたものであった。このように日本の政府・軍部の支配者は、「大東亜共栄圏」を大義として、北の提言にまごうような政策を実際に行なったが、決定的に異なっていたのはその前提である。北の構想はあくまでも「革命的大帝国主義」であり、その大前提は革命中国をイギリス、ロシアの手から保全し、これと連携協同することにあったからである。そのためには日米両国が経済同盟を結んで、ともに手を携えて中国の経済開発に協力することさえも提案している。それに反して、「大東亜共栄圏」を名とする現実の大東亜戦争は、革命中国を敵にまわし、むしろこの戦いに勝利するための止むをえざる術策として実行されねばならなかったものである。もし北が生きていれば、この戦争は「不仁の兵」以外のなにものでもないと退けられたであろう。大東亜戦争の四半世紀も前に、彼が予言のように主張していたことは、中国に「不仁の兵」を用いれば、アメリカを刺激して日米開戦に至るやも知れず、そのとき日本は、中国のみならず、アメリカをはじめとする「白人の対日同盟軍」を敵とする戦争によって、数年を経ずして滅亡をまぬかれない、ということであった。

「革命的大帝国主義」という極限に近い膨張主義に至った、『外史』以降の北のことを、渡辺京二は適切にも、「擬ファシスト」と規定している。諸民族を一つの全体に結ぶ拡大共同体としての「民族」を希求したスターリンを共産主義者ではなく、そう呼ぶとすれば、北はまぎれもなく「擬ファシスト」だったといえる。彼は決して真正の「ファシスト」ではなかった。前にも触れたように、ナチズムのような人種主義的見地に立つ排外主義的エスノセントリズムの要素を欠くという点でも、北は「ファシスト」の範疇には必ずしも適合的ではないからである。ましてや彼は、天皇制イデオロギーに基づく国粋主義的な国民統制と排外主義的な民族膨張を軍部主導で鼓吹した、昭和前期の「天皇制ファシズム」とは本質的に相容れない思想の持ち主だったといわなくてはならない。それゆえに、いずれの日にか、彼は天皇制軍部ファシストによって抹殺されねばならない運命にあったといえる。その日は刻々と近付いていた。

第7章　二・二六事件と北一輝の死

1

革命中国の「窩闊臺《オゴタイ》汗たるべき英雄」に「鮮血のコーラン」としての法華経を授くべく、大正五（一九一六）年六月北は再び上海に渡った。だが、二・二六事件の第四回公判記録に、「南京に赴き旧同志等と相結び浪人生活を過して居（た）」（林茂他2、四一〇頁）とあるとおり、革命に関しては、このときの北の日々はほとんど無為のうちに打ち過ぎていったようである。盟友宋教仁すでに亡く、范鴻仙も暗殺され、譚人鳳また老い、北が最も信頼を寄せた湖南派の人脈はかつての勢いを失っていた。なすすべもなく、上海に戻り下宿先で日々読経三昧の生活を送っていたのが実情である。革命の手掛かりも見出せず、日本政府の対中外交の失敗が呼び起こした排日運動の高まりに直面して懊悩するなかで、同八年六月、四週間の断食の行の末に、「革命的大帝国」実現のためには、まず日本国家の改造が急を要することに思いを致す。「さうだ、日本に帰らう。日本の魂のドン底から覆へして日本自らの革命に当らう」(北一輝2、三五六頁)と考えたのである。そのためには少なくとも、明確な指針ももたぬままに「雑多に存在し行動して居る本国の革命指導者だけなりとも、革命帝国の骨格構成の略図をでも提供する必要があらう」(同右)と、八月には直ちに筆を執って、目指す革命帝国の見取図として『日本改造案原理大綱』の著述に取りかかった。が、驚異的集中力の持ち主である彼にしては珍しく、この執筆は「一二行書いては横臥し、五六行書いては仰臥」するという「気息奄々」のありさまだったという(大川周明2、二三〇頁)。日本を憎み哮り狂う中国群衆の怒濤のなか、また何も知らずに慕い寄る同志譚弐式の遺児をまえに、北の心が地獄の劫火に焼きつくされていたことはすでに記したところである。やっとの思いで最終章の巻八「国家ノ権利」に筆を染めた頃、日本国内で満川亀太郎と計らい国家改造の運動団体として猶存社をこの月初に設立したばかりの大川周明が、同社への北の参加を求めて来訪した。八月二三日のことである。ふたりは夜を徹して語り合い、「日本に革命興る、至急帰へられたし」(林茂他2、四一〇頁)という大川の説得に、北の帰国の意志も定まったとみえる。この時点で完成していた巻七「朝鮮其他現在及将来ノ領土ノ改造方針」までの部分は、二五日上海を離れる大川に託され、すでに着筆していた巻八の残りの部分はその二日後に書き上げられた。上海で知りあったばかりの岩田富美夫によって日本に持ち帰られたこの部分を含めて、『日本改造案原理大綱』は、猶存社内で「赤穂義士」にちなみ四七部だけ謄写印刷され、満川が「当代の義士と見込んだ人々」に配布された（大川、前掲、二三二頁）。北が帰国したのはこの年の一二月末である。翌大正九年の元旦は長崎の妻の実家で過ごし、一月五日に上京したが、上海にいた「朝鮮総督府の密偵の誤報」によって「革命児としての取扱を受くるに至り」、上海からはじまった尾行は、長崎警察に引き継がれ、東京まで続けられた。猶存社にあっても憲兵、警察官の警戒きびしく、「不快なる感に打たれた」（林茂他2、四一〇頁）とのちに述懐している。なお、この月、元内務官僚の貴族院議員江木千之《かずゆき》が『日本改造案原理大綱』を問題として議会の「秘密会」で政府の見解を質したこともあり、またもや同著は発売頒布を禁止された。

　北が中国革命にかかわったのは明治三九（一九〇六）年一一月の革命評論社入りからだから、この帰国までにはまるまる一三年間の歳月が流れたことになる。「この十三年間の経験は、彼にろくでもないものを、より多くつけ加えたように思われる」（渡辺1、二三四頁）とは渡辺京二の評であり、この間に「浪人的性格」と「蘇秦張儀的な献策家の性格」のふたつの属性が北のなかでよりあらわになったことが指摘されている。たしかに、帰国後の北は革命に奔走するでもなく、牛込南町の猶存社の一室で、ときおり『純正社会主義』に朱筆を入れるほかは、法華経の読誦に明け暮れた。猶存社の活動にはほとんど加わらず、外部との接触もないに等しい。大川周明の言葉を借りれば、「口を開けば咳唾直ちに珠玉となる弁舌を有ち乍ら、未だ曽て演壇に立たず、筆を執れば百花立ちどころに繚乱たる詞藻を有ち乍ら、全くジャーナリズムの圏外に立ち、専ら猶存社の一室に籠りて読誦三昧を事とし、その諷誦の間に天来の声を聞き、質す者には答へ、問う者には教へて、只管一個半個の説得を事とした」（大川2、二三三頁）のである。上海ではじめて北に会ったときには、「白皙端麗、貴公子」の風貌ながら、無造作に「上着を脱いで猿又一つなった」（同、二三七頁）北に、虚飾にとらわれぬ恬淡とした、しかも愛敬あるユーモラスな人柄をみて、思わず微笑を誘われた大川も、次第に彼のもつ冷厳な一面に触れざるをえなくなる。回顧録「北一輝君を憶ふ」で大川は、「北君は普通の人間の言動を律する規範を超越して居た。是非善悪の物さしなどは、母親の胎内に置去りにして来たやうに思われた」（同、二三九頁）との感想を洩らしており、世間にいう「神憑り」ならぬ「魔憑り」だとして、「後には北君を『魔王』と呼ぶことにした」（同、二四〇頁）と書いている。昭和三三（一九五八）年八月一九日目黒不動尊滝泉寺に建てられた北一輝墓碑銘に、「北君は尋常人間界の縄墨を超越して仏魔一如の世界を融通無礙に往来し」（同、二四五頁）の一文を大川が撰した所以である。この仏魔一如の人となりが、その識見と中国革命に参加した経験に大きな期待をかけて北を猶存社に迎えた大川とほどなく袂を分かつ原因となった。

　猶存社時代以後の北には、怪しげな事件にかかわる醜聞の絶え間がない。同社の同人となった大正九（一九二〇）年一一月には、前年の六月に婚約内定した皇太子（のちの昭和天皇）妃久邇宮良子《ながこ》に色盲の遺伝ありとして、元老山県有朋がこの婚約に反対した「宮中某重大事件」が起こり、北も山県批判の怪文書を書くなどしてこれに関与している。北門下の岩田富美夫が、山県暗殺団を組織しているとの流言さえ飛ぶほどであった。それ以後も、岩田らの暴走はとどまらず、のちの話であるが、大正一二年九月には、関東大震災のどさくさに紛れて憲兵隊に殺害された無政府主義者大杉栄の葬儀式場に乱入し、遺骨を奪取するという事件も起こしている。大杉の思想を快く思っていなかった彼ら右翼が、「辱め」のためにやったと解されているこの事件にも、一筋縄では行かないものがある。二・二六事件の公判で、「当時の社会主義者間には『ダアヴィン』進化論中の優勝劣敗論と大杉栄の唱へたる相互扶助論が相当抬頭して居りました。幸徳秋水、大杉栄等に接し種々研究しました」（林茂他2、四〇九頁）と述べているとおり、北は若き日から大杉をよく知っており、また、思想的にも個人の尊厳と自由を心底尊重するという点で共感しあえる側面を有していた。帰国後世間との交際をほぼ絶つに等しかった北にとっては、大杉は比較的心をかよわすことのできる友人の一人ではなかったであろうか。関東大震災に際してあわや虐殺されかねないところをかくまい助けた朝鮮人テロリスト朴烈は、大杉を介して知りあった男である（高見順、一九七三、一八六頁）。してみると、遺骨奪取事件は、大杉を殺害した憲兵隊への抗議の意を込めた行動であったのかもしれず、北の差し金によるものと考えられなくもない。

大正一〇（一九二一）年九月には、安田財閥の当主善次郎を大磯の別邸で刺殺し、その場で自裁した右翼青年朝日平吾から、斬奸状と「死の叫び声」という声明書とともに、血に染まった決行時の着衣を贈られた。この血染めの衣はのちの「安田共済生命事件」で安田保善社の結城豊太郎を威嚇する小道具ともなった。朝日の声明書には『改造法案』を読んだらしい気配はかすかに感じられるが、いかなる変革思想をももはや信じず、ひたすら「一人一殺」を説いている彼が、とくに北に対してこのような挙にでたということは、すでに北が一般の眼には岩田ら多くの配下を束ねる「右翼」の領袖と目されていたことを示すものといってよいであろう。のちの、二・二六事件の際の三井財閥の池田成彬、有賀長文の証言でも、北は、「右翼運動の一流人物」（林茂他2、四二八頁）、「右翼運動の大御所」（同、四二九頁）と呼ばれている。北自身も、憲兵隊調書においては、「左翼革命に対抗して右翼的国家主義的国家改造をやることが必要であると考へ」（北一輝3、四三四頁）と『改造法案』の執筆動機を語っている。北は「左翼」か「右翼」か、従来から論議の絶えないところであるが、北がここでみずから用いている「右翼」という言葉は通常のマルクス主義的左翼革命と一線を画することを強調するためのものと受け止めておけばよい。それは、国際的共産主義路線を「左翼」とした場合の、これと対立したスターリン的一国社会主義を「右翼」と呼ぶのに近い言葉だったといっていいように思われる。

　いずれにせよこのころから、猶存社の運動方針をめぐる見解の相違もあって、北と大川との間には次第に疎隔が生じはじめる。革命情勢を醸成すべしという大川らに対して、北は機が熟さないかぎり革命は成功しないという「待機主義者」であった。この時期、監視役の警官から揮毫を求められて北が書いたという、「舟は千来る万来る中で私の待つ舟まだ見えぬ」という文句は、そのことを象徴的に示している。この舟は「革命」を意味すると同時に、そのために担ぎ上げられるべき「天皇」でもあったからである。前に触れたが、同九年三月頃、中国において「窩闊臺《オゴタイ》汗たるべき英雄」に授けることのかなわなかった法華経を、次の天皇たる摂政宮皇太子に献上したのは、このような意味合いからのものだったといってよいであろう。

北と大川らとの間に猶存社の運動方針をめぐる齟齬が続くなか、大正一二（一九二三）年五月、トロツキーの盟友だったソ連の外交官アドリフ・ヨッフェが、日ソ国交回復交渉のために来日した。当時中国に滞在していたヨッフェは、中国国民党を「連ソ容共」路線へと転換させる「共同宣言」を孫文との間で成立させたばかりで、この訪日は日ソ関係の正常化を望む後藤新平の招きによるものであった。このとき、大川、満川ら猶存社の全員はヨッフェの来朝を歓迎し、その任務に理解を示したが、ひとり北だけが、「ヨッフェ君に訓ふる公開状」なるパンフレットをもって異を唱えた。「ロシア自らの承認権放棄」の副題が示すとおり、この文書は、ロマノフ王朝の国際債務を継承しないソ連にはその大領土の継承権を要求する権利のないことを指摘し、いかなる根拠によりソ連国家の承認を日本に求めるのかを問い質している。「君等自身が……国際間において自己の承認権を放棄して居る」（北一輝4、八〇〇頁）というわけである。それでもなお社会主義国家を名乗るのは、「君等の師匠……マルクスを売るもので」（同、八〇三頁）、もはやソ連は、「革命建国の理論を打ち捨てて……社会主義から大帝国主義大侵略主義に一足飛び」（同、八〇二頁）に乗り換えたのだ。そのような帝国主義国の承認など問題外というのが北の立場であった。さすがに鋭い眼力はいささかも狂っていない。北はこの小冊子を三万部も刷って全国に配布した。このパンフレットが、猶存社解散の引き金となったのである。二・二六事件の公判記録には、「ヨッフェ来朝問題に際し同社の人々が後藤新平等と共に礼賛したるを以て自分一人にて反対し、ロシア承認は共産党の直輸入なることを提唱、遂に同氏（大川）と意見衝突を来し、猶存社の看板を取りはづし、北一輝と改名、其後猶存社には関係せず、直接間接にも同社と交渉を持ちませんでした」（林茂他2、四一一頁）という北の証言がある。また、警視庁聴取書では、「私は猶存社の表札を外しまして其裏に北一輝と書きまして猶存社を解散したのであります」（北一輝3、四四九頁）と供述している。猶存社は大正九年秋に牛込南町から移って、このときは千駄ヶ谷にあった。第一次大戦期の典型的な船成金で、朝鮮半島での大虎狩など奇矯なふるまいでも知られた、山本唯三郎の邸宅を借りたのである。敷地一〇〇〇坪というこの豪邸にこのとき北は住み込んでいたわけで、この陳述は、ヨッフェ問題で亀裂の入った猶存社を解消させるべく、北は独断で「猶存社」と書かれた表札をひっくり返してその裏に「北一輝」と大書し、この屋敷をわが家として猶存社との関係を断ったといっているのである。いかにも北一輝の面目躍如たるエピソードといわなくてはならない。なおこの家は、その後山本が破産したために売却されたのであろう、北は昭和三年夏牛込納戸町に転居した。

ただ、猶存社とは絶縁したものの、大川との個人的関係はまだ決定的に決裂していたわけではない。ふたりを決別させたのはそれから二年後に起きた「安田共済生命事件」（大正一四年八月）である。前記の「北一輝君を憶ふ」のなかで大川は、北との絶縁の理由を、「仏魔一如」の北に対し、「是非善悪に囚はれ、義理人情にからまる私として見れば、若し此儘でいつまでも北君と一緒に出頭没頭して居れば、結局私は仏魔一如の魔ではなく、仏と対立する魔ものになると考へたので、ある事件の際に……思ひ切つて北君から遠のくことにした」（大川2、二四〇頁）と述べている。以後ふたりは、手紙の往復は何度かあったものの、二度と顔を合わせることはなかった。この「ある事件」というのが「安田共済生命事件」である。これは、安田財閥グループ内の安田共済生命安田善四郎派と安田保全社結城豊太郎派との主導権争いにまきこまれた、共済生命社員千倉武夫の馘首をめぐっての事件である。千倉は大川が教授として「殖民史」を講じていた拓殖大学の出身で、大川らが新たに創立した国家主義団体行地社の会員でもあった。その関係で大川がこの問題の解決に腐心しているなか、たまたまこの件を耳にした北が保善社の結城と裏取引をして決着をはかり、和解金をせしめたというものである。北は、交渉に臨むにあたって、朝日平吾から贈られた血染めの衣を纏った配下の清水行之助を安田保全社に前もって送り込み、結城に無言の威圧を加えたとも伝えられる。

このように、日本の社会全体に不穏な空気の漂う大正末～昭和初期の北のまわりには芳しからぬ事件が跡を絶っていない。弟子筋にあたる大陸浪人辰川竜之助らが作成した、第十五銀行の乱脈経営を糾弾するビラを利用して同銀行から五万円という大金をせしめた、大正一四～一五年の「第十五銀行事件」など、多くのスキャンダラスな事件に北は関与しており、それらを金づるとした。同じ大正一五年には、辰川と西田によって、北海道の皇室御料地をめぐる二つの不祥事が告発され、これに関与したとみられる重臣たちが弾劾された。「宮内省怪文書事件」である。このときも、北は、醜聞が何らかの金を引き出すネタになるのではないかと思っていたらしく、あえて弟子たちの行動を止めず黙認した。また、朝鮮人独立運動家朴烈が、内妻金子文子と共謀して、摂政宮（昭和天皇）暗殺を企んだとされる「朴烈大逆事件」でも、北は同じような動きをみせている。この事件では、予審中に担当判事立松懐清が撮影したという、取り調べ室内で両人が「抱擁」しているかのような怪写真をめぐって、野党政友会、政友本党などが、司法部の綱紀退廃を理由に、時の司法大臣江木翼《たすく》を糾弾し、若槻礼次郎憲政会内閣の総辞職を迫ったが、この背後に北がいたことは間違いなく、野党側から北サイドに金が流れたとの噂もある。これらの件で、北にも捜査の手が伸び、彼は、大正一五年七月西田とともに逮捕されている。一〇月懲役五カ月の判決を受けて、翌昭和二年二月頃まで豊多摩刑務所に収監された。しかし、出所後の同年四月に若槻内閣が倒れると、政友会の森恪から五万円の礼金が北に渡されたという（渡辺1、三四八頁）。

北が金を必要としていたことは事実である。彼は、父慶太郎の事業の失敗によりすでに家産を失い、また定職もなく、決まった収入源も持っていなかった。しかも、例の千駄ヶ谷の北邸は、右翼的人物、政治的浪人のほか、日蓮信徒や、中国人、朝鮮人などが、多く出入りする梁山泊の観があったというから、ここに巣くう食客たちを養う必要もあった。「托鉢」と称して、わずかの金の無心に、政友会の床次竹二郎らめぼしい有力者、富豪の間を歩いていたともいわれる。北のもとに定期的にまとまった金が集まりはじめたのは、「ドル買い事件」で身辺に危険の及んだ三井銀行の池田成彬をまもるため、三井合名の有賀長文が北を訪ね三万円を渡した昭和六（一九三一）年末以降である。翌七年四月には日仏親善のための運動資金という名目で二万円が池田から引き出されている。以後北が刑死するまでの数年間、三井財閥からは多額の資金が提供された。八年末に有賀が外国視察の旅に出ることになったため、資金提供役は、三井合名の筆頭常務理事になったばかりの池田に引き継がれ、一〇年末まで「盆暮に各一万円宛」（北一輝3、四五一頁）が北の手に渡されている。三井側が北に資金を供与した理由を有賀は、「彼は多数の右翼運動者より尊敬せらるる右翼運動の大御所であると聞かされて居りましたので、彼を通じて青年将校等に三井合名及財閥の何者たるかを知らしめる事と三井家に対し危害を加へんとする者を北より防止して貰ふ事と軍部の情勢が知りたいために接近し、時局問題等に就き克く会談致しました」（林茂他2、四二九頁）と証言している。見返りに、北配下からの威嚇や襲撃を免れることができ、また北の影響下にあるらしい青年将校に関する情報や彼らの維新運動が三井にどのような社会的対応を望んでいるのか、などについて知ることができるとあっては、三井財閥にとってこの資金提供は決して高いものではなかった。だが、いかに三井のためとはいえ、常人とは思えぬ北の「強請り」の凄味と執拗さには、池田は甚だしい嫌悪感を抱いていたと伝えられる。

このころの北を評して、松本清張は、「『日本改造法案大綱』……の出版権を西田税に譲渡してからの北は、理論家としての超国家主義者でもなんでもなく、腹心の岩田富美夫一派の暴力的威力行動を背景とした『事件屋』や『恐喝屋』であり、ロンドン軍縮会議以後は、……西田税が握る『革新』青年将校らの動きを威力背景として久原房之助や三井財閥に金を出させる『政治的恐喝屋』であった」（松本清張3、一六一頁）と断定している。たしかに、北は三井などから多額の資金提供を受け、その金をかなり贅沢な生活に使っていた。有賀が資金提供していた時期に当る、昭和六年八月から八年八月までの二年間を北家の女中として働いていた山田サトの憲兵隊での証言によれば、当時の北家は、北と妻スズ（本名ヤス）、息子大輝の三人の外に、書生一人、下男一人、女中三人が住み込み、運転手一人を使っていた。ひと月にかかる経費は、使用人の給料込みで、約八〇〇円位、デパートの支払いだけでも約二〇〇円というのだから、普通の生活をはるかにこえるかなり贅沢な暮らしぶりだったことがわかる（林茂他1、二九〇～二九一頁）。

昭和一〇年一〇月には、中野区桃園町に敷地一〇〇〇坪を越す豪邸を構え、大久保百人町から居を移した。北自身も、憲兵隊で、「財閥を否定して居乍ら、三井より生活費を受けておるのは如何」と糾問されているが、その答えはいかにも北らしい人を食ったものである。生活費の全部を三井からもらっているわけではないと釘をさしたうえで、こう答えているからである――「改造法案に於て、財閥を否定して居ると云ふても彼と是とは別問題で、恰も明治維新当時の桂小五郎、西郷吉之助が藩侯の禄を貰つて居たのと其の本質に於ては大差がないと思ひます」（北一輝3、四三三頁）と。そのうえ公判廷でも、「三井より十万円貰ふことは普通人より十円程度貰ふと同様なので、出来得る限り沢山貰ふ考へでありましたが、考へた十分の一程度しか貰つて居りません」（林茂他2、四二九頁）といって平然としている。『純正社会主義』において彼が資本家に示した徹底的嫌悪と侮蔑を思い起こせば、「敵」である資本家からいくらむしり取っても何の痛痒も感じないということなのであろう。このあっけらかんとした態度は、自己の思想を金と引き替えに売り渡すことなど頭の片隅にすら思い浮かべたことのない人間の、一種透明な心を映し出しているといって間違いないように思われる。事実、金をもらうことによって、北が自分の志操をまげ、おのれの革命を売り渡したという証拠はどこにもない。いうまでもないことだが、彼にとって、革命思想は金とはまったく次元を異にするもので、いかなる意味でも互換不能のものであった。彼が贅沢好きの浪費家で、何でも大きなものを好んだということは否定できない事実としても、一方で、何もなければないでまったく平気という恬淡たる性格の持ち主だったことも忘れてはならない。さすが大川周明の活眼は北のこの面をよく見抜いていたといえる。北の刑死後、形見として贈られた「白い詰襟の夏服」から、上海での初対面の日のことを回想し大川は、北の人となりについて「安楽の門」のなかで次のように記している。

　仏租界の陋巷に潜んで居た北君と初めて対面したのは、大正八年八月のことで、そのころ北君所持の着物は唯だ白い詰襟の夏服一着、洗濯屋に出す時は、洗濯が出来てくるまで猿又一つですまして居た。金があれば誰憚らず贅沢を尽し、無ければ無いで平気で猿又一つになる。その双方が等しく無理でも不自然でもないのが北君の面目である。（大川周明1、七六三～七六四頁）

そして、「常に塵や泥にまみれて居りながら、その本質は微塵も汚されることのない北君の水晶のやうな魂」（大川2、二四三頁）を知りつつも、その後北と訣別せざるをえなかった事情については、世間のさまざまな取り沙汰を否定して、「離別の根本理由は簡単明瞭……それは当時の私が北君の体得してた宗教的境地に到達して居なかったからである」（同、二四〇頁）と述懐している。

だが、『純正社会主義』を書いた若き日より待ち望んできた動乱の兆しがみえはじめた昭和初期の北の心の底には、なにかしら重い諦念のようなものが澱んでいたように思われてならない。革命はもとより人間というものにさえもある種冷たい覚めた眼が注がれていたのではないか。ヨッフェ問題により猶存社との関係を解消して以来の北は、世間とのほとんど一切の関係を絶った。そのことを警視庁聴取書において次のように述べている――「夫れ以来私は自分独自の自由な立場を以つて政界の人々にも又時々起こつてくる問題にも自分の信念に於て或は敵となり或は味方となつて一切の団体的生活とは全然交渉を絶つて一年々々と世間から遠ざかつてまいりました」（北一輝3、四四九～四五〇頁）。このような生活のなかで、北は、昭和四年四月二七日から二・二六事件で憲兵隊に勾引される一一年二月二八日まで、彼の法華経読誦中に神憑りになった妻スズの口からもらされる言葉を書きとめ続けた。松本健一が「霊告日記」と呼ぶ記録である（松本健一3、一九一頁）。松本によれば、この記録は、スズの言葉そのものではなく、北による解釈や判断が加えられたものだという。そのような予言とも思想の断片ともつかぬノートを七年近くも付け続けた北の真意を推し量ることは難しいが、その行為自体に現実へ向けての積極的な意義を求めることはあまり有効ではないような気がする。このころの北は、現実とはある種離れた位相で、長年の夢にかかわる遊戯にひとり耽っていたといった方が当っていはすまいか。このときには、もともと北の心のなかに潜在的ながらもしっかりと根を張っていた「政治ハ人生ニ於ケル一小部分ナリ」（北一輝2、二九六頁）という思いがすでに前景化してきていたのであろう。ロンドン海軍軍縮条約にかかわる問題で昭和四年頃から面識した「飲み仲間」という実川時治郎が、昭和一一年の第一九回総選挙への立候補を断念したという知らせを聞いた時、北は大いに喜び、この年の一月二三日付けで次のような手紙を実川に書き送っている。

> 原田（政治）君より御兄立候補ヲ断念せしが故に安神《ママ》した御知せ有之候。悪太郎と雖も持つべき者は朋友とつくづく難有存候。……御兄は又グズグズ言はば代議士になるぞと周囲を威嚇申す。脅かされ通に御座候。親御様から満足に生み下されし御からだ、アンナ恥かしき渡世は今後共思召し立さざるやう祈上候。……天気清朗、難有し難有し。（北一輝3、五二八頁）

心の奥深くに諦念を抱えた北が夢と現実のはざまで霊告遊びに耽るなか、その事件は起こった。

2

昭和一一（一九三六）年二月二六日未明、夜半から降り続く雪が東京の市街を白く染めていた。雪を軍靴で踏みにじって進む数連隊の下士官・兵あわせて一四〇〇余名が、首相、侍従長官邸はじめ、大蔵大臣、内大臣、陸軍教育総監私邸などを襲撃したのは時計が午前五時をまわった頃である。彼らは、国家改造を目指す二〇名の皇道派青年将校率いる近衛歩兵第三連隊、歩兵第一、第三連隊、市川野戦重砲兵第七連隊の兵士たちであった。襲撃目標とされた人物のうち、岡田啓介首相は危うく難を逃れ、銃弾を浴びた鈴木貫太郎侍従長も応急処置で一命をとりとめたが、高橋是清蔵相、斎藤実内大臣は射殺、渡辺錠太郎教育総監は刺殺された。湯河原の温泉旅館で保養中の牧野伸顕前内大臣は、河野寿大尉指揮下の別働隊に襲われたが逃れて無事だった。また、当初襲撃目標に入っていた元老西園寺公望も計画最終段階で対象から外された。蹶起部隊は、日本政治の中枢である永田町、霞が関、三宅坂一帯を占領した。占拠したばかりの陸軍大臣官邸で、川島義之陸相に対し香田清貞大尉が読み上げた「蹶起趣意書」によれば、彼らが蹶起した目的は、「内外真に重大危急」の際、「元老重臣軍閥官僚政党等」の「国体破壊の元凶」を「芟除」して、「大義を正し国体（を）擁護開顕」せんということにあった。陸相には同時に、林銑十郎大将、橋本虎之助近衛師団長の罷免、宇垣一成、南次郎大将らの逮捕などが要求された。「二・二六」事件である。事件そのものは、二月二六日払暁の蹶起から二九日午後の戒厳部隊による鎮圧までの、わずか三日半ほどの出来事であった。

村中孝次、磯部浅一前大尉を含む野中四郎、安藤輝三大尉、栗原安秀中尉ら蹶起将校の目指したところは、趣意書にいうとおり、腐敗せる「君側の奸臣軍賊を斬除」し、昭和維新を断行して、「天皇陛下の御統帥の下」に「尊厳秀絶」なる真の国体を蘇らせることに尽きていたといえる。そのほかに何の他意も、野心もなく、それゆえに事件成功後の国家運営の具体的計画もほとんどなかった。すべては「大御心に待つ」のが、彼らの維新行動の本質だったからである。君側の奸の影によって遮蔽されてしまっている、ありうべき天皇の真姿が顕現されさえすれば、昭和維新はなるのである。一年半ほど前に発覚した「陸軍士官学校事件」により軍籍を剥奪されていた、事実上の首謀者村中孝次前大尉の（昭和四一年仙台で新たに発見された）手記「同志ニ告グ」には、「昭和維新ハ天皇ヲ中心トセル自主的人格国民ノ一大運動ニヨリテノミ達成セラル」（河野司、一九七二、二二〇頁）と書かれている。村中の認識では、大正デモクラシーの洗礼を受けた今の国民はすでに、かつての封建社会の町人とは異なり、「一路平等に天皇に大政を翼賛せんとする自負と欲求とを有す」（同、一八六頁）までに政治意識が高まってきている。この意識を具現するためには、「一部の官僚、軍閥、政党、財閥、重臣等の頤使に甘んずる」状況から国民を解放し、官民、職の貴賤、階級の上下にかかわりなく、「価値の根源」としての天皇に「一路平等に……直通直参」させなくてはならない（同、一八八頁）。支配共同体の一切の権力主義を拒否して、「天皇への愛と天皇からの恩義」（三島2、五八頁）に基づく天皇親政の理想国家が樹立されることをもって昭和維新は成就し、「天皇と国民と直通一体なるとき、日本は隆々発展」（河野、前掲、一八八頁）するのである。村中は、蹶起をこの「昭和維新の端緒を開く」（同、一八三頁）「国民運動の前衛戦」（同、一八六頁）と位置づけている。この戦いは、陸軍本体の参加と、さらに国民の賛同をえて進められなくてはならないが、もっとも重要なのは「大御心」である——「而して至尊大御心の御発動ありて維新を宣せらるとき、日本国家は始めて維新の緒に就きしものなり」（同、一九四頁）。したがって、ひたすら「大御心を待つ」のである。「吾人同志間には兵力を以て至尊を強要し奉らんとするが如き不敵なる意図は極微と雖もあらず」（同、一八五頁）というのが彼らの偽りなき本心であった。またこの挙は、「政治的野望を抱き、乃至は自己の胸中に描く形而下の制度機構の実現を妄想して」（同右）なされたものではない。「純乎として純なる殉国の赤誠至情に駆られて、国体を冒す奸族を誅戮せんとして蹶起せる」（同右）以外に何の他意もないのである。二・二六事件を「道義的革命」と規定したのは三島由紀夫だが、村中自身も、これを「精神革命の先駆」と呼び、その意図を次のように述べている——「吾人は昭和維新の達成を熱願す、而して吾人の担当し得る任は、叙上精神革命の先駆たるにあるのみ、豈に微々たる吾曹の士が廟堂に立ち改造の衝に当らんと企図せるものならんや」（同右）と。みずから権力を握って、政治制度や社会機構の改造にあたろうというのではない。ただただ、国を思うおのれらの赤心を汲んで、大御心が維新に向けて発動してくれさえすればよいのである。それゆえに、すべてを「大御心に待つ」青年将校には、時々刻々と変容していく現実の権力政治の「暗闘」のダイナミックスはほとんど感知されることはなかった。

川島陸軍大臣が天皇に拝謁して、「蹶起趣意書」を朗読のうえ、状況説明したのは二六日の午前九時過ぎである。早くもこのとき天皇は、蹶起部隊を「叛乱軍」と呼び、その速やかな鎮圧を求めた。天皇は、その後海軍軍令部総長伏見宮を通じて伝えられた、真崎甚三郎大将らの「昭和維新の大詔渙発」による事態収拾案もまったく取り合おうとしなかったという。同日午後三時半、陸軍部内の蹶起支持・反対派の妥協案としての収拾策である「陸軍大臣告示」が、東京警備司令部から発表された。そこには、「蹶起ノ趣旨ニ就テハ天聴ニ達セラレアリ」、「諸子ノ行動ハ国体顕現ノ至情ニ基クモノト認ム」の二条があり、「我が意は通じた」と青年将校たちを歓喜させた。が、告示の末尾に、「之以外ハ一ツニ大御心ニ俟ツ」の文言があったことを見逃してはならない。もとより彼らは、「維新断行」の大御心を待っていた。午後四時には、戦時警備令に基づく第一師団命令が下り、蹶起部隊は同師団歩兵第三連隊連隊長の指揮下に置かれ、同連隊の担任警備地区の治安維持にあたることとされた。この命令には、「敵ト見ズ友軍トナシ、トモニ警戒ニ任ジ」との口達もあったから、一応蹶起部隊は正規の統帥系統に復すことになったといえる。同夜九時頃、戒厳令の施行が閣議決定され、翌二七日の朝まだき午前三時に実施に移された。九段の軍人会館に戒厳司令部が置かれ、戒厳司令官には東京警備司令官の香椎浩平中将が、戒厳参謀には早くから部隊討伐を唱えていた石原莞爾大佐が任命された。蹶起者の一人磯部浅一の「行動記」は、このときのことを、「払暁戒厳令の宣布をきき、我が部隊が令下に入りたるを確知し、余は万歳を唱えた」（河野、前掲、二六二頁）と書いている。まだ戒厳令に隠された意図に気づく者は少なかったのである。

　事態が急転するのはこの後である。当初から蹶起部隊を「叛乱軍」と呼び、討伐の意志固い天皇の意を体して、武力鎮圧にもつながる、部隊の「原隊復帰」の奉勅命令が参謀本部内で準備されはじめたからである。このときの昭和天皇の立場は、当時侍従武官長の任にあった本庄繁の日記に残された、よく知られる言葉からも明らかである――「朕ガ股肱ノ老臣ヲ殺戮ス、此ノ如キ凶暴ノ将校等、其精神ニ於テモ何ノ恕スベキモノアリヤ」、「朕ガ最モ信頼セル老臣ヲ悉ク倒スハ、真綿ニテ、朕ガ首ヲ締ムルニ等シキ行為ナリ」、「朕自ラ近衛師団ヲ率ヒ、此レガ鎮定ニ当ラン」（本庄繁、二〇〇五、二七五頁）。欧米協調主義に軸足を置き、西欧型市民社会と資本主義に基づく近代帝国主義国家をめざす支配エリートたちの「支配共同体」の要をなす天皇の偽らざる本心が吐露された言葉といえる。「戒厳司令官ハ三宅坂付近ヲ占拠シアル将校以下ヲ以テ速ヤカニ現姿勢ヲ撤シテ各所属部隊ノ隷下ニ復帰セシムベシ」という奉勅命令が発令されたのは二八日午前五時八分だが、蹶起将校へは正式には下達されなかった。しかし、彼らは、「奉勅命令が出るのは時間の問題だ」という山下奉文《ともゆき》少将の言、次々に訪れる帰順の勧めや周囲の雰囲気から実際にはそれを察知していたとしてよいであろう。この日が終わろうとする午後一一時には、「断乎、武力ヲ以テ当面ノ治安ヲ恢復セン」との武力鎮圧の命が下り、蹶起部隊は「叛乱部隊」と明確に規定された。叛乱部隊への攻撃開始命令が出たのが翌二九日午前八時半である。八時五五分には、戒厳司令部からのラジオ放送で、「既に天皇陛下の御命令が発せられたのである……」という、有名な兵への帰順勧告が流され、空からは飛行機で大量のビラがまかれた。「下士官兵ニ告グ」と題されたこのビラには、「一、今カラデモ遅クナイカラ原隊へ帰レ　二、抵抗スル者ハ全部逆賊デアルカラ射殺スル　三、オ前達ノ父母兄弟ハ国賊ニナルノデ皆泣イテオルゾ」(半藤一利、二〇〇七、二六五頁)と書かれていた。事ここに及んでは如何ともしがたく、首相官邸を占拠していた中橋基明隊をはじめとして、蹶起部隊は次々に帰順していった。唯一徹底抗戦の構えを崩さなかった安藤輝三隊の兵も説得に応じ、午後二時いずれも原隊に復帰した。安藤大尉は拳銃自決を図ったが、弾が急所をそれ、意に反して一命を取りとめた。蹶起将校たちは武装解除され、陸相官邸に収容される。直後、「蹶起趣意書」の筆頭名義人野中四郎大尉が自決した。事件のあっけない幕切れであった(なお、牧野伸顕暗殺に失敗した湯河原別働隊を率いた河野寿大尉は重傷を負い、入院中の昭和一一年三月六日自決した)。

3

二・二六事件と北一輝との関係は、蹶起した青年将校たちのなかに『改造法案』を読み、彼に私淑する者がいたものの、実際にはきわめて薄いものだったといわざるをえない。彼らと北をつないだのは西田税《みつぎ》である。西田は、陸軍士官学校時代の大正一一（一九二二）年四月に猶存社ではじめて面会して以来北に傾倒し、病気を理由に軍籍を離れた同一四年にその直系門下となった。この年に、当時陸軍士官学校の生徒だった、のちの末松太平大尉を北に引き合わせている。末松は、二・二六事件の蹶起には加わっていないが、昭和維新を目指す青年将校グループの中心人物の一人だったことから、「叛乱者を利する罪」に問われ、禁錮四年の刑を受けた。のちに末松は、はじめてあった日、北は彼と同行した親友森本赳夫のふたりに、「キラリと隻眼を光らして」「軍人が軍人勅諭を読み誤って、政治に没交渉だったのがかえってよかった。おかげで腐敗した政治に染まらなかった。いまの日本を救いうるものは、まだ腐敗していないこの軍人だけです。しかも若いあなたがただけです」（末松太平、一九六三、二二頁）といったと書いている。これが北と青年将校との間に関係ができた最初である。その後関係の輪は、大岸頼好、菅波三郎、大蔵栄一、村中孝次、栗原安秀、香田清貞、安藤輝三らへと広がっていった。昭和七（一九三二）年の五・一五事件の際、陸軍青年将校に参加を思い止まらせた西田が血盟団員川崎長光に狙撃され瀕死の重傷を負ったとき、これらの青年将校が病床を見舞っている。北と青年将校たちとの間に強い精神的絆が生まれたのは、このことがきっかけだったといわれている。もうこのときには北は、西田に対して肉親同然の愛情をもちはじめていた。

北はすでに大正末年には『改造法案』の版権を西田に委ねていたから、青年将校の間で同書が「昭和維新」のある種バイブルとして読まれたことは間違いない。しかし、この著が彼らの現実行動にどれほどの影響を与えたかについては、過大評価は慎まねばならない。その受けとめ方は各人各様であり、北の思想の真意に疑念を抱く者も少なくなかったからである。三島由紀夫が夙に指摘していたように、天皇観にしても、統帥権や戒厳令に対する考え方にしても、北と青年将校の間にははなはだしい疎隔があった（三島2、五八頁）。末松の『私の昭和史』によれば、『純正社会主義』における北の天皇機関説に疑惑の眼をむけた渋川善助の執拗な質問に、北は、「あれは書生っぽのとき書いたものだから」と煙に巻いて、まったく取り合おうとはしなかったという（末松、前掲、二四二頁）。陸士を卒業目前に退学した渋川は、青年将校と西田税とをつなぐパイプ役で、湯河原の別働隊として当日の蹶起行動に加わった唯一の民間人である。渋川同様の疑いを北に持った青年将校は少なからずいた。たしかに例外的に、とくに事件後には、北の思想に限りなく接近していた者はいる。前陸軍一等主計大尉磯部浅一がそれで、彼は、「獄中日記」に、「日本の道は日本改造方案《ママ》以外にはない、絶対にない」（河野、前掲、二八〇頁）、「北一輝氏、先生は近代日本の生める唯一最大の偉人だ」（同、二八一頁）と誌したが、とりわけ「日本改造方案大綱は絶対の真理だ、一点一画の毀却を許さぬ、……堂々と方案の一字一句を主張せよ、一点一画の譲歩もするな、而して、特に日本が明治以後近代的民主国なることを主張して、一切の敵類を滅亡させよ」（同、二九七頁）と述べているところから推して、北の思想をかなりの程度理解していたといってよいであろう。この磯部はまた、獄中、天皇が青年将校の思想行動をロシア革命になぞらえたという風聞に憤怒して、「天皇陛下　何と云ふご失政でありますか、何と云ふザマです、皇祖皇宗に御あやまりなされませ」（同、三〇〇頁）と天皇を叱責し、「軍閥幕僚を皆殺しにせよ」（同、二九九頁）とまで叫んでいる。しかし、磯部のような者は例外であったことは、彼自身が同時に、「今回死したる同志中でも、改造方案に対する理解の不徹底なる者が多かった、又残っている多数同志も、殆どすべてがアヤフヤであり、天狗である、だから余は、革命日本の為に同志は方案の真理を唱へることに終始せなければならぬと云ふことを云ひ残しておくのだ」（同、二九七頁）と書いていることからもわかる。末松太平も、前記の渋川善助の北への疑惑を大して気にもとめなかった理由を、「渋川とちがって私がなんとも思わなかったということは、北一輝の著書を読みこなすだけの素養を、私が欠いていたということでもあった」（末松、前掲、二四二頁）と正直に告白している。また、磯部とならび二・二六事件の首魁とされる村中孝次は、『改造法案』と蹶起の関係について、「『日本改造法案大綱』は頃日愛読して思想的に啓発せられし所大なりと謂はざる得ず、然れども今回の挙に於いては同書に掲げたる国家機構を一の建設案として、これが現出を企図せりと言ふが如き事実なし」（河野、前掲、一九二頁）と断言し、彼らの行動がもともと『改造法案』を実現するためのクーデタではなかったことを、次のように述べている。

今回の決行目的はクーデターを敢行し、戒厳令を宣布し軍政権を樹立して昭和維新を断行し、以て北一輝著『日本改造法案大綱』を実現するに在りとなすは是れ悉く誤れり。……吾人は

『クーデター』を企図するものに非ず、武力を以つて政権を奪取せんとする野心私欲に基いて此挙を為せるものに非ず、吾人の念願する所は一に昭和維新招来の為に大義を宣明するに在り。昭和維新の端緒を開かんとせしにあり。（同、一八三頁）

警視庁の聴取において『改造法案』の軍部への影響を問われた北自身にしてからが、「私の改造法案が軍部の青年将校を指導して此処に至らしめたと云ふ様な御言葉を聞く時には私自身誠に不可解に存じます。何んとなれば一冊の著述が左様な大勢力を及ぼすと云ふ事は常識上考へられない事であるからであります」（北一輝3、四八二〜四八三頁）と答えている。彼にしてみれば、革命が計画通りになど決して行かぬことは、中国革命で体験した数々の修羅場を通して骨髄に徹して刻み込まれた思いだったからである。「世の中の動きは水の流れの様なもので、起草者又は計画者がああもし度い、かうもし度いと考へる事とは別に、山があり谷があり、其の為に水は自分自身の欲する処に流れて行きます……」（同、四八五頁）との供述はまったくそのままに受け止めておけばよい。だからこそ、革命は「不立文字」なのである。

北によれば、日本の国家改造は、「対外関係から起きた維新の国内改造」と同様に、「対外政策遂行上……止むを得ざる結果として国内改造に帰着するもの」であるから、『改造法案』は「前半の国内改造意見よりも後半の対外策に付いて力説詳論」（同、四八三頁）されている。「十八年前の古い冊子」である同著で主張されていることは、すでにみたとおり、「総て当時日本の採って居た対外策とは全然相違し……従つて当時には殆んど重要視され」なかったものである（同右）。ところが、満州事変以後、日本をめぐる世界の情勢の方がたまたま北の主張に近づいてきたために、「直接に国防の第一線に立つ」「青年将校の間に該冊子が再読、再検討され」はじめ、「今度は急に何も彼も鵜呑みにする様な傾向にもなった」（同、四八四頁）といわざるをえない。青年将校の間で『改造法案』がにわかに広まっていったのは、こうした時勢の変化からである。つまり、「青年将校が私の改造案を見る時は先づ直ちに対外策から門に這入って来る」（同、四八三頁）のであって、「国内改造」を目的として同著は読まれたのではない。これが北の弁明を兼ねた答えである。事実はほとんどこれに近かったといってよいであろう。ただ、いかに対外策から入ってくるとはいえ、同著が国内改造に触れている以上、これに影響された者も少なくないであろうことは北も認めている。しかし、その思想は決して共産主義ではなく、「国家至上主義」に基づく反資本主義的なものであって、その点については青年将校もある程度納得しているということを、この聴取書において次のように述べている。

国家社会の改造に付て世界一般に行はれた理論は勿論共産主義の理論であります。而し日本に於て国家を否定したる社会の存在は現実の事実として考へ得られぬ事でありますし、又私有財産を有せずして国民に自由独立の生活基礎がありませんから、国家の観点からも個人の観点からも改造意見としては何等価値ないものであります。一方されぱと申して現在の資本主義制度が……最早や終末に近づいて維持すべきものにあらずと云ふ事も又一般に普及された認識となつて居ります。右の様に共産主義は不可なり、資本主義又不可なりとすれば日本に於ては私の改造案の主張したる如く国家至上主義に立脚して大資本を国家の所有経営となし、個人の私有財産に限度を設けて個人の自由を保証し、甚だ敷き貧富の懸隔なき国家組織にする以外に他に如何なる方法もありません事は、私の信ずる処であるのみならず青年将校等も大体に於て同意見らしく思はれます。（同、四八五頁）

しかし、軍当局の見方はそうではなかった。その典型は、事件から一週間後に全軍に配布された舞伝男第一師団参謀長の講演要旨で、そこには、「叛軍幹部及一味の思想は過激なる赤色団体の思想を、機関説に基づく絶対尊皇の趣旨を以て偽装したる北一輝の社会改造法案及順逆不二の法門に基くものにして、我国体と全然相容れざる不逞思想なり」（末松、前掲、二八八頁）の文字が踊っていた。この文書は、青年将校らの蹶起を、偽装した共産主義思想にも等しい北の『改造法案』を実現するためのものと規定している。軍事法廷における判決の基調にも流れる、こうした軍当局の見解に、青年将校らが驚愕すると同時に、怨み、激怒したのは当然である。そのことを示す多くの証言が残されているが、その一人栗原安秀中尉の「余万斛ノ怨ヲ呑ミ、怒リヲ含ンデ斃レタリ、我魂魄コノ地ニ止マリテ悪鬼羅刹トナリ我敵ヲ憑殺セント欲ス」（河野、前掲、四九頁）の言葉に代表させておこう。首魁の一人として死刑の判決を受けた安藤輝三大尉は、「判決ノ理由ニ於テ全ク吾人ヲ民主革命者トシテ葬リ去レリ、又コトサラニ北一輝、西田ト関係アル如クシ、又改造法案ノ実現云々トシタリ。万斛ノ恨ヲ呑ム」（同、四一頁）とその無念の思いを綴り、さらに軍当局の卑劣なる策謀を痛罵する次の言葉を残している。

> 嗚呼我々ハ共産党ト同ジニ取扱ハレテヰルノデアル、軍当局ハ北、西田ヲ罪ニ陥レンガタメ無理ニ今回ノ行動ニ密接ナ関係ヲツケ、両人ヲ民主革命者トナシ極刑ニセント策動シアリ……吾人ヲ犠牲トナシ、吾人ヲ虐殺シテ而モ吾人ノ行ヘル結果ヲ利用シテ軍部独裁ノファッショ的改革ヲ試ミントナシアリ、一石二鳥ノ名案ナリ、逆賊ノ汚名ノ下ニ……断ジテ死スル能ハズ、昭和維新ハ吾人ノ手ニヨル以外断ジテ他ノ手ニ委シテ歪曲セシムル能ハズ。（同、四三頁）

では実際のところ、事件そのものに北はどの程度関与していたのであろうか。それがきわめて希薄なものであったことはもはや広く知れ渡った事実と思われるが、行論上一応の整理をしておきたい。事件前後の北の動静を時系列的に追ってみよう。「警視庁聴取書」（第一回）によれば、事件前の青年将校の動向については、北はすべて「西田一人のみから聞知」していた。蹶起があるやもしれぬということを聞いたのは二月一五日前後らしいが、蹶起の計画があることをはじめて知ったのは二月二〇日頃である（北一輝3、四五一～四五二頁）。北と青年将校とが直に接触することはほとんどなかったから、この話も西田税から「幸か不幸か」聞かされた。このとき北は内心「意外の変事に遭遇したと云ふ感じ」をもち、半信半疑だったという。国内改造は「先づ国際間の調整より始むべし」という持論ともまったく相違しているうえに、「何人が見ても時機でない」からである（同、四七一頁）。しかし彼はこれを「承認」せざるをえなかった。相沢事件以来皇道派青年将校への警戒感をますます強めていた統制派陸軍幹部は、青年将校の拠点である歩兵第一、第三連隊の属する第一師団を昭和一一年三月に満州に派遣することをすでに決定していた。対ソ戦の切迫すら囁やかれる満州に行けば生還は期しがたいかもしれない。蹶起するならば、その前でなくてはならなかったのである。「満洲派遣と云ふ特殊の事情から突発するものである以上、私の微力は勿論、何人も人力を以てして押え得る勢ひでないと考へ（た）」（同右）というのが承認の理由である。だから、彼は、青年将校の蹶起によって「改造法案の実現が直に可能のものであると云ふが如き、安価な楽観などは」（同、四七一～四七二頁）微塵も持っていなかった。それどころか、彼自身が「五・一五事件以前から其以後も何回となく勃発し様とする」青年将校の暴発行動を、つねに「中止勧告をして来た」のである。それにもかかわらず、「今回に至って人力致し方なしとして承認を与へましたのは、愈々責任の重大なることを感ずる次第であります」（同、四七一頁）と、警視庁の聴取に対して一応は神妙に答えている。だが、「承認」という言葉は使っているものの、実際にはそれはただ「聞きおく」というほどの行為をさしていたにすぎない。彼が本当にそういったのだとすれば（もしかすれば、この言葉は調書作成者によって作為的に選ばれた、意図を含んだ表現かもしれない）、「承認」という言葉づかいには、青年将校への影響力についての彼の錯覚が表出しているといわねばならない。ただ黙認する以外、如何ともしがたかったのが実情であろう。いうまでもないことだが、蹶起に向けて部隊を動かす決定権が彼にあったわけではないし、青年将校たちが彼の強い指導下にあったわけでもない。しかも、彼と青年将校の間には、基本的に、国家改造について意見の一致も、意思の疎通もなかったからである。このとき北が次のように発言していることはきわめて重要であろう。

　私は其人々等の軍人としての価値は尊敬して居りますが、改造意見に就て私同様又は夫れに近い経綸を持つて居ると云ふ事を聞いた事もありませんし、又一昨年秋の有名な『パンフレット』（「国防の本義と其の強化の提唱」——筆者注）を見ましても、私の改造意見の如きものであるか何うか一向察知出来ませんので、私としては其様な架空な期待を持つ道理もありません。要するに行動隊の青年将校の一部に改造法案の信奉者がありましたとしても、此事件の発生原因は、相沢公判及満洲派遣と云ふ特殊な事情がありまして、急激に国内改造即ち、昭和維新断行と云ふ事になつたのであります。（同、四七二頁）

北が実際に決行間近と知ったのは二二日から二四日の間である。この点については彼と西田の供述調書は若干食い違っている。北は二二、三日頃西田から聞いたと述べているが、西田は二四日夜、帰宅後に「多分磯部」からの置き手紙で知ったとしている。北はまた、西田に聞いた後に、村中孝次からも直接知らされたと、次のように供述している――「尚村中から二月二十二、三日頃と思ひますが村中がやつて来ました。『吾々は愈々決行します』と只一言申しました。私は西田から聞いて居ましたので何も村中に質問も致しませず、村中も……外の話をしてすぐ帰りました」（同、四五三頁）と。松本清張の委細を尽くした労作『昭和史発掘』に依拠してこの辺のいきさつを整理しておけば、それまで決行を悩みぬいていた安藤輝三がついに蹶起への参加意思を表明した二二日早朝の時点で、事実上二・二六事件は開始された。早くも、その日の夜には、駒場の栗原安秀中尉宅に、河野寿、中橋基明、磯部浅一、村中孝次が集まり、栗原を加えた五人で決行の日時、襲撃目標等の具体的な実行計画が決定された。この計画が最終決定をみたのは、翌二三日夜の歩兵第三連隊週番司令室における会合でのことである。この会合のメンバーは二月一〇日以来行なわれてきた実行準備会合のコアメンバー（栗原宅会合の五人のほか安藤輝三。村中は一九日以後加わる）で、機密保持のため他の青年将校との会合とは区別して彼らがとくに「A会合」と呼んでいたことを想起すれば、その決定の詳細が軽々に北や西田に伝えられたとは考えられない。「警視庁聴取書」によれば、二四日の時点では北と西田のふたりが決行を知っていたことは確実であるが、記録にはないものの、あるいは西田はもう少し早く耳にしていたのかもしれない。いずれにしても栗原中尉宅の会合後のはずだから、早くて二二日深夜、おそらく二三日午前であろう。とすれば、北が知ったのはいくら早くても二三日午前以後のはずである。したがって、村中が「二二、三日頃」訪れて決行を告げたという前記の北の供述は、二四日の記憶違いの可能性が高い。というのは、村中は二四日に北宅を訪れ、「蹶起趣意書」を浄書しているからである。「陸軍歩兵大尉野中四郎　外同志一同」の名義による「蹶起趣意書」は、野中大尉が最初に書いた「決意書」を基にして村中が起草したが、最終的にはそれを北が添削したといわれている。村中が北宅を訪れたのはそのためであり、北が加筆修正した後浄書されたとみられる。「丹心録」に村中が記した、「本趣意書は二月二十四日、北一輝氏宅の仏間、明治大帝御尊像の御前に於て神仏照覧の下に、余の起草せるもの」（河野、前掲、一八五～一八六頁）との一文は、この間の事情を物語るものであろう。趣意書に「昭和一一年二月二六日」と明記されているのだから、少なくともこのときには北は決行日を知っていた。一方西田も、この日、磯部から蹶起が二六日であることを告げられているから、おそらく北は村中の訪問を受ける前に電話で西田からそのことをすでに知らされていたと思われる。こうみると、いわゆる「霊告日記」の記述とは符節が合う。蹶起計画のあることをはじめて聞いたと思われる二月二〇日の翌朝には、「山岡鉄太郎物申す　稜威尊し　兵馬大権干犯如何　答　大義名分自づと明らかなるハ疑無し他末節に過ぎず」との霊告がみえ、また、決行間近を知らされた後の二四日朝には、「大内山光射ス　暗雲無シ」と記されており、決行日が二六日と知った二四日の翌二五日の記述は、霊告ではなく、「余一人明治神宮参拝」となっているからである（宮本2、六二一頁）。

しかしながら、北も西田もともに計画の詳細について知悉する立場にはなかった。磯部の「獄中手記」が、「蹶起の時日については、私が二十四日に西田氏に知らしましたが、細部の計画などは私も村中も、断じて両氏には知らしておりません。……西田、北とは相談もせず、合議もせず、指令など絶対に受けておりません」（河野、前掲、三三二頁）と書いているのは本当であろう。統帥大権を通じて天皇に直結しているという軍人特有のエリート意識からすれば、蹶起の作戦行動から民間人を疎外しようとするのは当然の心の働きだからである。明治一五年に発せられた「軍人勅諭」にある「朕は汝等を股肱と頼み汝等は朕を頭首と仰ぎてぞ其親《したしみ》は特《こと》に深かるべき」の文言は、天皇からの恩義の象徴であり、天皇への愛において軍人が一般国民に優越すると信じる根拠であった。北らが具体的な詳細計画を何一つ聞かされていなかったことは、事件当日彼が、蹶起将校たちが陸軍の中堅・上層部から何らかの事前了解を取り付けていなかったことを知り、「心中『仕舞つた』と云ふ心配を生じて多く沈黙になり、この善後処置を如何にすべきかに、只一人心をくだいて」（北一輝3、四五五～四五六頁）いたことからも明らかである。「自分がやればあんなヘマはしない、まず宮中占拠をしただろう」といっていたということからもわかるように、彼は何の計画謀議にも加わっておらず、指導などすべき立場にはまったくなかった。しかも、革命の夢を蹶起行動には微塵も託していなかったことを、「私は真崎内閣であらうと、柳川内閣であらうと其の内閣に依つて私の国家改造案の根本原則が実現されるであらうなどと夢想をしては居りません」（同、四七二頁）と明言している。計画に関与するどころか、青年将校が計画を詰めつつあった頃には彼は、日中関係を改善するために二〇年来の盟友張群外交部長と会談すべく、三月に訪中する準備を進めていたのである。このように、二・二六の叛乱は北が計画し、指導したものでは毛頭ない。のちに磯部浅一が獄中から百武三郎侍従長に宛てて送った、北、西田の助命嘆願書のなかで、「北輝次郎、西田税両人ハ、昭和十一年二月二十六日事件ニ関シテハ絶対ニ直接的ナ関係ハ無イノデアリマス」（河野、前掲、三〇二頁）と書いたことは、助命嘆願という目的を差し引いても、否定することのできない真実であった。求められて蹶起趣意書を添削したり、「霊告」によって激励したりしたことが幇助にあたるとはいえ、事件に対する北の立場はまったく傍観者的なものにすぎなかった。蹶起将校に対する北や西田の影響力も彼ら自身が思うほどには大きなものでなかったことは歴然としている。もはや制止もかなわぬ以上、あとは成功を祈るだけというのが偽らざる心境だったであろう。

北が蹶起の報を得たのは当日午前九時頃、薩摩雄次からの電話によってである。戦後一時期自民党代議士も務めた薩摩は猶存社時代から北と面識があり、ロンドン海軍軍縮条約をめぐる「統帥権干犯問題」で親類筋にあたる海軍軍令部長加藤寛治と北をつないで以後はとくに、厚い信頼を得ていた。「総て予定通りに行った様であります」との西田の報告が入ったのはそれから約一時間後である。午後には中野署の特高主任が訪れ、種々情報を聞かせた。午後四時頃からは西田、薩摩が相次いでやって来て、薩摩が先に帰った七、八時以降は、西田とふたりで事態の推移を見守っていた。蹶起将校の陸軍上層部への事前工作が皆無だったことを知り、「仕舞つた」と思ったのはこのときのことである。午後一一時頃、門下の岩田富美夫がきて、「『革命軍大いに起る』と云ふ号外が出た」と話すと、北は「之は革命軍ではない」と即座に否定し、「正義軍と云ふべき」

と訂正している。憲兵隊でこのことを尋かれ、「我国には革命のある筈はありませんから、特に革命軍を消して正義軍とした」（北一輝3、四三二頁）と遁辞を弄しているが、蹶起行動がおのれの革命を実現するためのものでないことは明らかだったからである。この日、夜半一時前に、北は「二階の寝室に這入」った（同、四五四～四五六頁）。眠ろうとするとき、「革命軍正義軍ノ文字並ヒ現ハレ革命軍ノ上ニ二本棒ヲ引キ消シ　正義軍ト示サル」（宮本2、六二頁）との霊告を受けた。

就寝の床で、軍上層部への根回しもないこの蹶起の先行きに不安を覚えたのであろう、できるだけ青年将校の意に沿う形で事態が収拾されることに思いをめぐらせたと思われる。翌二七日朝、真崎甚三郎を後継総理に立てて収拾を図るという腹案を固めて起床、「自発的に電話を以て、栗原又は村中を呼び出し、真崎説に一致して一任する事を極力勧告」（北一輝3、四六五頁）した。蹶起将校が総理にと望む柳川平助台湾軍司令官では「余り（に）話が遠すぎる」、一刻を争うこの際、次善の策として「真崎でよいではないか」（同、四五六～四五七頁）、真崎なら将校たちを見殺しにはすまいというだけの思いからであった。この朝の「霊告日記」には、「人無シ勇将真崎在リ国家正義軍ノ為メ号令シ　正義軍速ニ一任セヨ」（宮本2、六二頁）と記されている。このことは、その夜ひそかに占拠地を抜け出して北宅を訪れた「軍服の村中」にも伝えられた。村中が帰った後、北は、何としても真崎を総理にすべく海軍の協力を仰ごうと、薩摩雄次を使って加藤寛治に、伏見宮軍令部総長への働きかけを依頼している（北一輝3、四五八～四五九頁）。

しかし、このときにはすでに、叛乱部隊に激怒し陸軍側の鎮圧行動の進捗の遅れに苛立ちを隠せぬ天皇が、「朕自ラ近衛師団ヲ率ヒ、此レガ鎮定ニ当ラン」とまで口にする事態に立ち至っていた。

翌二八日、早朝すでに奉勅命令は下されていたが、それとは知らぬ北はまだ事態を楽観していた。「警視庁聴取書」では、「此日も戒厳部隊が討伐すると云ふ様な話も聞きましたが、私は……断じてさういふ事がないと信じ続けて居りました」（同、四六〇頁）と述べている。このときの心境を、彼はみずからこう要約している——「要するに二八日中は真崎内閣説に軍事参議官も意見一致するものと信じ、随つて一任すると云つた以上は出動部隊も兵を引いて時局が危険状態より免ぬかるるものと許り確信致して時間を経過して居りました」（同右）。この日の「霊告日記」には、「朝、神仏壇ニ向テ祈ル、只難有サニ嗚咽涕泣……義軍勝テ兜ノ緒ヲ絞《ママ》メヨ」（宮本2、六二～六三頁）の文字さえみえる。が、正午頃、突然栗原中尉からの「自決スルノ已ムナキニ至リ、万事休シタル旨ノ」伝言電話を受けて事態の急変に驚愕、急遽栗原を電話口に呼び出し、「軍事参議官ノ回答アル迄ハ、断ジテ自決スベカラズ」と自決阻止の説得を試みた（東潮社、一九六四、二四九頁）。さらに、三時頃には村中から「真偽不明ながら討伐の奉勅命令が出たらしい」との電話報告を受けたが、「苟モ戒厳部隊ニ編入セラレタルモノニ対シ、討伐命令ノ発セラルルガ如キ条理ナカルベシ」（同右）と強気の構えを崩さず、徹底的に上部工作を行なうよう教示した。奉勅命令による討伐が確実視されてきた午後五時頃になっても、蹶起将校に対して、「極力ソノ自決ヲ阻止スルト共ニ、初志貫徹ノタメ、飽迄上部工作ヲ続行」（同、二五〇頁）するよう激励を続けた。が、そのような状況のなか、夕刻、北は憲兵によって勾引された。その時刻は資料によってまちまちである。「憲兵隊調書」は、「午後八時前後頃」（同右）としているが、「警視庁聴取書」では、憲兵が北宅を訪ねたのは「夕方五、六時頃」となっている。北を逮捕した東京憲兵隊特高課長福本亀治は、「二八日の午後三時、武装憲兵の一隊を乗せ、私は自からこれの指揮をとり中野の北宅を急襲した」（福本亀治、一九五四、一八三頁）と回想している。「警視庁聴取書」によれば、「一寸憲兵隊に来て貰ひ度い」という要請に、北は、約三、四〇分の間、食事をしたり、衣服を整えたりするかたわら、「薩摩に海軍側の時局収拾の努力を頼んだり」したのちに「憲兵隊ニ同行サレ」た。そして、「其儘留められましたので、夫れ以後の事は一向に存じません」（北一輝3、四六〇頁）。

4

蹶起将校および北、西田らを裁く陸軍軍法会議は、昭和一一年四月から、陸軍刑務所に隣接する代々木練兵場の一隅に急遽仮設された特設公判廷において行なわれた。予審からわずか三カ月後には、実行行為に及んだ青年将校に死刑判決が下され、その一週間後の七月一二日には刑が執行されるという慌ただしさであった。北、西田については、一〇月五日に第一回公判が開かれ、二二日に検察官の論告が行なわれている。死刑判決が出たのは、翌一二年八月一四日である。この裁判は非公開で行なわれ、傍聴人もなく、陳述内容も報道されなかった。そのうえ、弁護人もなく、被告側の証人はすべて却下、発言の機会も制限され、しかも上告を認めぬ一審制であったから、安藤が「裁判ニアラズ捕虜ノ尋問ナリ」（河野、前掲、四一頁）といい、村中が「暗黒裁判も言語に絶するものあり」（同、一八九頁）と記したのも無理からぬところである。裁判に携わった法務官までもが、「こんな莫迦な無茶苦茶なことはない、皆法務官をしてゐることが嫌になった」（同右）と愚痴をこぼすほどであった。

　北・西田の裁判はその最たるものといっていい。村中の「続丹心録」によれば、法務官の一人新井明重は、時折喫煙に招いていた安田優元少尉に、あるとき、「北、西田は今度の事件には関係ないんだね、然し殺すんだ、死刑は既定の方針だから已むを得ない」（同、一八八頁）といって慨嘆したという。陸軍省当局のシナリオでは、二・二六事件は軍内部の要因によって起こったものではなく、軍のあずかり知らぬ外部の不逞思想の影響を受けた青年将校の暴走によるものとして決着させられなくてはならなかった。裁判を担当したのは、裁判長吉田悳《ただし》少将以下、伊藤章信法務官、秋山徳三郎大佐、藤室良輔大佐、村上宗治中佐の五名である。文官である伊藤法務官のほかはいずれも判士（武官の裁判官）であった。この法廷が下した判決は、陸軍刑法第二十五条第一号に基づき、「被告人北輝次郎、西田税ヲ各死刑ニ処ス」（東潮社、前掲、二三二頁）というものである。刑の根拠とされた同条項は、「第二十五条　党ヲ結ヒ兵器ヲ執リ叛乱ヲ為シタル者ハ左ノ区別ニ従テ処断ス　一　首魁ハ死刑ニ処ス」であるから、北らは叛乱実行行為の首謀者として裁断されたことになる。判決理由には、「被告人（北）ハ、軍部、民間ヲ通ジ、『日本改造法案大綱』ヲ信奉セル同志ノ思想的中心タルト共ニ、革新運動の指導者」（同、二三五頁）であり、「天皇親率ノ下挙軍一体タルベキ皇軍内ニ、矯激ナル思想信念ヲ抱懐セル同志ヲ以テ、横断的団結ヲ敢テスルニ至ラシメ」、「機会アル毎ニ各種ノ問題ヲ捉ヘ、巧ミニ革新運動ニ結ビ付ケ、軍部民間ヲ刺戟スベキ宣伝ヲナシ、以テ革新気運ノ醸成ニ努力シキタルモノ」（同、二三六頁）とある。『改造法案』を通じて蹶起将校の結党に間接的な影響を与え、また絶えず革新気運を醸成すべく努力していた、という思想的指導者としての一般的な在り方は窺えるものの、ここからは、どう強弁してみても、実行行為の首謀者の姿は浮かび上がってはこない。すでにみた事件前後の北の動静そのものが映し出されているにすぎないのである。あまつさえ、判決理由のなかには、「国家革新ノ大成ヲ期スルタメ常ニコレ等同志ヲ誡告指導シツツ、ソノ軽挙妄動ヲ抑制シ来タリシ」（同右）のくだりさえ含まれている。だが、北は「首魁」と認定され、死刑判決を受けた。実は、この判決は、多数決によって下されたものである。伊藤法務官、秋山、村上、藤室判士の四人は死刑判決を支持し、ひとり裁判長の吉田判士が「首魁」ならぬ「幇助」による「従犯」説をとった。予審段階では北らの行動が単なる「利敵行為」にすぎないことを強調していた、伊藤法務官すら「首魁」説に転じた裏には陸軍省の強い指示があったとされている。一方、公判開始前には北に対してある種の予断を持っていたらしい吉田裁判長が、法廷で北と直に接し、審理を進めるうちに考えをまったく改めていく様は、田中惣五郎が用いている「Y判士の手記」に明らかである。第一回公判が行なわれた昭和一一年一〇月一日の項に吉田は、北の第一印象を、「北の風貌全く想像に反す。柔和にして品よく白皙。流石に一方の大将たるの風格あり」(田中、前掲、四四〇頁)と記した。また、北が『純正社会主義』と『改造法案』の執筆動機や自己の政治運動の経過を述べた第二回公判(一〇月五日)では、「偉材たるを失はず」(同、四四一頁)とコメントしており、証拠調べが終わった一〇月二〇日の項では、「北は改造法案に対する所見を述べ、不逞思想に非ずと主張す。その点確かに同意せざるを得ぬ」(同右)との感想をもらしている。その二日後、竹沢卯一法務官による検察官論告が行なわれたが、吉田は、「論告には殆んど価値を認め難し」と、軍人としての自戒の念をも込めて、次のように軍当局を批判している。

(論告は)本人又は周囲の陳述を藉り、悉く之を悪意に解し、しかも全般の情勢を不問に附し、責任の全部を被告に帰す。抑も今次事変の最大の責任者は軍自体である。軍部特に上層部の責任である。之を不問に附して民間の運動者に責任を転化せんとする如きことは、国民として断じて許し難きところであって、将来愈々全国民一致の支持を必要とする国軍の為放任し得ざるものがある。国家の為に職を賭するも争はざるを得ない問題と思ふ。(同、四四一~四四二頁)

裁判経過を陸軍大臣に報告した翌一二年一月一四日の項には、「北、西田責任問題に対する大臣の意見全く訳の解らないのに驚く。あの分なら公判は無用の手数だ。吾々の公判開始前の心境そのままである」（同、四四二頁）との記述がみえる。

公判前には陸軍大臣とさして変わらぬ予断すらもっていた吉田裁判長は、公判審理の過程で事件への北らの直接的関与を否定するに至っていた。彼の事実認識と法理論上の立場は、判決を前にして死刑強硬論者の藤室良輔判士に「再考」を求めた書簡に明瞭に示されている。藤室判士は陸軍省の代弁者といってよく、公判中に吉田が裁判長権限による交代を望みながらも、陸軍省の反対で果たせなかった人物である。この書簡は、当時朝日新聞の陸軍担当記者として鳴らした高宮太平が戦後著した『軍国太平記』に引かれたもので、松本清張『昭和史発掘』でも全文が引用されている。吉田の論点の第一は、事件以前の思想運動がいかに過激で強い影響力をもっていようとも、そのこと自体は「畢竟情状に属するものにして、基本刑決定の要素」とはなりえないということである。とくに軍法会議が民間人を審理する場合には、このような情状は不問に付し、事件に直接関係した行為だけから犯罪の軽重をみるべきだとの至極真っ当な意見が述べられている。この観点からすれば、北らの行為は、「首魁幇助の利敵行為」にすぎず、刑法にいう「従犯」にあたる。したがって、「その刑は普通の見解を以て臨む以上、主犯より軽減せらるべきもの」（高宮太平、一九五一、二八五頁）でなくてはならない。利敵行為に対する量刑は「三年より極刑まで」と懸隔がはなはだ大きいが、北らの「今次行為は叛乱の全過程を通じ……殆ど彼我両者に対し、格段の利害を及ぼしあらざる状態にある」以上、「最高限度は、三年と極刑の中位以下の刑に相当するものと認む」（同右）というのが、吉田の法理的解釈である。また北、西田の人物についても、極端な毀誉褒貶はあるものの、「その真精神全然悪なりと断定し、情状を特に重く見るに足る資料は不充分」だとして、「この点は問題視せざるを至当とす」(同、二八五〜二八六頁)との判断を下している。「全然悪なり」どころか、彼が北の人物をむしろ高く評価するようになっていたことはすでにみたとおりである。書簡はさらに、伊藤法務官はもとより、検察官もまた予審段階では、「利敵を至当なりとし公訴状を提出」したにもかかわらず、「(陸軍)本省に於て首魁たらしむべき指示を与へ、検察官これに聴従し無理に首魁に改変提出せる事実ありといふ」(同、二八六頁)との風聞にも言及しており、確証はつかんではいないものの、「これ恐らく真実ならん」と述べている。吉田のみるところ、陸軍省はこれまでに発した声明などの関係上、北らに責任の大半を押しつけようとしている疑いがきわめて濃厚であり、そのことに対して「不快」の一語が書き加えられている。吉田はすでに伊藤法務官とは意見交換し翻意を促したが、伊藤は「首魁幇助と認めつつ、既往思想運動の責任のみを強調し、従犯刑を採用するを肯んぜ」(同、二八六頁)なかった。陸軍省の圧力によるものであろう。吉田の書簡は、「飽くまでも法的根拠に基き、公正妥当、一点の非議を許さざる」(同右)判決でなければ、将来に重大な禍根を残すであろうとの憂慮を表明しつつ、「会議の席上に於て、数を以て万事を解決し去らんとすることな(い)」(同、二八七頁)よう、藤室に希望する言葉をもって結ばれている。しかしながら、昭和一二年八月一四日に下された判決は、前記のとおり、四対一の多数決により「死刑」に決した。陸軍省の意を受けた藤室の強硬論に、他の三人の判士が追従したのである。結局この裁判は、陸軍省であらかじめ決められていた結論を、裁判長が申し渡す儀式にほかならなかったといえる。この日のことを、「Y判士手記」は、「北、西田に対する判決を下す。好漢惜しみても余りあり。今や如何ともするなし。噫……」（田中、前掲、四四二頁）と結んでいる。

5

昭和一二（一九三七）年八月一九日は、よく晴れた暑い日であった。この日、東京渋谷区の代々木陸軍衛戍刑務所の片隅に設けられた仮刑場で、前年の二・二六事件に関与したとされた「常人」（民間人）四人に対する銃殺刑が執行された。北一輝とその門下西田税（大正一四年六月、少尉で陸軍を退役）、そして昭和九年一一月二〇日の「陸軍士官学校事件」により軍籍を剥奪されていた首謀青年将校村中孝次と磯部浅一の四人である。民間人審理の関係で判決が遅れた村中、磯部を除く同事件首謀者の一五名の青年将校たちは、すでにその一年前に、同じ場所で処刑されていた。民間人とはいうが、この日処刑された四人のうち、軍に属した経歴を持たない純粋な民間人は北一輝ただ一人である。

刑は朝早く執行された。ひろげた両手首を十字の刑架に縛りつけられて坐す北の額を一発の銃弾が貫き、白い目隠しを鮮血が染めた。と、ほぼ同時に、「惜しい人を殺した」との嘆声まじりの声が入場許可者のなかから洩れたと、死刑の執行責任者であった刑務所長塚本定吉の「獄中の記録」は記している。

事件勃発の翌々日（二月二八日）憲兵によって勾引された北は、移送先の警視庁で取調べを受けた後、軍法会議にまわされるため陸軍衛戍刑務所に移されたが、この時も、すでに同刑務所に捕らえられている青年将校たちに法華経を読んでやることができると喜んでいたといわれる。また、どこまで本心だったかはわからぬものの、警視庁での尋問調書には、みずからを国家のための「人柱」に擬する次のような発言もみられる――「如何なる建築にも人柱を要すると聞きますが、青年将校及無力なる私共が人柱になる事に依て大帝国の建設を見ることが近き将来に迫ったのではないか等と独り色々と考へて居ります」（北一輝3、四七二頁）。

法廷、獄中においても、また死に臨むに際しても、北の態度が実に悠揚迫らぬものであり、接する人々に深い感銘を与えたことについては、多くの証言が残されている。北の裁判を担当した裁判長吉田悳少将の公判廷における北の人物に対する感想・評価はすでに述べたとおりである。松本清張『昭和史発掘』には、北が収容中の看守の一人だった藤井某の「北一輝はいい男だった。実弟の北昤吉が面会にくると『お前らはなっておらん』と云っていた。態度で感心したのは、この北と真崎などで、西田も立派だった」（松本清張2、一七頁）との談話が引かれている。二・二六事件からほどない四月半ば、一三年ぶりに北と刑務所で面会した北昤吉も、そのときの印象を、「兄の余りに泰然自若として、ユーモア交じりで語るのを見て、これならばと安心した」（北昤吉1、二五二頁）と語っている。おそらく、このときはまだ死刑を予期してはいなかったのかもしれない。

一年半に及ぶ長い勾留期間中北は、つねに悠然とした態度を崩さず、一人にして一〇人にも劣らぬといわれた朗々たる声で、読経三昧に明け暮れていた。その姿には、看守たちでさえ尊敬の眼差しを注がずにはおれぬものがあったといわれる。北の死は、北昤吉の手記に、死刑当日の目撃者の語るところとして、「兄は泰然といふよりは淡然として刑死した」（北昤吉2、二六六頁）と表現されている。この言葉を裏付けるかのように、刑務所長塚本定吉も、「平然か安然か澄然か、なんといったらよいか表現に苦しむほどの気楽な態度であった」（「獄中の記録」）と述べている。

一五名の青年将校が処刑されたのちには、ある程度肚はできていたのかもしれない。だが、とくに一〇月五日の第四回公判が分岐点で、新井法務官との問答のなかで、何としても極刑に持ち込もうとする軍当局の意志を察知したとき、ついに北の意は決したといえる。それまではできるだけ言質をとられぬよう、細心に答えていた彼の態度が一変するからである。『改造法案』が主張する「戒厳令による三年間の憲法停止」という国家改造方法は、欽定憲法たる大日本帝国憲法を否認するもので、ひいては「明治陛下を否認し奉る我が国体と相容れざる」「矯激なる思想」ではないか、と問いつめる新井に対して、北ははじめのうちは天皇大権の発動による憲法の一時停止は、憲法を欽定したり、改定することとなんら変わらない手続きで、憲法の「停止即ち否認ではない」と、「約二十分に亙り法務官と……論争」したが、突如こう答えた――「法務官殿の申されまする法的立場より停止が否認と云ふことは、今日迄解しておりませんでした。乍然、法務官殿は何処に陥入れるかと云ふことが知れました今日、尚今迄極刑にされますことを覚悟しました以上、停止が否認であり、日本改造法案の根本思想が矯激なる思想と申されまするることを承認致します」（林茂他2、四一二～四一三頁）と。こう答えた後は、青年将校が『改造法案』を絶対視し、その実現を企てて蹶起したということを承認するか、とたたみかける法務官に対して、北は、「改造法案が何の程度に読まれて居るかを承知せざるも」、また蹶起についても「詳しいことを聞かざるも」、「警視庁、憲兵隊に於て色々のことを申されたるので、青年将校を見殺しにすることが出来ません故、承認致します」（同、四一三頁）といずれも多く抗弁することなく承認している。達観か、諦観か、運命に静かに従おうとする北の境地は、一〇月二二日の検察官論告で死刑が求刑されたときに、裁判長に述べた次の言葉に端的に示されているといってよい――「裁判長閣下、青年将校等既に刑を受けて居ります事故、私が三年、五年と今の苦痛を味ふ事は出来ません。総てを運命と感じて居ります。私と西田に対しては情状酌量せられまして、何卒求刑の儘たる死刑を判決せられん事を御願ひ申上げます」（同、四三九頁）。補充判士として裁判に立ち会った河辺忠三郎の証言が伝える、このときの北の姿も、その境地がどこにあったかを如実に示している――「（北は）最後にこう言った。『私はこれで喜んで極楽へ行けます。お先に行って、皆様のおいでを待っております』と、笑みを含んだ顔で、深々と頭を下げた」（須山、前掲、三〇八～三〇九頁）。この覚悟どおり従容と刑についた北の態度にはむしろ「冷然」という表現がふさわしいように思われる。一年前の夏（昭和一一年七月一二日）処刑された一五名の青年将校たちは、香田清貞大尉の発声で「君が代」を斉唱し、「天皇陛下万歳」「大日本皇国万歳」を三唱したのちに処刑された（河野、前掲、二一六頁）。しかし、北がその言葉を発することはなかった。青年将校たちが処刑された同じ刑場に立ったとき、「われわれも天皇陛下万歳を三唱しましょうか」と話しかけた西田税を静かに制して、北は「それにはおよぶまい、私はやめておく」と答えた（田中、前掲、四四六頁）。多くの評伝作家が引くあまりにも有名なエピソードだが、出所不明で、実は異説がある。須山幸雄『西田税　二・二六への軌跡』によれば、この言葉は、刑務所に面会に来た姉に向かって西田がいったものだとされている。米子弁で西田は、「俺は殺される時、青年将校のように、天皇陛下万歳は言わんけんな、黙って死ぬるよ」といった、とこの姉が証言したというのである（須山、前掲、三三一頁）。だが、いずれにせよ、北が「天皇陛下万歳」を最後まで口にすることがなかったことは確かであり、広く流布しているエピソードの方がはるかに北一輝らしい。真偽はさだかでないが、ここではあえて通説に従っておきたい。陸軍省が、「曩に東京陸軍軍法会議に於て死刑の言渡を受けたる村中孝次、磯部浅一、北輝次郎及び西田税の四名は本十九日その刑を執行せられたり」と発表したのは、昭和一二年八月一九日午前一一時五〇分である。

この年の七月七日北京郊外の盧溝橋で勃発した支那事変は次第に日中間の全面戦争へと発展してゆく様相をみせていた。北に死刑が宣告された翌日、第一次近衛文麿内閣は「南京政府断固膺懲」の声明を発し、同時に帝国海軍機が渡洋爆撃のため南京に向けて飛び立っていった。北の処刑五日後の八月二四日には、国民に日中戦争への全面的協力を求める「国民精神総動員要綱」が閣議決定された。日中戦争本格化のはじまりである。「ああ支那に不仁の兵を用ひるの時は米の正義を求むるに対して不義の戦を挑むの時。而して日米開戦に至らば白人の対日同盟軍と支那の恐怖的死力によりて日本の滅亡は朞《き》年を出でず」（北一輝2、二〇二頁）。予言のように北が記したこの言葉は、四半世紀の時を隔てて現実のものとなった。長期泥沼化する日中戦争解決のために南進政策に舵をきった日本が、ついに太平洋上において対米開戦したのは、北一輝が死して四年、昭和一六年一二月八日未明のことである。

おわりに

知人に重度の蜘蛛膜下出血に襲われ奇跡的に一命を取りとめただけでなく、幸運にも何の後遺症もなく回復した女性がいる。この人は、誰が見舞いにきたか、そのときどう応答したかなどといった、入院中の人為的な事柄については何一つ記憶していないにもかかわらず、不思議なことに、病院の窓から眺めた空や雲や木々のことは今でもはっきり覚えている。空は高く青く、流れる白い雲は力づよく、そしてやさしくみえた。木々にいたっては葉っぱの一枚一枚がくっきりと緑に輝いて、その美しさはいまだ嘗て経験したことがないほどのものだったという。記憶喪失者が自然の美だけは鮮明に覚えているとは一体どういうことなのであろうか。そのようなことが起こるのは、自然が自己（主体）の眺める対象（客体）としての風景ではなくて、懸命に生きようとする自己と一体化した生命そのものだったからだとしか考えられない。人間本来の生とは、実はそのようなものとしてあるのではないか。自然の一部である個人はいうまでもなく自然と一体であり、その自然を介してやはり自然の一部である他の個々人とつながっている。これが本来の人間の社会というものであろう。そのような根源的社会のなかでしか人は生の充足を感じることはできないはずだ。北一輝がそうした生きるに値する社会を希求して、それを生命有機体としてとらえたことは間違いない。それゆえに、彼はこの社会を、現代科学が否定する確固たる実体として描かずにはおられなかったのである。

しかしながら、今日の分子生物学では、人間の肉体すら実は実体ではなく、不可逆的な時間の流れとともに高速で絶え間なく入れ替わっているタンパク質分子の「流れ」のゆるい「淀み」にしかすぎないとされている。生命とは、この「流れ」がつくり出す効果としての「動的平衡」だという（福岡伸一、二〇〇七、一六三〜一六七頁）。生命体（生物）が「流れ」そのものでしかないのだとすれば、社会が実体たりえないことは自明である。社会を一種の「動的平衡」として捉えようとする現代的試みは、すでに小坂井敏晶氏によって示唆されている。「他の生物とは比べものにならないほど、人間は外界に開かれた認知構造に支えられている。……人間は自己完結した存在ではなくて、外界の影響を恒常的に受けながら、他者との関係の中におかれて初めて安定した生が営めるように宿命づけられている。情報の場の力学に恒常的に身を曝す開放された認知システムとして人間を捉えよう。……開かれた場でのエネルギー交換を通して自己と非自己を交錯させながら生命組織が新たな自己を不断に析出させるように、人間の自律性は、他者との恒常的な情報交換の中で変遷し続ける動的な均衡状態として把握するべきだ」（小坂井敏晶、二〇一一、二一八頁）と。「個人＝社会」ととらえる北であれば、このような社会像をこそ本来なら描かねばならなかったのかもしれない。が、むろん当時の科学の水準においてそれは望むべくもないことであった。現代に彼が生きていればどのような社会を構想したか、そのようなことを想像しても詮ない話である。だが、生命有機体としての社会についての一貫した理論を追い求めずにはおられなかった彼の内的動機自体は、決して今日的意義を失ってはいないように思われる。われわれが今生きている市場経済（資本主義）社会が進みつつある方向性は人間本来の生の在り方からはあまりにも逸脱してしまっているようにみえるからである。

人間が便利さと豊かさ、そして個人の自由を追求していく限り、合理化・効率化は不可避であり、客観的（非人格的）な市場交換に基礎をおく商品経済としての資本主義に行き着かざるをえない。それらを十分に保障してくれるものが商品化だけであることはすでに歴史が証すところだからである。おそらく、あらゆるものが商品化され、その商品をすべての個人が大なり小なり渇望する資本主義市場経済は人類史の必然だったのであろう。しかし、その資本主義市場経済にも綻びとあまりにも大きなリスクとがあらわになりつつある。古典的経済学が想定した「市場の失敗」のみならず、この度の原発事故にまつわるさまざまな事柄に象徴されるように社会的リスクやコストという観点からみた「企業の失敗」も目立ってきている。「社会」による市場の規制と企業の監視に基づく、健全なる市場経済が今ほど求められているときはあるまい。それは、おそらく「社会主義」という形容詞がつく（むろん、共産党一党支配を聖域とする中国の市場経済とはまったくちがう意味での）社会主義市場経済なのではないか。人間の解放に大きな役割を果たして来た市場経済の機能を維持しつつ、この機能を導く原理、価値の根源は、マルクスのいうとおり、商品と商品との関係には決して還元されることのない人間の関係としての「社会」に求められなくてはならない。その中核をなすのは、みずからにとって大事な人すべてで「自己」だと実感できるような「共同体」であろう。そうした「共同体」としてのそれぞれの自己が、自然を介して重層的に多様な関係をとり結ぶ「社会」という価値原理を決して手放すことのない、しかも個々自由な目的を一般的ルールにしたがい追求できる市場経済においてしか、生が充足され、真に人類が解放されることはあるまい。埒もない話だが、われわれの目指すべき道は、「資本」主義ならぬ、「社会」という価値原理に基づく「社会」主義市場経済にしかないのではないか、としか今はいえない。北一輝は、このような問題を時代の制約のなかでぎりぎりのところまで追い詰めた先駆的思想家である。本書は、歴史的な転換期にある日本の新しい経済社会を考えるうえで、この先覚者が、完璧な「倫理的制度としての国家」を希求するのあまり、スターリニズムの逆説をも呼び寄せかねなかったという、その壮大なあやまりをも含めて、何らかの「よすが」になってくれればという思いから書かれた。だが、意あまって力足らず、書き終って、その意図は空転した感を否めない。「最近の北研究は駄本のつみかさね」（渡辺1、一〇六頁）という渡辺京二氏の叱声が耳の奥に聞こえるようである。

このように拙い書でも多くの先学に負うところ大であり、わけても渡辺氏の著がなければ書き上げることはできなかった。記して謝意を表する。そして本書は、執筆に悪戦苦闘しているさなか九五歳でこの世を去った亡き母に、感謝の心として捧げたい。

二〇一二年三月、戦後日本に屹立した偉大な精神が没した日に

清水　元

北一輝略年譜

西暦（元号）	年齢	事　項
一八八三（明治一六）年	〇	四月三日、佐渡湊町の造り酒屋に、北慶太郎・リクの長男として誕生。幼名輝次。姉と二人の弟（北昤吉は次男）。
一八八八（　二一）年	五	湊尋常小学校入学。
一八九一（　二四）年	八	眼病のため一年余り休学。
一八九三（　二六）年	一〇	加茂高等小学校入学。若林玄益塾で漢籍を学ぶ。
一八九七（　三〇）年	一四	新設の佐渡中学校に入学。
一八九八（　三一）年	一五	「彦成王ノ墓ヲ訪フ記」（『佐渡中学同窓会誌』第一号）を書く。一〇月、選抜試験により三年に飛び進級。
一八九九（　三二）年	一六	一月頃、眼病（プテレギーム）のため新潟の病院に入院、手術のため帝大病院に移り、夏まで東京滞在。二学期より復学。
一九〇〇（　三三）年	一七	四月、落第し四年に留年。一一月、退学届提出。眼病のため新潟の病院に再入院（翌年まで七カ月）。
一九〇一（　三四）年	一八	『明星』に投稿、短歌二首採用。上京。（父慶太郎、初代両津町長に。）
一九〇二（　三五）年	一九	夏、帰郷、九月より『佐渡新聞』に執筆を開始。
一九〇三（　三六）年	二〇	（五月九日、慶太郎死去。）『佐渡新聞』に論説を続々発表。「国民対皇室の歴史的観察」、不敬問題により連載中止。輝次郎と改名。
一九〇四（　三七）年	二一	夏、上京。早稲田大学で聴講。佐渡紙に詩三篇を発表。

一九〇五（明治三八）年	二二	一〇月、祖母ロク死去にあたり帰郷、年末再上京、牛込喜久井町で吟吉と同居。のち谷中の下宿に一人移り、上野帝国図書館で研究に没頭。
一九〇六（　三九）年	二三	五月九日、『国体論及び純正社会主義』自費出版、発禁に処せらる。一一月、革命評論社入社、一二月、中国同盟会入会。
一九〇七（　四〇）年	二四	中国同盟会内部の反孫文の動きに加担。宋教仁との親交始まる。
一九〇八（　四一）年	二五	夏より、東京青山の黒沢次郎（元台湾総督府官吏）家の食客となる。
一九一一（　四四）年	二八	黒龍会『時事月函』の編集に関わる。（七月、宋教仁らの中部同盟会成立。）武漢革命の報を聞き、一〇月末黒龍会派遣通信員として中国へ渡る。一二月、間淵ヤス（通称スズ）と結ばれる（大正五年入籍）。
一九一三（大正　二）年	三〇	（三月、宋教仁暗殺。）四月、三年間の退清命令を受け帰国。青山に新居。
一九一五（　四）年	三二	一一月、『支那革命外史』執筆開始。一二月、中国第三革命で執筆中断、前半部分を『支那革命党及革命之支那』として配布。
一九一六（　五）年	三三	一月、一輝と号し法華経信仰に入る。五月、『支那革命外史』完成。六月、「退清命令」が解け上海へ。年末、譚人鳳の孫をひきとり大輝と名づく（大正七年、北家の養子となる）。
一九一九（　八）年	三六	六月、断食行中、『ヴェルサイユ会議に対する最高判決』を、八月に『国家改造案原理大綱』を執筆。同月、大川周明と上海で会見。年末帰国。
一九二〇（　九）年	三七	一月、猶存社（東京牛込南町）入社。同月、謄写版『国家改造案原理大綱』発禁処分。三月、皇太子（昭和天皇）に法華経献上。秋、猶存

		社の移転にともない千駄ヶ谷に転居。宮中某重大事件に介入。
一九二一（一〇）年	三八	九月、朝日平吾（安田善次郎を刺殺）より、血染めの衣を贈らる。
一九二二（一一）年	三九	一一月、「序」（八月執筆）を付し、『支那革命外史』を大鐙閣より出版。
一九二三（一二）年	四〇	西田税（陸軍士官学校生徒）の初訪問を受ける。五月九日、『ヨッフェ君に訓ふる公開状』を頒布（これを契機に、猶存社解散）。同日、『日本改造法案大綱』を改造社より出版。
一九二五（一四）年	四二	一一月、西田税、大川周明の行地社を離れ、北直系に。一二月、十五銀行怪文書事件。『日本改造法案大綱』の版権を西田税に委ねる。
一九二六（昭和元）年	四三	一月、十五銀行より五万円を受けとる。二月、西田税が『日本改造法案大綱』を発行（五月再版）。五月、宮内省怪文書事件。七月、朴烈・文子怪写真事件。八月、西田税とともに入獄。
一九二七（二）年	四四	二月頃、出獄。四月、若槻内閣倒れ、森恪より五万円を受けとる。八月、十五銀行事件の予審で、二カ月ほど入獄。
一九二八（三）年	四五	一月、十五銀行事件免訴、宮内省怪文書事件公判。八月、パリ不戦条約問題で動く。夏、千駄ヶ谷から牛込納戸町に転居。
一九二九（四）年	四六	四月二七日、「霊告日記」の記載始まる。
一九三〇（五）年	四七	一月、安田銀行を脅迫。四月、ロンドン海軍軍縮条約問題で、浜口内閣攻撃に動く。一〇月、宮内省怪文書事件につき執行猶予付き有罪判決（懲役三月）。
一九三一（六）年	四八	二月、大久保百人町に転居。三月、平凡社版『支那革命外史』出版。年末、三井合名有賀長文の訪問を受け、三万円を贈らる。

一九三二（昭和　七）年	四九	四月、『対外国策ニ関スル建白書』執筆、当局者に配布。（五・一五事件で西田税、狙撃され重傷。）この見舞いを機に北一輝と青年将校との接触深まる。この年、日仏親善活動費として、三井（有賀長文）から二万円を受けとる。
一九三四（　　　九）年	五一	三井より盆暮、各一万円の手当を受く（翌年も同様）。
一九三五（　一〇）年	五二	『日米合同対支財団ノ提議』執筆、当局者に配布。一〇月、中野区桃園町に豪邸を構う。一一月、中国行きを計画。
一九三六（　一一）年	五三	二月二六日、二・二六事件。同二八日、憲兵隊に検挙さる。一〇月、北・西田の第一回公判（二二日、死刑求刑）。
一九三七（　一二）年	五四	七月、『支那革命外史』増補版（内海文宏堂書店版）出版。八月一四日、西田とともに死刑判決。同一九日、銃殺刑に処せらる。

引用文献

青野季吉「北一輝と私」(『北一輝著作集』第三巻、所収)
網野善彦『「日本」とは何か』(講談社学術文庫、二〇〇八年)
池田清彦『生命の形式　同一性と時間』(哲学書房、二〇〇二年)
伊藤正徳『加藤高明』下巻(加藤伯伝記編纂委員会、一九二九年)
今西錦司『生物の世界』(講談社文庫、一九七二年)
ウィルソン、G・W(岡本幸治訳)『北一輝と日本の近代』(勁草書房、一九七一年)
浮田和民『政治学史』(早稲田大学出版部、一九〇六年)
内田樹『他者と死者――ラカンによるレヴィナス――』(海鳥社、二〇〇四年)
大川周明1「安楽の門」(『大川周明全集』第一巻、岩崎書店、一九六一年、所収)
大川周明2「北一輝君を憶ふ」(『大川周明全集』第四巻、岩崎書店、一九六二年、所収)
丘浅次郎『進化論講話』(東京開成館、一九〇四年)
桶谷秀昭『土着と情況』(南北社、一九六七年)
鹿野政直『明治の思想』(筑摩書房、一九六五年)
神島二郎「解説」(『北一輝著作集』第一巻、所収)
北一輝1『北一輝著作集』第一巻(みすず書房、一九五九年)
北一輝2『北一輝著作集』第二巻(みすず書房、一九五九年)
北一輝3『北一輝著作集』第三巻(みすず書房、一九七二年)
北一輝4『北一輝思想集成』(書肆心水、二〇〇五年)
北昤吉1「兄北一輝を語る」(宮本盛太郎2、所収)

北昤吉2「風雲児・北一輝」（同右、所収）
北昤吉3「謀られた北一輝」（同右、所収）
木下尚江「醒めよ婦人」（林茂・西田長寿編『平民新聞論説集』岩波文庫、一九六一年、所収）
久野収・鶴見俊輔『現代日本の思想』（岩波新書、一九五六年）
クロポトキン、P・A（大杉栄訳）『新版　相互扶助論』（同時代社、二〇〇九年）
幸徳秋水1『社会主義神髄』（岩波文庫、一九五三年）
幸徳秋水2全集編集委員会編『幸徳秋水全集』第五巻（一九六八年）
河野司編『二・二六事件　獄中手記遺書』（河出書房新社、一九七二年）
小坂井敏晶『増補民族という虚構』（ちくま学芸文庫、二〇一一年）
小西豊治『石川啄木と北一輝――新たなる「地上王国」の予見――』（御茶の水書房、一九八七年）
佐倉統「エリートにとっての記号から生物学の象徴へ――日本におけるダーウィン像の変遷――」（『生物の科学　遺伝』第六二巻第五号、二〇〇八年九月）
佐々木毅「国家論の系譜――プラトンからマルクス、レーニンまで――」（『岩波講座　転換期における人間5　国家とは』岩波書店、一九八九年、所収）
佐藤弘夫『日蓮「立正安国論」』（講談社学術文庫、二〇〇八年）
司馬遼太郎「解説」（須田剋太『原画集・街道をゆく』朝日新聞社、一九八一年、所収）
島野三郎・末松太平・西田初子「座談会　北一輝を語る」（宮本盛太郎2、所収）
末松太平『私の昭和史』（みすず書房、一九六三年）
スターリン、I・V（スターリン全集刊行会訳）『スターリン全集』第二巻（大月書店、一九五二年）
須山幸雄『西田税　二・二六への軌跡』（芙蓉書房、一九七九年）
関川夏央『「坂の上の雲」と日本人』（文春文庫、二〇〇九年）

瀬古浩爾『最後の吉本隆明』（筑摩書房、二〇一一年）
高橋康雄『北一輝と法華経』（第三文明社、一九七六年）
高見順「大魔王観音」（『現代のエスプリ　七六　北一輝』至文堂、一九七三年、所収）
高宮太平『軍国太平記』（酣燈社、一九五一年）
滝村隆一『北一輝　日本の国家社会主義』（勁草書房、一九七三年）
竹越与三郎（中村哲校閲）『二千五百年史　上』（講談社学術文庫、一九九〇年）
田中惣五郎『北一輝』（未来社、一九五九年）
寺田稲次郎「革命児・北一輝の逆手戦法」（宮本盛太郎2、所収）
道元（水野弥穂子校注）『正法眼蔵（四）』（岩波文庫、一九九三年）
東潮社現代史料室編『二・二六事件判決原本』（東潮社、一九六四年）
夏目漱石『夏目漱石作品集』第三巻（昭和出版社、一九六〇年）
野口武彦『三島由紀夫と北一輝』（福村出版、一九九二年）
野村浩一「『支那革命外史』について」（『北一輝著作集』第二巻、所収）
野呂栄太郎『日本資本主義発達史』（岩波文庫、一九五四年）
ハイエク、F・A／今西錦司『自然・人類・文明』（NHKブックス、一九七九年）
橋川文三『日本の百年4　明治の栄光』ちくま学芸文庫、二〇〇七年
服部之総「北一輝の維新史観――労農派と浪人派――」（『服部之総著作集　6　明治の思想』理論社、一九五五年、所収）
林茂他1編『二・二六事件秘録（一）』（小学館、一九七一年）
林茂他2編『二・二六事件秘録（三）』（小学館、一九七一年）
半藤一利『昭和史探索・3』（ちくま文庫、二〇〇七年）

兵藤裕己『〈声〉の国民国家——浪花節が創る日本近代——』（講談社学術文庫、二〇〇九年）
福岡伸一『生物と無生物のあいだ』（講談社現代新書、二〇〇七年）
福本亀治『兵に告ぐ』（大和書房、一九五四年）
藤巻一保『魔王と呼ばれた男　北一輝』（柏書房、二〇〇五年）
本庄繁『本庄日記』（原書房、二〇〇五年）
前野隆司『脳はなぜ「心」を作ったのか——「私」の謎を解く受動意識仮説——』（筑摩書房、二〇一〇年）
松本清張１『昭和史発掘　六』（文春文庫、二〇〇五年）
松本清張２『昭和史発掘　九』（文春文庫、二〇〇五年）
松本清張３『北一輝論』（ちくま文庫、二〇一〇年）
松本健一１『北一輝論』（講談社学術文庫、一九九六年）
松本健一２『評伝北一輝』第一巻（岩波書店、二〇〇四年）
松本健一３『評伝北一輝』第四巻（岩波書店、二〇〇四年）
マルクス、Ｋ１（城塚登・田中吉六訳）『経済学・哲学草稿』（岩波文庫、一九六四年）
マルクス、Ｋ２（城塚登訳）『ユダヤ人問題によせて・ヘーゲル法哲学批判序説』（岩波文庫、一九七四年）
丸山真男『増補版　現代政治の思想と行動』（未来社、一九六四年）
三島由紀夫１『文化防衛論』（新潮社、一九六九年）
三島由紀夫２「北一輝論——『日本改造法案大綱』を中心として——」（前掲『現代のエスプリ』、所収）
宮本盛太郎１『北一輝研究』（有斐閣、一九七五年）
宮本盛太郎２編『北一輝の人間像』（有斐閣、一九七六年）
村上一郎「北一輝論」（前掲『現代のエスプリ』、所収）
柳田国男１「妹の力」（『定本柳田国男集』第九巻、筑摩書房、一九六九年、所収）

柳田国男2「故郷七十年」(『定本柳田国男集』別巻第三、筑摩書房、一九七一年、所収)
養老孟司『養老孟司の人間科学講義』(ちくま学芸文庫、二〇〇八年)
横山源之助「共同長屋探見記」(中川清編『明治東京下層生活誌』岩波文庫、一九九四年、所収)
吉本隆明1「カール・マルクス」(『吉本隆明全著作集』第一二巻、勁草書房、一九六九年、所収)
吉本隆明2『柳田国男論・丸山真男論』(ちくま学芸文庫、二〇〇一年)
吉本隆明3『父の像』(ちくま文庫、二〇一〇年)
吉本隆明・赤坂憲雄『天皇制の基層』(講談社学術文庫、二〇〇三年)
ルソー、J・J(桑原武夫・前川貞次郎訳)『社会契約論』(岩波文庫、一九五四年)
渡辺京二1『評伝北一輝』(ちくま学芸文庫、二〇〇七年)
渡辺京二2『維新の夢』(ちくま学芸文庫、二〇一一年)

ローレンス，T. E.　211
ロベスピエール，M.　105

わ行

ワイニンゲル，O.　4-5
若槻礼次郎　258
若林玄益　117, 303
和田三郎　154
渡辺京二　i, iii, 3, 24, 32, 34, 145, 155, 161, 166-167, 179, 246-247, 251, 300, 311
渡辺錠太郎　264
ワット，J.　79

本庄繁 268, 310
本間一松 6, 10, 111

ま行

舞伝男 275
マイヤー，J. R. 13
前野隆司 53, 310
牧野伸顕 264, 269
真崎甚三郎 267, 283
松永テル 61-62, 176
松本健一 i, 54, 61-62, 82-83, 111, 172, 262, 310
松本清張 4, 33-34, 97-98, 109, 129, 137, 152, 183-184, 259-260, 279, 289, 292, 310
マリア 58, 92
マルクス，K.（マークス） 7, 10, 22-23, 28-33, 35-36, 41, 48-51, 64, 66, 68, 86-87, 93, 101, 116, 125, 128, 137, 141-143, 145, 150, 152-153, 240, 254-255, 299, 308, 310-311
丸山真男 106-107, 310-311
三島由紀夫 1, 4, 176, 191, 193, 216, 266, 271, 309-310
水野幸吉 232
水野広徳 233
見田宗介 113
満川亀太郎 250
南次郎 264
源頼朝 182
美濃部達吉 201
宮崎滔天 146, 154, 209-210
宮本盛太郎 82, 215, 307-310
村上一郎 21-22, 100-101, 310
村上宗治 286-287
村中孝次 265, 270, 272, 278-279, 291, 295
明治天皇（明治大帝） 98, 129-130, 133, 153, 155, 158, 161, 176, 196, 199, 280
孟子 96, 115, 117-118, 120-122, 124
モース，E. S. 12
森恪 258, 305
森本赳夫 270

や行

安田優 286
安田善四郎 257
安田善次郎 119, 139, 305
柳川平助 283
柳田国男 83, 151, 192, 310-311, 319
矢野龍渓 10
山鹿素行 84
山県有朋 252
山座円次郎 232
山路愛山 42, 169
山下奉文 268
山田サト 260
山本唯三郎 256
結城豊太郎 253, 257
雄略天皇 44
養老孟司 52, 311
横井小楠 118
横山源之助 139, 311
吉田松陰 118
吉田悳 286-290
吉野作造 8, 218
吉本隆明 51, 140, 150-151, 198, 309, 311
ヨッフェ，A. 82, 137, 255-256, 262, 305

ら行

頼山陽 10, 172
ラディゲ，R. 4
ラボアジエ，A. L. 13
ラマルク，J. B. 22
リベット，B. 52
ルソー，J. J. 10, 103-105, 108, 311
黎元洪 224

夏目漱石　26, 111, 156, 309
ナポレオン（奈翁）　36, 130
ニーチェ，F. W.　157
西川光二郎　136
西田初子　168, 308
西田税　159, 168, 214, 259, 270-271, 276, 282, 286, 291, 295, 305-306, 308
日蓮　54-56, 212, 214-223, 232, 258, 308
日朗　54
新渡戸稲造　83
ニュートン，I.　31
仁徳天皇　178
野口武彦　2, 309
野中四郎　265, 269, 280
野間清治　144
野村浩一　97, 309
野呂栄太郎　131, 309

は行

ハイエク，F. A.　18-19, 309, 317
バイロン，G. G.　10
バクーニン，M. A.　157
橋川文三　158, 309
橋本虎之助　264
長谷川海太郎（林不忘）　7
長谷川清（淑夫）　7, 28, 137
八田三喜　27-28
服部之総　127, 131-132, 134, 309
林茂　35, 101, 191, 249-251, 253-256, 259-260, 294, 308-309
林銑十郎　264
原敬　127
原田政治　263
ハル，C.　244
范鴻仙　225, 232, 249
樋口勘次郎　41
彦成王　172, 303
ビスマルク，O.　226
敏達天皇　189
百武三郎　282
馮国璋　233
兵藤裕己　139, 310
平山周　154
広田弘毅　246
ファイサル王　211
フェノロサ，E. F.　12
福岡伸一　298, 310
福沢諭吉　145
福田徳三　10, 319
福本亀治　285, 310
藤田幽谷　144
藤巻一保　54, 56, 215, 222, 310
伏見宮　267, 283
藤村操　156
藤室良輔　286-287, 289
仏陀　55
忽必烈汗《フビライ》　195
ブライアン，W. J.　233
プラトン（プラトー）　61, 96-98, 108, 115-117, 121-124, 308
武烈天皇　45
ヘーゲル，G. W. F.　22-28, 64, 126, 310
ヘッケル，E. H.　17
ヘルムホルツ，H.　13
ベルンシュタイン，E.　32, 151
ヘロドトス　70
北条高時　182
北条時宗　182
北条時頼　182, 220, 222
北条泰時　182
北条義時　111, 128, 180, 182
法然　221
ボース，S. C.　247
朴烈　253, 258, 305
ホッブス，T.　27
穂積八束　169-170, 200, 204
ポランニィ，K.　86
ホワイト，H. D.　244

佐藤弘夫 220-221, 308
シーザー 195
実川時治郎 263
斯波貞吉 42
司馬遼太郎 139, 147, 308
渋川善助 271-272
渋沢保 26
島野三郎 168, 308
清水行之助 168, 257
釈尊 48, 58, 61, 92, 148, 177, 216, 220
シュミット，K. 107
順徳天皇 54, 172
章炳麟 154, 210
昭和天皇 176-178, 252, 258, 268, 304
神功皇后 188, 190
神武天皇 183-186
親鸞 221
推古天皇 189
末松太平 168, 270, 272, 308
菅波三郎 270
鈴木貫太郎 264
スターリン，I. V. 240, 244, 248, 254, 308
スペンサー，H. 12
スミス，A. 86
須山幸雄 178, 295, 308
関川夏央 111, 308
瀬古浩爾 150, 309
宋教仁 210-211, 214-215, 223-225, 232, 249, 304
副島義一 202
蘇我稲目 189
ソシュール，F. 69
孫文（孫逸仙） 154, 209-210, 214-215, 223-224, 243, 255, 304

た行

ダーウィン，C. R. 12-14, 17, 22-23, 28, 56, 171, 246, 308
平清盛 182
高橋是清 264
高橋康雄 28, 309
高見順 253, 309
高宮太平 289, 309
滝村隆一 66, 309
竹越与三郎 183-184, 187, 309
竹沢卯一 288
竹内宿彌 189
田島錦治 76
辰川竜之助 257
立松懐清 258
田中惣五郎 10, 81-82, 96, 98, 169, 287, 309
段祺瑞 237
譚人鳳 211-212, 237, 249, 304
譚弐式 250
千倉武夫 257
張群 281
趙秉鈞 223-224
成吉思汗《チンギス》 195
陳其美 215, 223-224
珍田捨巳 233
塚本定吉 291, 293
津田左右吉 190
ツルゲーネフ，I. S. 157
鶴見俊輔 136, 308
ディケンズ，C. 137
寺内正毅 237
寺田稲次郎 160, 168, 177, 309
天智天皇 43, 123
道元 50-51, 221, 309
ド・トラシー，D. 86
鳥居素川 155
トルストイ，L. N. 35, 157
トロツキー，L. 255

な行

中橋基明 269, 279
永福寅造 212, 214

尾崎紅葉　144
尾崎秀実　244
尾崎行雄　144
小田切良太郎　26
小沼正　177

か行

香椎浩平　267
片山潜　30, 136
桂小五郎　260
加藤高明　11, 231, 307
加藤弘之　12
金井延　37-38
金子文子　258
鹿野政直　145, 307
神島二郎　65, 97, 149, 307
カルノー，L.　226
河上肇　10, 63
川崎長光　270
川路聖謨　82
川島義之　264
河辺忠三郎　294
菅野長知　154
キケロ，M. T.（シセロ）　16
木曽義仲　182
北慶太郎　5-6, 61, 81-82, 111, 117, 172, 258, 303
北スズ（ヤス）　223, 260, 262, 304
北大輝　212-213, 260, 304
北リク　5, 10, 54, 303
北昤吉　6-8, 10, 30, 54, 62, 111, 117, 172, 214-215, 292-293, 303, 307-308
北ロク　81, 304
北六太郎　52, 111
北六郎治　81
木下尚江　89, 308
紀平正美　26
ギューリック，J. T.　12
清藤幸七郎　154
キリスト　40, 48, 56, 58, 63, 73, 83, 108, 110, 148
久邇宮良子　252
久野収　136-137, 308
久原房之助　259
グリアソン，J. H.　70
栗原安秀　265, 270, 275, 279
クロポトキン，P. A.　14-17, 28, 48, 53, 94-95, 157, 308
継体天皇　190
孝元天皇　189
黄興　154, 210
光孝天皇　190
香田清貞　264, 270, 295
幸徳秋水（傳次郎）　30, 32, 73, 81, 102, 158-159, 253, 308
河野司　265, 308
河野寿　264, 269, 279
河野広中　111
孝明天皇　193
ゴーリキー，M.　157
小坂井敏晶　298, 308
小崎弘道　30
後藤新平　27, 255
小西豊治　114, 308
近衛文麿　244, 246, 295
権藤成卿　146

さ行

西園寺公望　153, 264
西郷隆盛（吉之助）　118, 133, 145, 161, 260
最澄　216
斎藤実　264
堺利彦　30, 102, 136
坂上田村麻呂　188
佐倉統　13, 308
佐々木毅　116, 308
薩摩雄次　282-283

人名索引

あ行

青野季吉　106, 307
赤坂憲雄　198, 311
秋山徳三郎　286-287
朝日平吾　119, 253, 257, 305
足利尊氏　182
阿智王　189
安部磯雄　40
新井明重　286
アリストテレス（アリストートル）　9, 16, 93
有吉明　214
有賀長雄　12, 169
有賀長文　254, 258, 305-306
安藤輝三　265, 269-270, 275, 279
池亨吉　154
池田清彦　23, 307
池田成彬　254, 258
石川啄木　114, 308
石川千代松　12
石塚照　172, 174
石橋湛山　239
石原莞爾　267
磯部浅一　265, 267, 271, 279, 282, 291, 295
一木喜徳郎　201
市橋輝蔵　137
伊藤章信　286-287, 290
伊藤証信　63
伊藤博文　112, 169
伊藤正徳　231, 307
井上準之助　177
井上哲次郎　20, 83, 204
猪俣津南雄　132
今西錦司　18-19, 307, 309
イリー，R. T.　73
イリイチ，I.　91
岩崎弥太郎　11
岩田富美夫　168, 177, 250, 252, 259, 282
ウィルソン，G. W.　95, 117, 149, 211, 307
宇垣一成　264
浮田和民　116, 307
内田樹　52, 307
内田良平　210
内村鑑三　145
于右任　224
江木千之　251
江木翼　258
エピクロス　51
エンゲルス，F.　51, 102, 152
袁世凱　215, 218, 223-224, 232, 237
応神天皇　190
大川周明　i, ii, 168, 250-251, 261, 304-305, 307
大岸頼好　270
大久保利通　145, 319
大隈重信　144, 160, 222, 237
大蔵栄一　270
大杉栄　144, 177, 253, 308
丘浅次郎　13, 307
小笠原長生　176
岡田啓介　264
桶谷秀昭　159, 307
窩《オ》闊《ゴ》臺《タイ》汗　177, 195, 225, 233, 249, 254

【著者紹介】

清水　元（しみず・はじめ）

1941年　東京に生まれる

1966年　早稲田大学政治経済学部卒業

1972年　早稲田大学大学院経済学研究科修了

アジア経済研究所主任研究員、長崎県立大学教授を経て、早稲田大学政治経済学術院教授。2012年退職。

主要著訳書：『アジア海人の思想と行動』（NTT 出版）、*Southeast Asia in Modern Japanese Thought*（Nagasaki Prefectural University）、*The Tragedy of Wanit*（Singapore University Press）、『両大戦間期日本・東南アジア関係の諸相』（アジア経済研究所）、W. ウェルトヘイム『進化と革命』（紀伊国屋書店）、E. バトラー『ハイエク——自由のラディカリズムと現代——』（筑摩書房）他

北一輝　〈評伝・日本の経済思想〉

もう一つの「明治国家」を求めて

2012年 8 月30日　第 1 刷発行　定価（本体2800円＋税）

著　者　清　水　元

発行者　栗　原　哲　也

発行所　株式会社　日本経済評論社

〒101-0051　東京都千代田区神田神保町3-2

電話　03-3230-1661　FAX　03-3265-2993

info8188@nikkeihyo.co.jp

URL: http://www.nikkeihyo.co.jp

装幀＊渡辺美知子　印刷＊文昇堂・製本＊誠製本

乱丁落丁はお取替えいたします。　Printed in Japan

ISBN978-4-8188-2221-4

【刊行の辞】

日本経済思想史研究会は一九八三年に発足し、以来四半世紀、日本経済思想史という学問の発展を目指して活動してまいりましたが、このたび「評伝・日本の経済思想」シリーズを世に問うこととなりました。本シリーズの目標は、一冊ごとに一人の人物を取り上げ、その生涯をたどりつつ、その人物の経済思想をその人の生きた時代の中に位置づけ、理解することです。日本人の伝記のシリーズは、これまでにもいくつか公刊されておりますが、経済思想に焦点を当てたものは本シリーズが初めてであろうと自負しております。

本シリーズでは、著名な学者・思想家といった知識人を取り上げるとともに、経済活動の現場に身を置いた企業者、日本経済の将来を構想し経済政策を立案・実行した政策者にも光を当てることに努めました。しかし、企業者や政策者の考えていたことを分析的に理解し、それを再構成し、しかも分かりやすい形で叙述することは、むずかしい課題であることは否めません。本シリーズは、不十分ながらも、そうした方向への一つの試みでもあります。

日本の学界には、日本経済史という領域があり、他方では、主に西洋の経済思想や経済学を取り扱ってきた経済学史という分野も存在します。このためか、経済史や経済学史とある部分では重なりつつ、しかし、どちらに対しても一定の独自性を有するはずの日本経済思想史という領域は、残念ながら、未だしの感をぬぐいきれません。本シリーズが、研究者や学生はもちろん、広く多くの方々の座右に置かれるようになることを切望してやみません。

日本経済思想史研究会代表幹事・早稲田大学教授　川口　浩

▶評伝・日本の経済思想◀

寺出道雄（慶應義塾大学）『山田盛太郎』＊
池尾愛子（早稲田大学）『赤松　要』＊
中村宗悦（大東文化大学）『後藤文夫』＊
上久保敏（大阪工業大学）『下村　治』＊
落合　功（広島修道大学）『大久保利通』＊
藤井隆至（新潟大学）『柳田国男』＊
大森一宏（駿河台大学）『森村市左衛門』＊
見城悌治（千葉大学）『渋沢栄一』＊
齋藤　憲（専修大学）『大河内正敏』＊
清水　元（早稲田大学）『北　一輝』＊
西沢　保（一橋大学）『福田徳三』
小室正紀（慶應義塾大学）『福澤諭吉』
仁木良和（立教大学）『岡田良一郎』
川崎　勝（南山大学）『田口卯吉』
山本長次（佐賀大学）『武藤山治』
牧野邦昭（摂南大学）『柴田　敬』

＊印は既刊